BRUNO DONZELLI

BRUNO DONZELLI

OPERE 1970-2000

a cura di / edited by
Massimo Sgroi

CHARTA

Progetto grafico / Design
Gabriele Nason

Coordinamento redazionale
Editorial Coordination
Emanuela Belloni

Impaginazione / Layout
Daniela Meda

Redazione / Editing
Elena Carotti
Debbie Bibo

Traduzione / Translation
Harlow Tighe

Ufficio Stampa / Press Office
Silvia Palombi Arte&Mostre, Milano

Referenze fotografiche / Photo credits
Claudio Calabritto, Umberto Dolcini,
Raffaele Fedele, Paolo Ficola,
Gianni Mattioli, Mimma Menzione,
Giorgio Movilli, Nuova Dial,
Carlo Riccio, Lorenzo Santoicmina,
Sandro Vannini, Jean-Pierre Vermeer,
Archivio dell'Artista.

Ci scusiamo se per cause indipendenti
dalla nostra volontà abbiamo omesso
alcune referenze fotografiche / We
apologize if, due to reasons wholly
beyond our control, some of the photo
sources have not been listed.

Si ringraziano le gallerie ed i collezionisti
che hanno messo a disposizione le
opere di loro proprietà rendendo
possibile la mostra / We would like to
thank the galleries and collectors for
loaning their works thereby making the
exhibition possible.

Un ringraziamento particolare a / A
special thanks to Gianni Schubert e / and
Guido Allodi.

Bruno Donzelli ringrazia / would
like to thank Giovanna Petrenga,
Direttore della Reggia di Caserta;
Ferdinando Creta; Giuseppe Schiattarella;
Sara Sorrentino; Antonio Pezzella;
Carlo Simeone; Walter Tilli;
Gustavo Tavassi; Leonardo Sciarappa;
Nunzio Staiano; Greg & C.; il fotografo /
the photographer Carlo Riccio per
l'attenzione e la puntualità professionale
dimostrata e tutti coloro che hanno
contribuito con il loro lavoro alla
realizzazione della mostra e del
catalogo / for his attentiveness and
professionalism, and to everyone who
contributed to the realization of the
exhibition and catalogue.

Edizioni Charta
via della Moscova, 27
20121 Milano
Tel. +39-026598098/026598200
Fax +39-026598577
e-mail: edcharta@tin.it
www.artecontemporanea.com/charta

Printed in Italy

Bruno Donzelli
Caserta, Palazzo Reale

19 febbraio - 12 marzo 2000
February 19 - March 12, 2000

Soprintendenza per i Beni Ambientali,
Architettonici, Artistici e Storici di
Caserta e Benevento

Comune di Caserta
Pro Loco Caserta
Provincia di Caserta
Camera di Commercio
Regione Campania

Comitato d'onore / Honorary
Committee

Luciano Violante,
Presidente della Camera dei Deputati

Ferdinando De Franciscis,
Sottosegretario al Tesoro

Nicolò Antonio Cuscunà,
Deputato al Parlamento

Carmine De Santis,
Senatore della Repubblica

Luigi Falco,
Sindaco di Caserta

Livio Ricciardi,
*Soprintendente per i Beni Ambientali,
Architettonici, Artistici e Storici per le
Province di Caserta e Benevento*

Andrea Losco,
*Presidente della Giunta della Regione
Campania*

Riccardo Ventre,
Presidente della Provincia di Caserta

Goffredo Sottile,
Prefetto di Caserta

Domenico Masi,
Questore di Caserta

Raffaele Nogaro,
Vescovo di Caserta

Domenico Zinzi,
*Assessore ai Lavori Pubblici della
Regione Campania*

Flavio Quarantotto,
*Assessore alla Cultura del Comune
di Caserta*

Marina Campanile,
*Assessore alla Cultura della Provincia
di Caserta*

Ferdinando Tamburrino,
*Presidente della Camera di Commercio
di Caserta*

Comitato Organizzatore / Organizing
Committee

Pro Loco di Caserta
Soprintendenza per i Beni Ambientali,
Architettonici, Artistici e Storici per le
Province di Caserta e Benevento

*Relazioni Esterne e Ufficio Stampa /
Public Relations and Press Office*
Livia Iervolino

*Segreteria Organizzativa / Organizing
Department*
Manfredi Paterniti
Livia Iervolino
IT. Service s.a.s.

*Ricerche d'Archivio e Catalogazione
delle Opere / Cataloguing of Works and
Archival Reserch*
Enzo Trepiccione

Allestimento / Installation
Esse Electronic
Security System Engineering
di Francesco Salvatore Scerbo
Capri, Roma, Napoli

Trasporti / Shipping
Executive Group International

Con il contributo di / With the support of

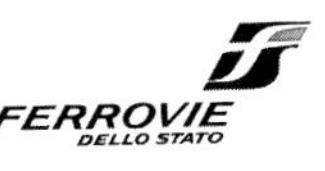

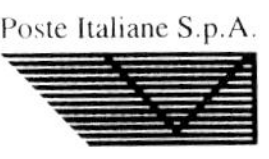

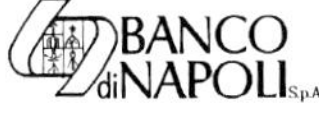

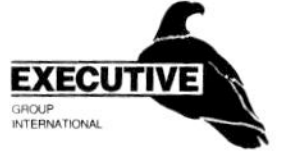

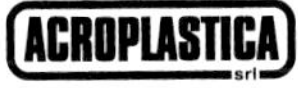

La mostra di Bruno Donzelli nella Reggia di Caserta si colloca in un momento particolare del percorso ormai da tempo intrapreso dalla Soprintendenza per i Beni Ambientali, Architettonici, Artistici e Storici per le Provincie di Caserta e Benevento.

Altre mostre di artisti contemporanei sono state ospitate, ma da quella di Donzelli deve iniziare quell'itinerario che porterà alla costituzione della Galleria d'Arte Contemporanea che si affiancherà nella Reggia agli splendidi Appartamenti storici, testimoni dell'arte e della cultura del secolo XVIII e XIX, prendendo spunto dalla già presente, ma solo in parte esposta, collezione Terrae Motus, voluta, realizzata e legata alla Reggia da Lucio Amelio, illuminato gallerista napoletano.

È una collezione di oltre sessanta pezzi, a tema (il terremoto del 1980), antologica, internazionale, dove sono presenti gli artisti più interessanti del momento.

È questo il primo nucleo intorno al quale dovrà raccogliersi la Galleria, la prima Galleria d'Arte Contemporanea del Mezzogiorno d'Italia, sensibilizzando ogni autore ospitato, a lasciare alla Reggia qualche opera.

È una prospettiva di grande respiro, ma non irrealizzabile, tenendo conto che presto gli spazi espositivi nella Reggia, oggi estremamente limitati, dovranno ampliarsi, ed è nostro intendimento gettare il primo seme. Sarà compito di chi avrà dopo di noi la responsabilità, delicata e pesante, della Soprintendenza casertana, di coltivarlo perché divenga realtà.

Accogliamo quindi nella Reggia Bruno Donzelli, che sa, con la sua opera, unire così felicemente il gusto della modernità con il senso della tradizione, o meglio riaccogliamolo dopo ventinove anni, da quando, giovanissimo, vi fu presente nella mostra collettiva "Perché ancora la pittura".

È da una lettura filtrata, da una consuetudine con la pittura-pittura, che Donzelli trae le sue immagini, così fresche e prepotenti. È difficile, infatti, vederle senza esserne catturati. I suoi colori sono quelli che abbiamo imparato ad amare fin dai banchi di scuola. Ricordate le scatole di matite Caran d'Ache? Tutte le più morbide gradazioni dei toni pastello sono qui, in un frutto, una natura morta o una composizione di fantasia di Donzelli.

Oltre ai colori a sedurre, in lui, è poi la naturalezza del disegno, il piacere – forse anche questo infantile – di giocare con una casa piuttosto che con un aeroplano, su fondi a macchie, a fiori, a frutti.

Non si creda, però, che evocando l'infanzia si voglia relegare l'opera di Donzelli in un recinto di facilità o di semplice decorativismo. Con un'occhiata non c'è chi non veda, al contrario, la fine tessitura tutta novecentesca dei lavori che, tra le righe, citano i vari maestri: da Sironi a de Chirico, da Magritte a Morandi.

E se restasse un dubbio, non ci sarebbe che da osservare meglio le opere in questione: l'autore stesso scarabocchia un nome qui, un altro là; ecco, avevamo dimenticato, per esempio, Hartung e Carrà. Ma niente paura, non si tratta di saccenteria. È piuttosto il carnevale ad essere celebrato, qui. Una felicissima festa di invenzioni a colori, che entra nella Reggia dalla porta principale.

Livio Ricciardi

Soprintendente per Beni Ambientali, Architettonici, Artistici e Storici per le Provincie di Caserta e Benevento

The exhibition of Bruno Donzelli, held in the Reggia di Caserta, occurs at an important moment in the development of a project undertaken by the Soprintendenza per i Beni Ambientali, Architettonici, Artistici e Storici per le Provincie di Caserta e Benevento. Other exhibitions have been hosted here, but this one marks the beginning of an itinerary leading to the establishment of the Galleria d'Arte Contemporanea, to be located in the splendid historical apartments of the Reggia which hosted the art and culture of the 18th and 19th centuries. The starting point for the Galleria will be the Terrae Motus collection – already in place but only partially exhibited – whose connection to the Reggia was desired and realized by the enlightened Neopolitan gallery owner Lucio Amelio.

The collection is composed of over sixty works, organized thematically (the earthquake of 1980) as an international anthology which includes the most interesting artists of the moment. Terrae Motus provides the nucleus for the Galleria – the first contemporary art gallery of the Italian Mezzogiorno – whose collections will develop around it, sensitizing exhibiting artists to donate a work to the Reggia. It is a far-reaching but not unachievable project, keeping in mind that the Reggia's now extremely limited exhibition space has to be expanded, and that our intention is to plant the first seed. It will be the delicate and important responsibility of those who come after us at the Caserta Soprintendenza to cultivate and bring it to fruition.

Therefore we welcome to the Reggia Bruno Donzelli, who so successfully unifies modernity and tradition in his work – or rather we welcome him back after twenty-nine years when, as a very young artist, he participated in the exhibition "Perché ancora pittura." Donzelli draws his images – so fresh and bold – from a filtered reading of and familiarity with painting. In fact, it is difficult to look at them without being spellbound. His colors are those we learned to love in our school days – remember the boxes of Caran d'Ache pencils? All the softest shades of pastel tones are here, in a piece of fruit or a still life or a fanciful composition. In addition to the seductive colors there is the naturalness of design, the pleasure – perhaps this childlike, as well – to play with a house rather than an airplane, on spotted, floral, or fruit motif backgrounds. Do not be fooled, however, into believing that Donzelli's evocations of childhood should relegate his work to being defined as facile or simply decorative. One look, on the contrary, reveals the subtle, completely Novecento fabric of works that refer to the different masters, from Sironi to de Chirico, and Magritte to Morandi. And if in doubt, just examine the works in question more carefully: the artist himself scribbles a name here and there – look there, for example, we had forgotten Hartung and Carrà. But have no fear – Donzelli is no smart-aleck. His work is a carnival of celebration, a merry rejoicing of invention and color, which enters the Reggia through the front door.

Livio Ricciardi

*La Pro-Loco di Caserta svolge da più di quarant'anni la sua attività rivolta alla
promozione delle meraviglie architettoniche, artistiche storiche e paesaggistiche
presenti nel territorio del Comune di Caserta allo scopo di favorirne lo sviluppo
turistico.
Il suo obiettivo è quello di diffondere ed evidenziare anche le varie espressioni
artistiche presenti nella Città, creando eventi culturali di altissimo livello
e grandissimo interesse nella Provincia e fuori di essa.
Si sono già da tempo realizzate diverse iniziative, e tra tutte queste la personale
di Bruno Donzelli è sicuramente il più significativo evento culturale che
l'Associazione ha organizzato negli ultimi anni.
Significativo, perché l'Arte rappresentata dall'artista nella sua libertà fantasiosa,
quasi fiabesca dona un'espressione consona allo spirito e al sentimento della sua
terra e del suoi conterranei. Essa assume una valenza transnazionale per
appartenere all'immaginario collettivo del nuovo millennio; emozionale e di grande
raffinatezza intellettuale allo stesso tempo.
È appunto in questo connubio di cultura e poesia che noi tutti vediamo
e riconosciamo in lui l'espressione artistica più reale e attuale tra le migliori
dei contemporanei nel mondo dell'Arte che dona lustro alla nostra Città.
Siamo pertanto onorati di patrocinare questo avvenimento che celebra
il trentennale della carriera artistica di Donzelli e siamo convinti che il luogo più
adeguato sia la Reggia Vanvitelliana di Caserta; ringraziamo ancora una volta
Bruno Donzelli per aver donato alla sua Città il piacere e l'onore di festeggiare
i trent'anni della sua attività artistica.*

Roberto Picariello

For more than forty years the Caserta Tourist Board has directed its energies toward the promotion of the architectural, historic artistic, and natural wonders of the Caserta municipality in order to foster the development of its tourism.
Its goal has also been the encouragement and promotion of the city's different forms of artistic expression, creating cultural events of the highest level and greatest interest within the province and beyond.
Among the various projects already successfully presented, Bruno Donzelli's solo exhibition is certainly the most significant cultural event the Association has organized in recent time.
The significance of the Maestro's art lies in its fanciful, almost magical freedom of expression, which voices the spirit and feeling of his native soil and fellow countrymen. It assumes a transnational character, taking part in the imaginary collective of the new millennium – emotional and at the same time defined by the greatest intellectual refinement.
It is precisely this union of culture and poetry, resulting in the most contemporary and real artistic expression, which distinguishes him among the best of his contemporaries in the world of art, and brings honor to our city.
For this reason we are honored to sponsor this event celebrating the thirtieth anniversary of Donzelli's artistic career, and are convinced that the Reggia Vanvitelliana of Caserta is the most appropriate place for its presentation. Once again, we thank Bruno Donzelli for giving the city the pleasure and honor of celebrating the thirty-year span of his artistic career.

Roberto Picariello

L'antologica di Bruno Donzelli realizza finalmente, nella città in cui egli opera da trent'anni e da dove è partito per esporre la sua arte in Italia e all'estero, il senso della ristabilita verità di un percorso artistico e personale che ha avuto un significato fondamentale per la città di Caserta. Non poteva essere che questa città, e la Reggia di Caserta in particolare, il luogo deputato ad ospitare l'antologica illustrativa della sua attività artistica. È un atto dovuto e desiderato anche da quelle generazioni di giovani che l'hanno avuto come guida, perché gli artisti, gli uomini, lasciano profonde tracce nel territorio in cui vivono ed operano. Sicuramente l'opera di Bruno Donzelli, per Terra di Lavoro, è stata e sarà ancora la grande testimonianza di quella grande cultura che gli artisti del sud hanno da sempre saputo proporre al mondo intero.

Nel mondo, infatti, che tende verso una massificazione ed una omologazione (anche quando pretende di trasgredire) Bruno Donzelli rappresenta una macchia colorata inclassificabile. Questa mostra è un evento nel panorama dell'arte e della cultura che si affaccia al terzo millennio. È la storia di trent'anni di attività dell'artista che, sempre con garbo e signorilità, è una forza importante nella nostra cultura.

Mi ha particolarmente colpito una sua affermazione, in un'intervista, laddove sostiene: "È meglio perseguire una identità frammentata anziché adagiarsi nella mancanza di identità". Questo è uno degli elementi della sua grande forza artistica e umana: la capacità di essere da un lato dialettico con la storia (e per giunta senza preconcetti) e dall'altro saper cogliere le venature poetiche ed artistiche della contemporaneità. Troppo spesso si legge il vivere contemporaneo quasi fosse qualcosa a sé, privo di radici e di memoria, derivazione di un vissuto puramente medialico, legato ad uno schermo televisivo e nulla più. Il recupero ironico della storia dell'arte del XX secolo dei Siparietti Impertinenti o di Ormare rappresenta, invece, un'apertura della conoscenza artistica che tende a liberare i grandi autori del Novecento dai ghetti di una storicizzazione puramente accademica, restituendo Picasso, Balla, Kandinskij, Boccioni, Depero e tutti i grandi di questo secolo alla pura verità del linguaggio artistico profondo. La personale visione dell'arte di Bruno Donzelli conferisce alle opere la freschezza della creazione, la capacità di essere innanzitutto fonte di sentimento, e poi viaggio della mente all'interno della percezione della storia ribadendo la verità di una storia senza tempo, svincolata, com'è, da mode o letture di maniera. Al contrario di tanti altri Bruno Donzelli identifica la memoria non attraverso le funeree visioni della fine del millennio ma, è proiettato verso un recupero ludico, gioioso di una storia fruibile da tutti, attraverso quella densità materica e cromatica, parte essenziale delle sue opere, che abbaglia e, contemporaneamente, lascia spazio alla libertà del pensiero.

Nicolò Antonio Cuscunà

This retrospective of Bruno Donzelli's work, presented in the city where he has worked for thirty years and which was the point of departure for the exhibition of his art in Italy and abroad, finally expresses the fundamental importance of his artistic and personal journey for the city of Caserta. The site chosen to host an illustrative anthology of his artistic career could only be this city and the Reggia di Caserta. The generations of young people guided by him have wished for this recognition as well, because artists and men leave profound impressions in the soil where they live and work. Bruno Donzelli's work for "Terra di Lavoro" has undoubtedly been and will continue to be an important testimony of the great culture that artists from the south have always offered to the world.

In a world which tends towards standardization and conformity (even when claiming to be transgressive), Bruno Donzelli represents the unclassifiable. This exhibition is an event in the artistic and cultural panorama that squarely faces the third millennium. It represents thirty years of the activity of an artist who with grace and style continues to be an important force within our culture.

I was particularly struck by his declaration in an interview that "it is better to pursue a fragmented identity than to abandon oneself to a lack of identity."

Herein lies one of the elements of his great artistic and human strength: the ability on the one hand to treat history in a dialectical manner (and, moreover, without preconceptions), and on the other to know how to harvest the poetic and artistic patterns of contemporary culture . Too often contemporary life and experience is understood as something unto itself, without roots or memory, the derivation of a purely average experience of life tied to the television screen and nothing else.

Donzelli's ironic recovery of twentieth-century art history in Siparietti Impertinenti *or* Ormare, *however, represents an expansion of artistic knowledge which proposes the liberation of the great artists of the twentieth century from the ghettos of purely academic historicism, relocating Picasso, Balla, Kandinsky, Boccioni, Depero and all the great artistic figures of this century within the pure truth of profound artistic language.*

Bruno Donzelli's personal vision of art lends the freshness of creation to the works, the ability for them to be first a source of emotion, and then a journey of the mind within the interpretation of history, confirming the truth of a timeless history, free of fashion or mannered readings. Contrary to many others, Bruno Donzelli does not identify memory with the funereal visions of the end of the millennium, but displays a playful, joyous recovery of a history that is accessible to everyone through that material and chromatic density – an essential part of his work – which dazzles and at the same time leaves space for freedom of thought.

Nicolò Antonio Cuscunà

SOMMARIO / CONTENTS

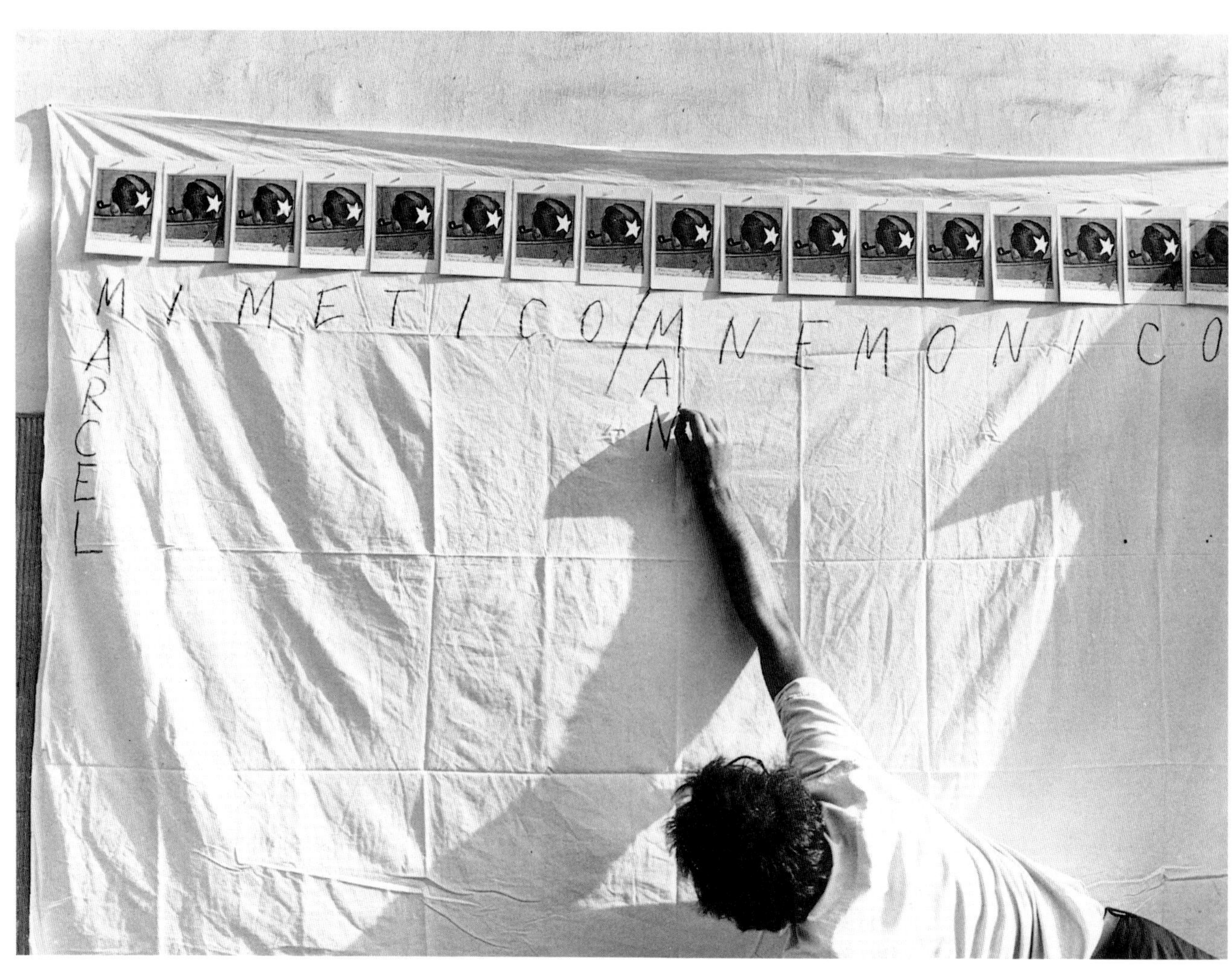

MARCEL
MIMETICO/MNEMONICO
MAN

BRUNO DONZELLI: CROMATISMI DI TEMPO CRISTALLIZZATO

Massimo Sgroi

"Tempo. Ho bisogno di più tempo." È la disperata richiesta di Roy Baty in *Blade Runner*, quando, di fronte al suo creatore, gli chiede il tempo della vita. Il tempo è ciò che chiede l'artista alla sua opera per proiettare se stesso, in una sorta di partecipazione emozionale alla vita altrui. È in errore chi crede che l'opera di Bruno Donzelli sia un lavoro di maniera; è, piuttosto, il disperato tentativo di restituire il tempo alla vita degli umani. Consapevole di una realtà che attraverso il delirio tecnologico abbatte le differenze esperienziali tra il bambino e l'adulto, la sua opera è un accumulo di sedimentazione dei ricordi del tempo dell'arte e nel suo lavoro la quarta dimensione si comprime, usando i cromatismi medialici di fine millennio, per divenire alterità della memoria, forme cristallizzate. La sorte è legata alla frattura temporale in cui il destino o la legge del tempo attende nelle pieghe degli apparati mnemonici. Come disse di se stesso Giordano Bruno: "quando il primo bottone dell'abito viene abbottonato al rovescio, nessuno dei rimanenti può essere abbottonato nel verso giusto". Bruno Donzelli rilegge la sua memoria che è soggettivamente quella dell'artista e in senso esteso quella dell'umano, per ricercare la verità sfuggente. Le impronte di *Ormare*, il tentativo in apparenza razionalista, in realtà iconoclasta, del *Casellario dell'arte*, sino alla trasgressione ironica dei *Siparietti Impertinenti*. L'arte del Novecento permane fedele a se stessa eppure sono indeterminati i rapporti che abbiamo con essa; dice Marshall McLuhan: "Gli oggetti ci sfuggono. Solo i loro reciproci rapporti si manifestano compiutamente". Comprendere il tempo, il nostro tempo significa prescindere dalla versione statica dell'esperienza per oscillare tra l'abitudinarietà del cliché e la forza dell'archetipo. Come è cliché stereotipo la paura dell'eccesso di colore di tanta arte contemporanea laddove la moderna visione indugia nella sua esaltazione. Basta vedere le dominanti cromatiche di Cronenberg o Kubrick, i colori musicali di Frisell e Zorn o il teatro urbano dei graffitisti metropolitani.

Attraversare l'arte del Novecento sintetizzando, attraverso un lavoro personale ed affabulatorio, quella che è la traccia che essa ha lasciato nella cultura del mondo intero.

La pittura di Bruno Donzelli è lontana dal mero citazionismo, piuttosto è la manifestazione della libertà dell'artista nei confronti di una memoria recente che scava nell'apparato nostalgico della mente umana. Recupero ironico e policromo pieno, al contempo, di un rigore formale che tende, nel lavoro più recente, ad una dissoluzione delle avanguardie artistiche. Il *data-bank* di Bruno Donzelli rimane a testimoniare quella che è una storia affascinante e avventurosa che ha inciso, più di quanto noi stessi possiamo immaginare, nell'inconscio collettivo del secolo della rivoluzione tecnologi-

Mimetico/Mnemonico, 1978
Installazione / Installation,
Düsseldorf, IKI

ca. Perché la mutazione dell'arte è la trasformazione della vita stessa nel suo pensiero incoerente e, per questo, libero. Il viaggio sentimentale di Donzelli è operazione di cultura alta e popolare allo stesso tempo, azione di sintesi e simbolismo creativo convivono perfettamente all'interno di una progettualità lontana dal decadimento manierista. Le allegrie cromatiche sono l'aspetto solare di una malinconia delle forme che rappresentano la faccia nascosta dell'arte. Per questo l'opera di Donzelli più che storia dell'arte è manipolazione dell'essenza stessa della creatività. Egli è testimone del delitto perfetto, quello in cui la pulsione fondamentale consiste nel non lasciare traccia alcuna della sua opera. Nel riportare la traccia dell'"imperfezione criminale", come la chiama Baudrillard, riporta nel mondo a cavallo del reale, e del più che reale, l'essenza stessa dell'arte di fine millennio. La racchiude tra gli eccessi di frutta o di teatro o in una forma sempre e volutamente sua che è *imprimatur* delle cose. Egli fagocita l'essenza dell'arte per riparametrare le categorie del ricordo, per sottrarle all'eccesso iconologico; non *popular* come l'opera di Warhol ma ricerca essenziale della verità soggettiva dell'arte. Anche su questo Bruno Donzelli attesta l'adesione ad un vissuto la cui funzione suprema è quella di far sparire la realtà stessa, occultata dietro un segno che maschera la sua scomparsa. E, sempre diversamente da Warhol, egli non riduce l'opera a livello di comparsa, ma la rende, piuttosto, oggetto quotidiano, demistificandola da un lato, ma rendendola anche potente oggetto della visione soggettiva dall'altro. Ora, per sgomberare il campo dai tanti equivoci della visione elitaria dell'arte, a cosa serve un'opera se non a far esplodere un progetto fantastico della mente? Se essa stessa non viene deprivata della sua caratteristica soggettiva per divenire parte di un inconscio collettivo o motore immobile del mistero della rappresentazione?

Nel suo lavoro Bruno Donzelli è, soggettivamente e oggettivamente, punto importante di una concezione dell'arte che è raffinata ma non "falsamente democratica" al contempo, laddove, per ricordare Arnold Hauser, egli è ben consapevole che il compito dell'artista non è quello di adeguare l'arte alla ristrettezza mentale della grande massa, è, piuttosto, quello di allargare per quanto possibile l'orizzonte di questa. Non forzata esemplificazione ma educazione del giudizio estetico per evitare che l'arte stessa sia continuamente monopolizzata da un'infima minoranza. D'altra parte, nel mondo della frammentazione estrema, in cui le vessazioni di una caotica geometria dell'informazione hanno distrutto la cornice del pensiero occidentale, la funzione dell'artista è legata alla restituzione dei frammenti della memoria alle nuove forme dell'umano. Impossibilitato a ricercare certezze

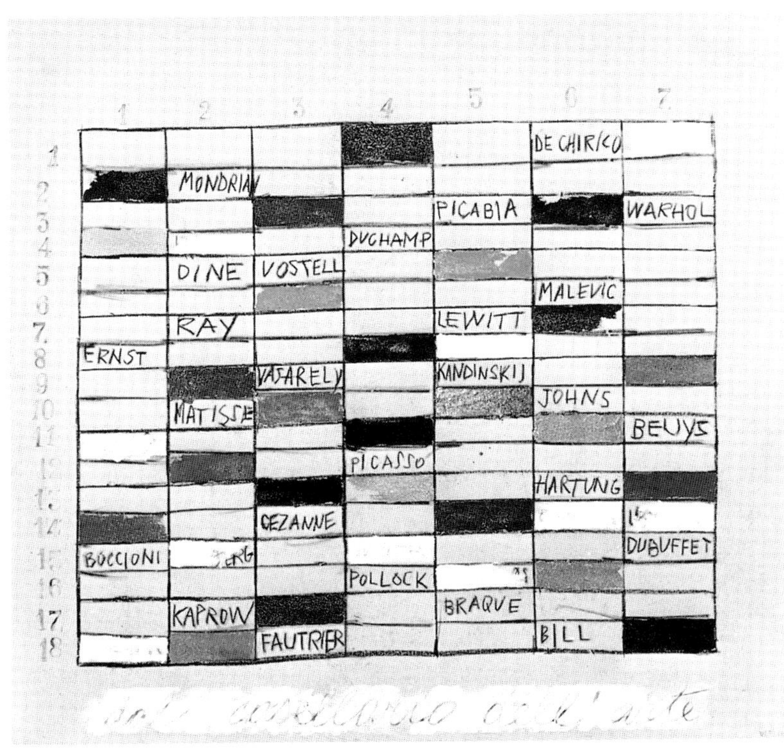

Dal casellario dell'arte, 1979
Tecnica mista su tela / Mixed
media on canvas, 90 x 100 cm

assolute, egli recupera appunto i brandelli della memoria per farli divenire potente forza creatrice non soggetta ad omologazione. Per quanto strano possa apparire, l'essenza dell'opera di Bruno Donzelli sta tra le righe di una concettualità nascosta sotto un eccesso di realtà (che, poi, è soltanto ridondante illusione), espressa sotto forma di pensiero delicato eppure estremamente logico. In qualche modo egli ricorda Friedrich Nietzsche quando affermava che "non c'è persona più taciturna di chi parla molto". Dietro l'apparente entropia cromatica si cela un progetto emotivo e intellettuale estremamente funzionale e rigoroso: quello che vede sempre l'artista (poiché questa è sostanzialmente la sua più importante funzione) come un detonatore di un accadere, più che dell'arte fine a se stessa, della vita. Perché questa è la relazione ultima dell'artista: essere valido per il suo momento e per i fruitori che si riconoscono nella sua opera, che subiscono una seppur lieve e impercettibile mutazione del proprio essere profondo.

Nel suo lavoro Bruno Donzelli ha sempre chiaro il concetto di spazio e di tempo, laddove il primo è la cristallizzazione del secondo. Un tempo non più intero ma frazionato in mille parti, perché il concetto temporale assoluto si è dissolto nelle infinite particelle della fine del millennio. In fondo, nello spazio interno della nostra anima, dei nostri pensieri e dei nostri nervi, esiste e splende solo la dannata memoria del nostro essere umani.

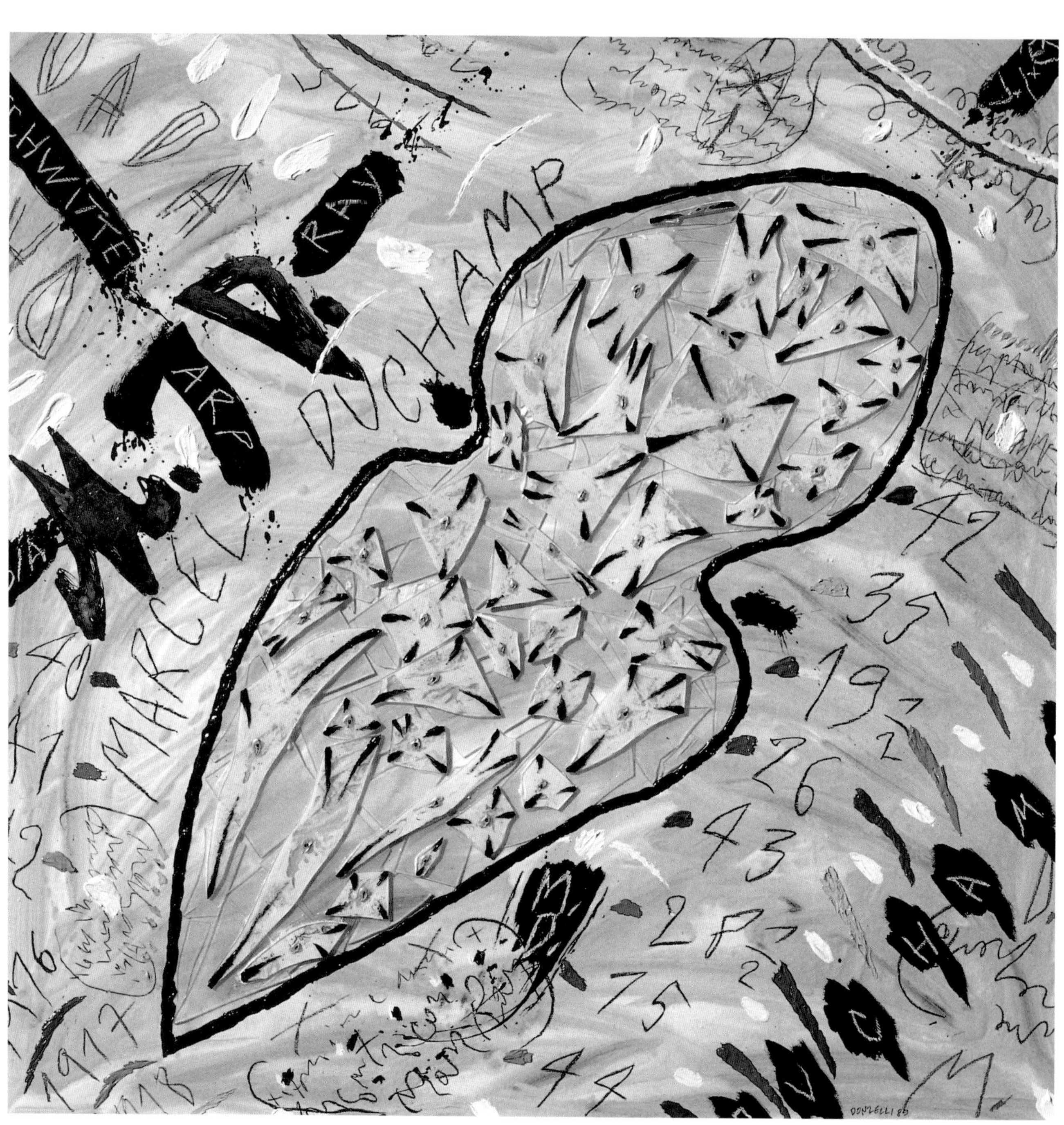
SCHWITTER
RAY
DUCHAMP
ARP
MARCEL
DONZELLI 85

BRUNO DONZELLI: THE CHROMATISMS OF CRYSTALLIZED TIME

Massimo Sgroi

"Time. I need more time." Roy Baty makes this desperate plea in *Blade Runner* when he asks his creator for a longer life. Time is what the artist asks of his work in order to project himself into and interact emotionally with the lives of others. People who think Bruno Donzelli's work is mannered are wrong: instead, it is a desperate attempt to restore time to human life. Aware that reality's technological delirium is destroying the experiential differences between children and adults, his work is an accumulation of memory deposits of art. In his work, the fourth dimension compresses, and using the mass media colors of the end of the millennium, becomes the another of memory – its crystallized forms.

Fate is tied to the temporal rupture where destiny or the law of time waits in the folds of the mnemonic apparatus. As Giordano Bruno notes: "when the first button is buttoned backwards, none of the remaining ones can be buttoned correctly." Bruno Donzelli rereads his memory – which subjectively is the artist's memory and in an extended sense man's – in his search for elusive truth, from *Ormare*'s footprints, and the seemingly rationalist but in reality iconoclastic approach of *Casellario dell'arte*, to the ironic transgression of *Siparietti Impertinenti*. Art of the twentieth century remains faithful to itself, and yet our relationship to it is unclear. Marshall McLuhan notes, "Objects elude us. Only their reciprocal relationships are fully manifested."

Understanding time, our time, means setting aside the static version of experience in order to oscillate between the habitual nature of the cliché and the power of the archetype. Like, for example, the stereotypical cliché that much of contemporary art suffers from an excessive fear of color, whereas the modern vision dwells on its glorification. Just look at the dominant chromatics of Cronenberg or Kubrick, the musical colors of Frisell and Zorn, or the urban theater of metropolitan graffiti artists.

With a personal and narrative approach, Donzelli goes through the art of the twentieth century, synthesizing the footprints it has left on world culture. Bruno Donzelli's painting, however, is not merely referential. Rather, it is the manifestation of the artist's freedom with respect to recent memory, which he unearths from the nostalgic apparatus of the human mind. At the same time, it is an ironic and fully polychromatic recuperation of formal rigor, which in the most recent work is aimed at disintegrating the artistic avant-garde.

Donzelli's databank remains as a testimony to the fascinating and adventurous history etched – more than we could imagine – in the collective unconscious of this century of technological revolution. The change in art

Ormare: Marcel Duchamp, 1989
Tecnica mista su tela / Mixed
media on canvas, 120 x 120 cm

is the transformation of life itself in his inconsistent, and therefore free, philosophy. His sentimental journey involves both high and low culture; synthesis and creative symbolism coexist perfectly within an approach that is far from one of mannerist decay. Chromatic brightness is the sunny side of the melancholic forms that represent the hidden face of art. For this reason, Donzelli's work, more than art history, is the manipulation of the actual essence of creativity. He is the witness to the perfect crime, in which the fundamental motive consists in not leaving any clue. In revealing the footprints left by criminal imperfection, as Baudrillard calls it, he returns the actual essence of the art of the millennium's last century to a world that is both real and more than real. He encloses it within the excesses of fruit or theater or in a form that is intentionally his own. He absorbs the essence of art in order to re-determine the parameters of the categories of memory, in order to remove it from the excesses of ideology; he doesn't deal with popular notions like Warhol, but conducts essential research into the subjective truth of art. In addition, Donzelli attests to an experience of life whose supreme function is making reality itself disappear, hidden behind a sign that masks its disappearance. Unlike Warhol, he doesn't reduce the work's role to a walk-on appearance, but instead makes it into an everyday object, demystifying it on the one hand, but turning it into an even more powerful object of subjective vision on the other. Now, to straighten out the belief about the elitist vision of art, what is its purpose, if not to cause a fantastic explosion of ideas? If not to remove its subjective character, making it a part of the collective unconscious, or the idle engine that nevertheless propels the mystery of representation?

Subjectively and objectively, Donzelli's work is an important point of reference for a conception of art that is refined, but at the same time not "falsely democratic." To cite Arnold Hauser, Donzelli is well aware that the artist's task is not to adapt art to the mental narrowness of the masses, but

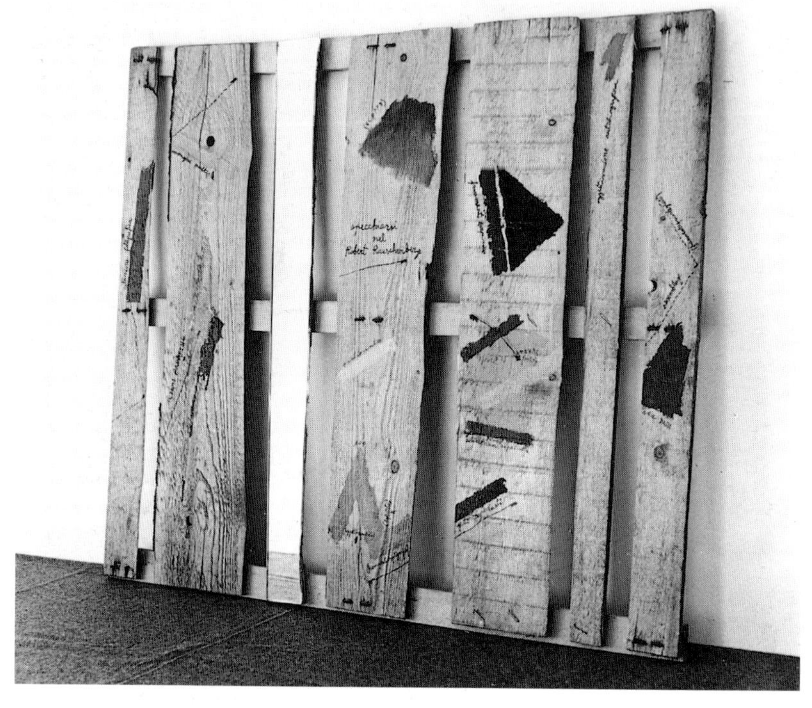

Specchiarsi nel Robert Rauschenberg, 1979
Legno, specchio, acrilico / Wood, mirror, acrylic, 96 x 107 cm

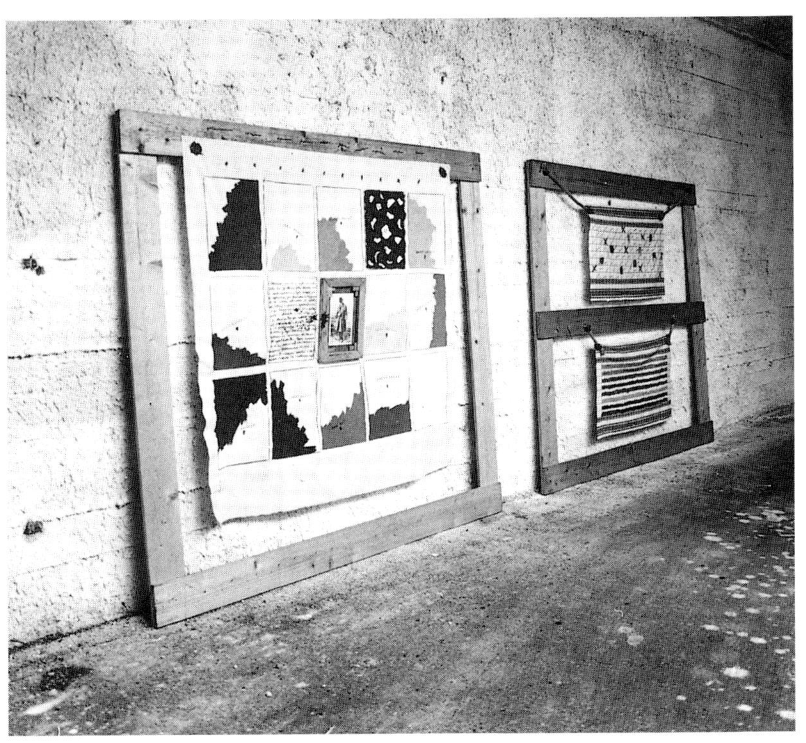

Dal casellario dell'arte, 1979
Installazione / Installation

instead to enlarge their horizons as much as possible. It is not a matter of pushing determined examples, but of teaching aesthetic judgement, so that art is not continually monopolized by an elitist minority.

On the other hand, in a world of extreme fragmentation in which informational chaos has oppressed and destroyed the framework of Western thought, the artist's function also involves restoring the fragments of memory to humanity's new forms. Unable to find absolute certainties, Donzelli salvages the shreds of memory, turning them into a powerful creative force that is not subject to official sanction. As strange as it seems, the essence of Donzelli's work lies between the lines of a conceptuality hidden under an excess of reality (which is only redundant illusion, after all), expressed in the form of a delicate, but extremely logical thought. In some ways, he shares Friedrich Nietzsche's idea that "there is no more taciturn a person than one who talks a lot." Behind a seemingly chromatic entropy is concealed an emotional and intellectual project that is extremely functional and rigorous: the artist (as this is essentially his most important function) as detonator – more than just of art, but of life. This is the artist's ultimate relationship: a figure who is valid to his time and to the people who recognize themselves in his work and, as a result, experience even a slight, imperceptible change in their deepest selves.

In Bruno Donzelli's work, the concept of space and time are always clear, the first being the crystallization of the second. His is a concept of time that is no longer whole, but is shattered into a thousand pieces, because the concept of absolute temporality has dissolved into the end of the millennium's infinity of particles. In the end, the internal space of our souls, our thoughts and our nerves houses only the wretched memory of our humanity.

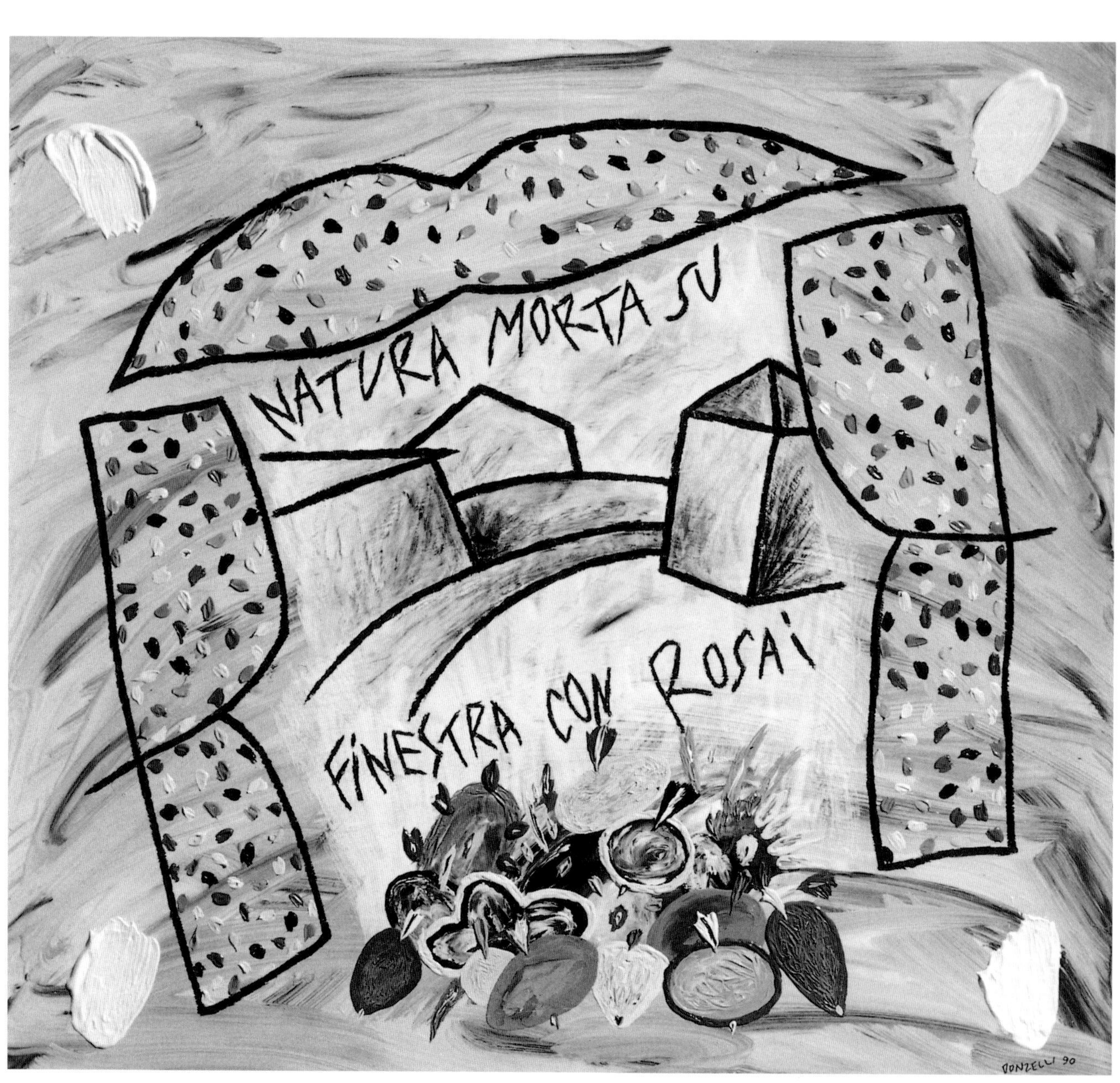

NATURA MORTA SU
FINESTRA CON ROSAI
DONZELLI 90

PARADOSSI E PARODIE

Gérard-Georges Lemaire

Sino ad oggi, il processo artistico di Bruno Donzelli è stato interpretato secondo un'unica chiave di lettura che è quella della citazione. Ma è nello stesso tempo "troppo" e "non abbastanza". Ed è soprattutto rinchiudere la sua opera nella cornice di una definizione fin troppo riducente che, essendo vaga e insoddisfacente, proietta un'immagine infedele della sua opera. Ciò che vi è in lui di singolare e di sottile finisce con l'essere messo da parte per essere finalmente assimilato ad una delle grandi idee generali del pensiero estetico di quest'ultimo decennio. Quando si parla di "citazione" a chi ci si riferisce esattamente? Nel corso degli anni ci sono stati mille modi di citare: in modo esplicito o implicito, per gioco e per associazione, per contaminazione o, ancora, per la preoccupazione di rientrare in un particolare tipo di storia. Un abisso separa il modo di citare di Pablo Picasso e quello di Giorgio de Chirico. E, senza evocare i fantasmi mitologici della nascita dell'arte moderna, e per approdare unicamente all'era che stiamo vivendo, che è esattamente l'opposto, quella del suo crepuscolo, differenze maggiori, se non inconciliabili, separano i tentativi di Gérard Garouste, di Enzo Cucchi, di Miquel Barceló e di tanti altri, tutti, per un titolo o per un altro, "artisti della citazione". Prospettive, queste, che hanno in comune solo la necessità di meditare sul destino della creazione contemporanea risalendo alla storia dell'arte. È opportuno, quindi, a questo punto, interrogarsi sul tipo di citazione che essi hanno adoperato, sugli effetti internazionali, sui loro presupposti teorici. Ed è anche tempo di chiedersi quale sia la natura dei procedimenti intrapresi e i loro fini ultimi: si tratta di pretesti, di mescolanze, di parodie, di imitazioni o di una complessa combinazione di queste diverse tecniche? Si tratta di un cammino derisorio, critico, analitico, nichilista o, al contrario, l'ambiziosa ricostruzione dei fondamenti della cultura? Infine, la necessità di questo ritorno alle origini (siano esse archeologiche, storiche, mistiche, metafisiche...), che spinge i pittori e gli scultori a riconsiderare da cima a fondo il divenire delle loro discipline ricostituite in altri termini e a rimettere in causa gli assiomi filosofici e ideologici dell'iconoclastia modernista, è legata a strategie della sembianza che mettono in evidenza contraddizioni cruciali. Esse sono tanto acute da divenire una clausola dubitativa permanente che non cessa di incitare alla riformulazione dei campi semantici in seno ai quali si iscrive il desiderio dell'artista.

Nel caso di Bruno Donzelli, il ricorso ad un campo referenziale preciso può di primo acchito essere descritto come il territorio dell'ambiguità per eccellenza. Queste citazioni abbracciano due periodi perfettamente circoscritti: il primo quello del Novecento italiano, che interessa principalmente Mario Sironi e Giorgio de Chirico, l'altro l'inizio del XX secolo ed i com-

portamenti avanguardisti attraverso
Marcel Duchamp, padre fondatore
della chiesa della modernità, e Man
Ray. In seguito viene associato l'universo plastico del dopoguerra, dal-
l'espressionismo astratto alla Pop
Art americana, a Joseph Beuys. Le
citazioni si applicano a più istanze e
prima di tutte a quella del nome,
considerato come avente carattere
feticista, e poi ad un gruppo di segni distinti che evocano questo nome
e che appaiono ormai come degli
stereotipi.

Quando Donzelli persegue il progetto che intitola *Dal casellario del-
l'arte* tra il 1978 e il 1980, si impos-
sessa delle diverse sintassi usate
dagli artisti che ha selezionato, ne
trattiene una serie di elementi e
mette in relazione gli uni con gli
altri. I quadri e le installazioni che
sono il risultato di questo procedimento sono stati concepiti come un
compendio altrettanto ironico, che
ricapitola instancabilmente le grandi
tappe di un'avventura fantasmatica.

In una tela intitolata *Action*, ter-
minata nel 1979, Donzelli ha posto
nel centro uno pseudo-quadro ripro-

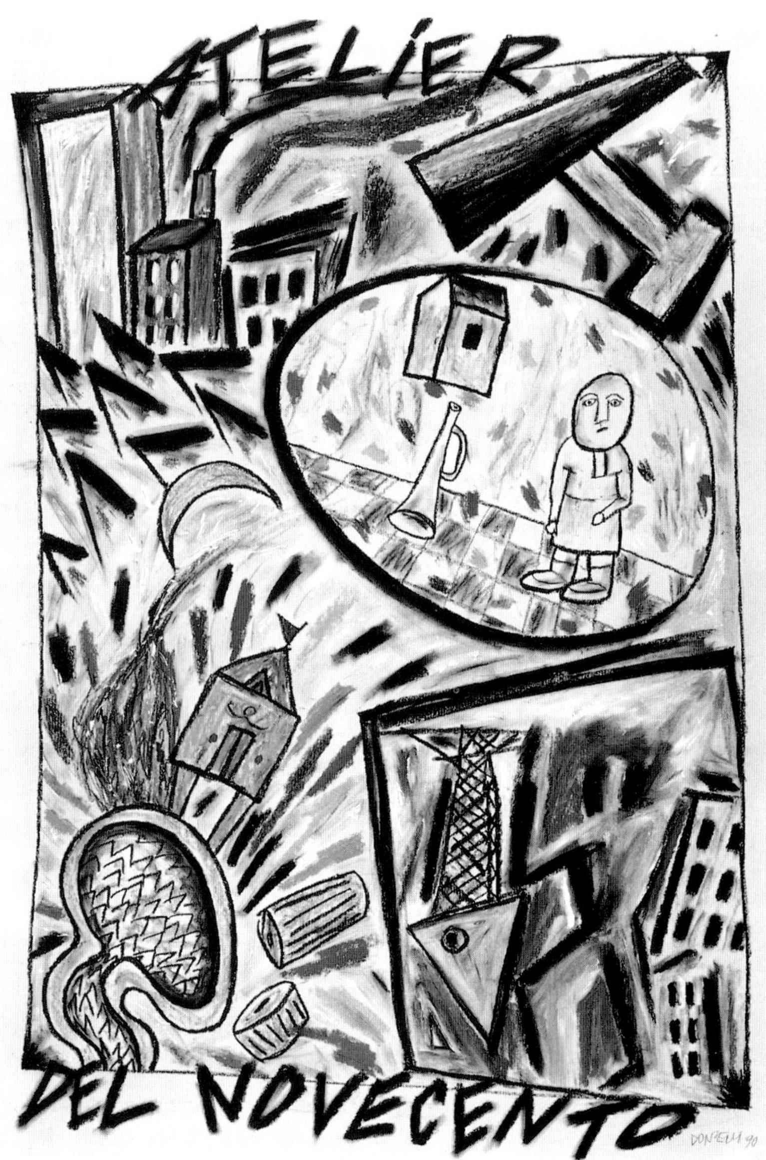

Atelier del Novecento, 1990
Tecnica mista su carta / Mixed
media on paper, 100 x 70 cm

ducendo le caratteristiche del *dripping*, sul quale si sovrappone la parola
"Action". Intorno a questo artefatto, fa circolare una serie di nomi – quelli
del gruppo degli Irascibili, Gorky, Kline, Rothko, De Kooning... – e ciascun
nome è accompagnato da un saggio di colore. L'anno dopo egli firma *Quarantotto campioni colorati*, il cui titolo è scritto all'interno di un telaio a forma di trapezio che è contornato dai nomi di quarantotto artisti scelti tra i
più grandi della saga dell'arte moderna.

Il rapporto di Donzelli con la storia recente della pittura e dell'attività
artistica in generale passa attraverso una derisione della sua rappresen-

tazione attuata tramite una mistificazione ed una gerarchizzazione dei suoi avvenimenti e dei suoi protagonisti. Ma, al di là di questa rimessa in causa di una cronologia inventata per alimentare il fantasma della tradizione del nuovo, e delle filiazioni, ama giocare con i materiali linguistici procuratigli da questi prestiti o quelle enumerazioni. A parte i titoli, che occupano sempre un posto importante, se non invadente, nella superficie della tela, e delle liste delle scuole e dei movimenti, egli si adopera a riprendere e a deviare i dispositivi formali di alcuni creatori emblematici del nostro tempo, come Rauschenberg, Jim Dine e Joseph Beuys. Donzelli mette in evidenza l'uso dei materiali che, nel loro insieme, hanno fatto l'oggetto di un trattamento teorico che trasporta, come ultima risorsa, un'autentica relazione feticista. È il caso, per esempio, del feltro, usato da Robert Morris e da Joseph Beuys. È da quest'ultimo che Donzelli trae materia di riflessione. Il feltro appare in alcune opere come *Azione e tracce di Joseph Beuys* del 1977, in cui il nome di quest'ultimo è scolpito in grande, accompagnato da un campionario di colori e da uno scalpello.

In *Campionario per Joseph Beuys*, Donzelli stabilisce una cartografia cromatica con dei feltri, mentre in *Specchiarsi nel Beuys*, la celebre croce in feltro è completata da due linee di colori e nomi appartenenti alla perpetua litania del secolo. Lo stesso trattamento è applicato a Robert Rauschenberg, dove la nozione di *combine painting* è qui riassunta in una spalliera di legno montata su di un telaio, con una delle tavole sormontata da uno specchio.

Queste opere, ed altre che formano con esse delle "famiglie", non rappresentano unicamente una decostruzione dei principi che hanno regolato le direzioni e le speculazioni estetiche che hanno trascinato l'arte verso un doppio processo di radicalizzazione e di autodistruzione. Esse si presentano come delle trappole in quanto non mostrano né un saccheggio di questi miti, né il loro superamento concettuale, li imitano, ne ingrandiscono le caratteristiche, isolano i loro elementi rivelatori, li sostituiscono nella loro prospettiva cronologica che ne giustifica l'avvento. Donzelli si serve dell'insieme di questi fattori, di queste materie, di queste forme messe in evidenza per immaginare un universo plastico originale, che trae le sue risorse da tutte le ricerche condotte dai suoi illustri predecessori. Con la più grande disinvoltura, attinge dall'enorme e vertiginoso serbatoio delle idee e delle costruzioni spaziali che gli sono offerte da queste matrici infinite.

Materiato per offre un esempio di questo suo procedimento. Il feltro, il legno, la cera e, certamente, la tela sono riuniti per generare un quadro che ricava la sua concezione e la sua organizzazione speculare solo dalla fantasia dell'artista. Più esattamente, il "mutamento antropologico" che è intrapreso in questo lavoro porta ad un'ipotesi che contraddice le "citazioni" requisite.

In *Tracciato mimetico* la croce beuysiana muta nel segno di una connotazione sensibilmente divergente, prendendo la tela l'aspetto di una bandiera evocante le tele libere degli attori di Support/Surface. Questo contagio generalizzato dei codici e le loro distorsioni, come nel caso dei grandi telai del *Casellario dell'arte*, poggia sul paradosso dell'emergenza di un classicismo contemporaneo e del suo carattere paradossale in cui la tragedia del senso si rivela una commedia. Forse è lì che risiede l'essenza del procedimento di Bruno Donzelli: egli approda alla sacralità del progetto artistico della nostra epoca, sacralità ridicola in quanto carica di filosofia negativa. Mescolando questi segni, ponendoli sotto un punto di vista senza precedenti, tagliandoli a pezzi e ridistribuendoli in funzione di una economia idiosincratica, li fa venir fuori dalle loro stesse prospettive iniziali per render loro tangibili i valori simbolici di simulacri di una nuova estrapolazione del pensiero estetico.

Insomma, tante digressioni parodiche, tante immagini uscite da plagi dichiarati e carichi di sarcasmi ironici, tante riconoscenze di prerogative dell'avanguardismo, sono lì solo per servire da travestimento ad una differita narrazione del pittore. I cuori in feltro di Jim Dine e i telai rovesciati, le stelle per le quali associa il ricordo di Marcel Duchamp e quello di Man Ray, l'accumulazione ludica delle allusioni e delle note manoscritte, sono volute per ricondurci ai sistemi riflessi che sottendono le pratiche e le dottrine del fine dell'arte. L'oggetto privilegiato della sua indagine è, di primo acchito, l'esasperazione di impressioni del "già visto" attraverso la ripresa delle invenzioni che hanno sottolineato alcuni di questi ottanta anni tumultuosi determinati da una volontà di *tabula rasa*. Queste invenzioni, che hanno introdotto delle reazioni teoriche di causa e di effetto, sono d'ora innanzi dei luoghi comuni e, la loro ripetizione o la loro risonanza messa in scena nei quadri di Bruno Donzelli, è intesa come restringimento sempre più costrittivo del territorio in cui è ancora lecito procedere. Il punto di vista dello spettatore del teatro dell'arte si è ridotto sino a non poter percepire che un fascio di concetti, i quali sono presentati per munire di segnali e condizionare la sua comprensione di fenomeni culturali. Donzelli rivela l'estensione di questo condizionamento, che si traduce in una sorta di avvelenamento mentale. A questo proposito egli parla di mnemotecnica e di mimetismo. Toccando con dito il problema più delicato che è quello della memoria, Donzelli ci indica che viviamo in funzione di una ricostruzione della tradizione che passa per una compulsione di amnesia e per la costituzione di un repertorio

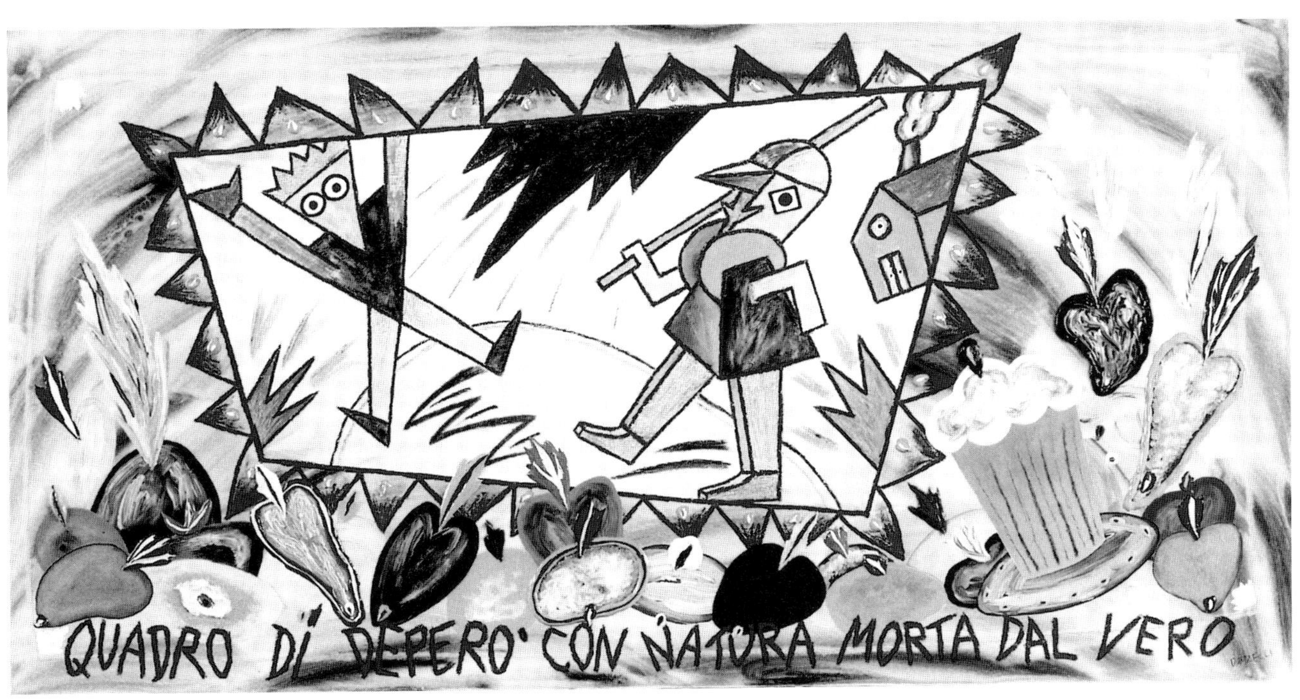

*Quadro di Depero con natura
morta dal vero*, 1992
Tecnica mista su tela / Mixed
media on canvas, 50 x 100 cm

di segni eretto a rango di riferimento assoluto. Egli suggerisce l'imperativo di una anamnesi che sventa l'iterazione mimetica. E, in quest'ottica, egli premedita una modalità espressiva che sfugge alle leggi schiaccianti della logica manichea della rivoluzione permanente delle forme.

Bruno Donzelli si è impadronito della macchina infernale di queste metamorfosi ininterrotte del linguaggio artistico facendone la materia prima del suo linguaggio. E, con la ipertrofia della citazione, lo corrompe e ne trafigge la natura mistificatrice. Infine, introduce le condizioni necessarie e sufficienti di una emancipazione, al di là degli "a priori", con una dolce insolenza e un humour corrosivo.

Con una lunga serie di opere raggruppate sotto il titolo generico di *Ormare*, Bruno Donzelli trova la specificità della pittura, ma prolunga l'esperienza intrapresa con i suoi "Casellari dell'arte": i suoi quadri non hanno altro soggetto che le tematiche del suo "passato ricostruito" attraverso la ricapitolazione del suo catalogo nominativo e dei suoi "luoghi comuni". Ma, questa volta, unifica il suo proposito, non cercando più di riprodurre l'illusione di una scenografia tipica degli anni Settanta. Egli piuttosto si sforza di racchiudere le sue "impronte" in un canovaccio preciso e invariabile. Ciascuna di esse corrisponde a uno dei rappresentanti dell'Olimpo artistico di questo secolo: Fautrier, Warhol, Duchamp, Picasso, Fontana, de Chirico, Hartung, Beuys, etc... ed è rappresentata dal calco di una suola, come quelle delle dive del cinema di Hollywood. Queste impronte contengono un'altra impronta, tanto unica e tanto impossibile da confondersi, da una impronta digitale: lo stile distintivo, il gesto divenuto simbolo di tutta un'esistenza, la maniera inaugurale, il tocco che riassume la singolarità di un atteggiamento intransigente. Queste tracce, che fanno la narrazione schematica dello spirito contemporaneo, sono distribuite in gruppi di due o tre. Poi, con il tempo, esse diventano più numerose, costituendo dei quadri sinottici.

I loro ravvicinamenti sembrano essere il frutto di un caso. Ma si sarebbe tentati di intuire un'intenzione malvagia nell'adattamento di questi incontri, come anche sarebbe il caso di questa trilogia: Robert Rauschenberg, Max Ernst, Henri Matisse. Metafora del lungo cammino fantasmatico dell'epopea moderna. Lì Donzelli punta su un doppio senso dello spazio plastico. Da un lato esso condensa, attraverso una falsa firma e una reminiscenza della "scrittura" dell'artista evocato, la memoria minima di un'opera; dall'altro, se ne serve per creare una pittura che finisce col negare il suo soggetto supposto e afferma una indifferenza a suo riguardo che libera la superficie di questa parodia di rappresentazione.

Mentre approfondisce la problematica di *Ormare*, sviluppa il suo terreno di esperienza e "mette in scena" in particolare il Novecento italiano (de Chirico, Carrà, Sironi, Morandi...). Questo ritorno alle fonti italiche prende una dimensione abbastanza divergente rispetto a quella da lui edificata fino ad allora, anche se utilizza i processi ai quali ha sempre ricorso. Vi è certamente un sospetto di caricatura in queste ritrascrizioni di sintassi sironiane o dechirichiane, nella ripresa delle bottiglie morandiane o delle donne primitive di Carrà. E i titoli che sceglie con cura sono essi stessi derisori e appartengono tutti all'universo del pittore, sia sotto la specie dei generi ("interno", "atelier", "notturno", "natura morta") che degli oggetti dello studio ("tavolozza", "lavagna") o ancora delle immagini ("cartolina"); inoltre, accoppia delle scene stereotipate dei suoi "modelli" con dolciumi (*Grande babà e quadro di Carrà,* 1996) o associa la ricerca del Novecento con golosità: ("colazione da...") al fine di esaltare, ma anche di capovolgere in derisione lo spirito generale di questa grande stagione pittorica.

Le estrapolazioni che Donzelli effettua dalle architetture urbane, dalle nature morte e dagli interni si rivelano come il doppio fondo significante di queste tele. Si formano attraverso uno strano capovolgimento di prospettiva e di nostalgiche peregrinazioni mentali. Ma una tale nostalgia, una tale archeologia di rovine mnemoniche, adotta presso di lui una tonalità esultante, attraverso l'esaltazione cromatica e attraverso il gusto pronunciato delle immagini paradossali; immagini che Donzelli ha rubato alle malinconiche ripetizioni della pittura e di cui si è appropriato in vista di un quadro che abolisca l'ossessione.

Egli instaura la dimensione della parodia come un'arma a doppio taglio, un'arma violenta sotto apparenze buffe. Donzelli *scivola* in queste "nature morte" fabbricate con oggetti figurativi dai suoi precursori, verso altri oggetti, altri segni, altre tecniche, che sono le sue e che fanno ancora un Sironi o un de Chirico, e per sempre un Donzelli.

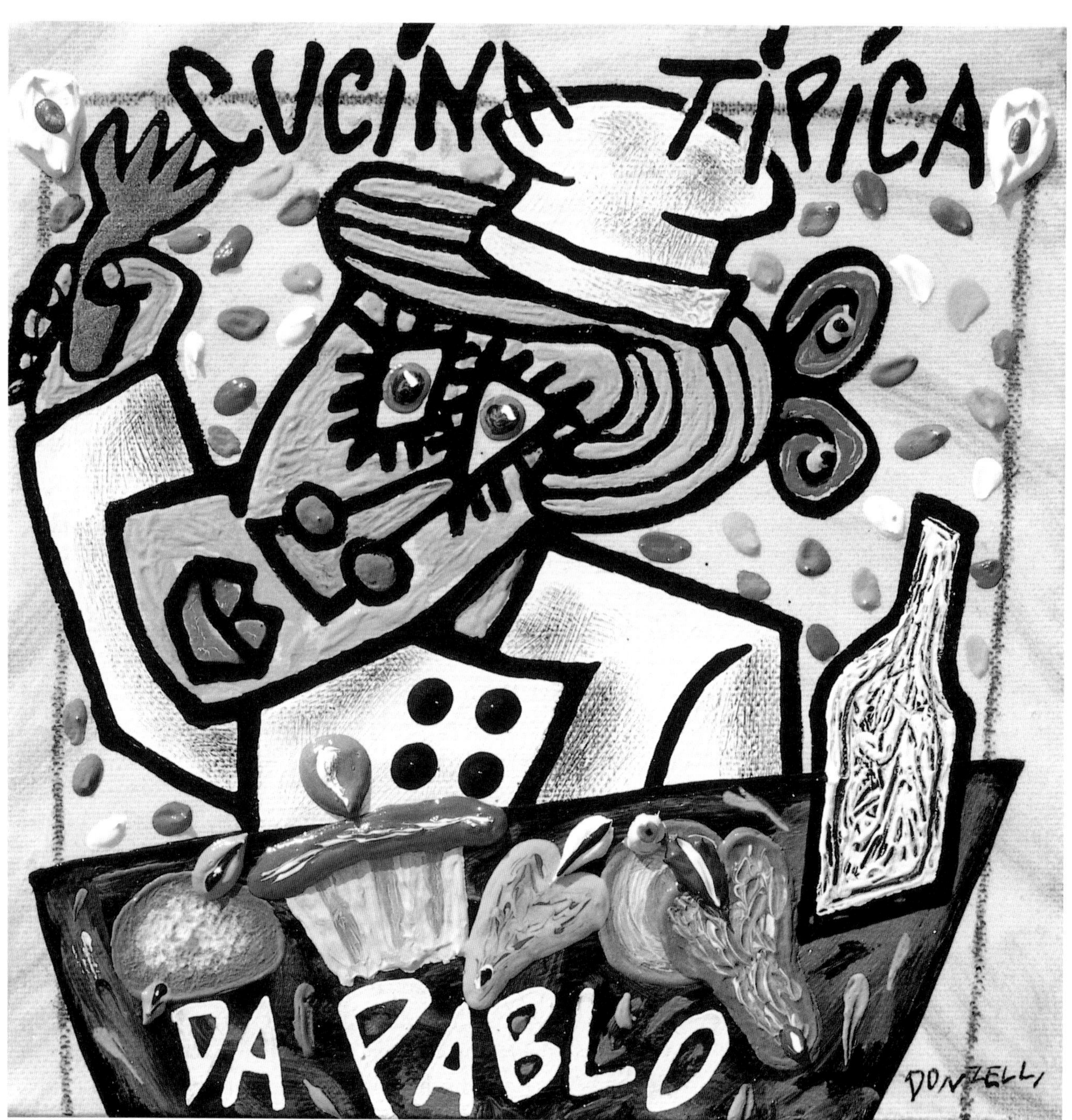
CUCINA TIPICA
DA PABLO
DONZELLI

PARADOXES AND PARODIES

Gérard-Georges Lemaire

Bruno Donzelli's artistic methodology has always been interpreted as referential. This reading of his work is both too much and not enough. Most of all it locks his work into a reductive framework whose dissatisfying ambiguity projects an unfaithful image of it. What is unique and subtle about his work ends up being set aside, and finally assimilated into one of the great general ideas of the aesthetic philosophy of the last decade. When people talk about "references," to whom precisely are they referring? Over the course of time, there have been a thousand ways of making references: explicitly or implicitly, for fun or by association, for contamination, or to be part of a particular kind of history. An abyss separates Pablo Picasso's way of making references from Giorgio de Chirico's. Dealing exclusively with the period we are living in and avoiding the mythical ghosts from the birth of modern art – the exact opposite of its twilight – major, if not irreconcilable differences divide the endeavors of Gérard Garouste, Enzo Cucchi, Miquel Barceló and many others who in one way or another are "referential artists." Their perspectives only have in common the need to meditate on the destiny of contemporary creation by going back to the history of art.

This would be an opportune moment to examine the kind of references they used, their international impact, and their supposed theories. It is also the moment to consider the nature of their processes, and their ultimate ends: are they pretexts, mixtures, parodies, imitations, or a complex combination of these different techniques? Are we dealing with an approach that is derisive, critical, analytical, nihilistic or, on the contrary, an ambitious reconstruction of the foundations of culture? In short, this need to return to origins (whether they be archaeological, historical, mystical, metaphysical . . .), which drives painters and sculptors to reexamine the evolution of their disciplines, and to question the philosophical and ideological axioms of modern iconoclasm, is tied to strategies of appearance that reveal crucial contradictions. These contradictions are so acute as to create a condition permanently fraught with doubt, which continues to incite the reformulation of semantic fields – the bosom of the artist's desire.

In the case of Bruno Donzelli, his recourse to a precise referential field can from the start be described as ambiguous territory par excellence. His references embrace two perfectly delimited periods: the first is the Italian *Novecento*, which primarily involves Mario Sironi and Giorgio de Chirico; the other is the beginning of the twentieth century and the avant-garde activities of Marcel Duchamp, founding father of the church of modernity, and Man Ray. Thereafter he includes the post-war plastic world, from

Cucina tipica da Pablo, 1999
Tecnica mista su tela / Mixed
media on canvas, 20 x 20 cm

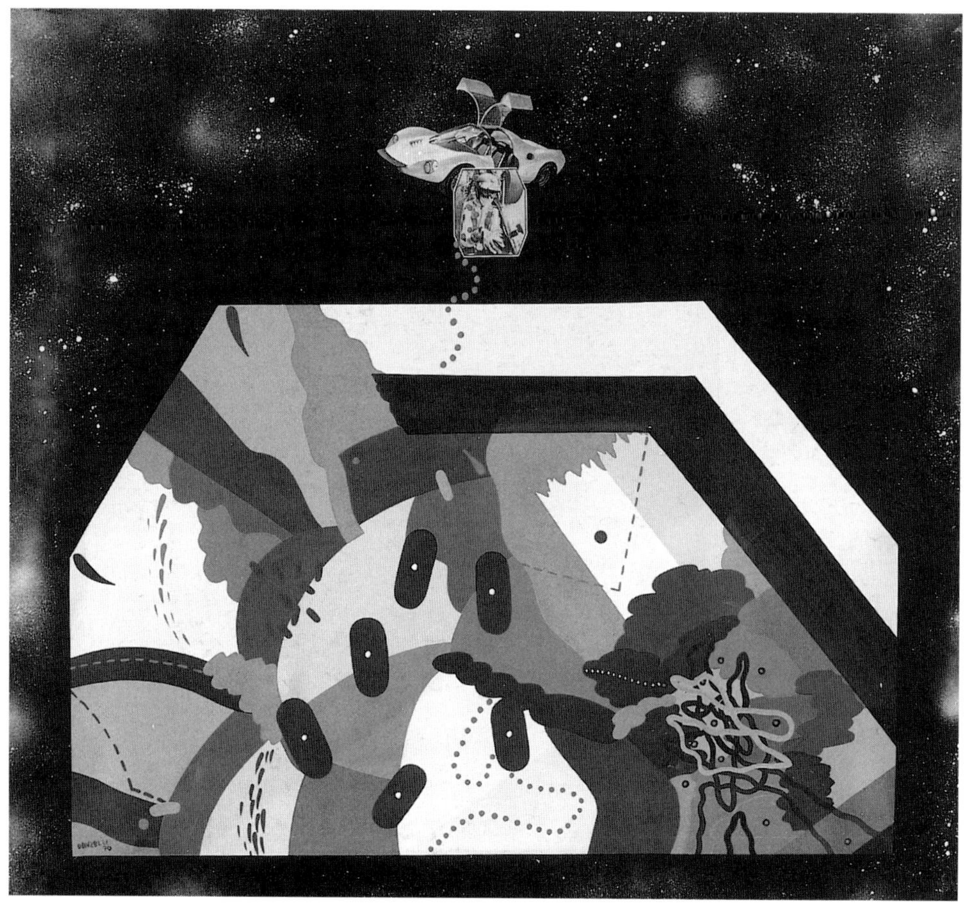

Dragster II, 1970
Acrilico e collage su tela / Acrylic
and collage on canvas, 90 x 100 cm

Abstract Expressionism to American Pop and Joseph Beuys. There is more than one kind of reference: first there is the name, which is considered to be fetishistic in nature; secondly, there is a group of distinct signs that evoke this name and are established stereotypes.

During the period from 1978 to 1980 while he was working on the project *Dal casellario dell'arte*, Donzelli appropriated a variety of syntaxes used by his chosen artists, retaining a series of elements to set in opposition to one other. He intended the resulting paintings and installations as an ironic compendium that tirelessly recapitulates the important stages in a fantastic adventure.

In a painting entitled *Action*, completed in 1979, Donzelli placed a pseudo-painting in the center that reproduced the drip technique, superimposing it with the word "Action." He encircled this artifact with a series of names – including Gorky, Kline, Rothko, De Kooning, etc. – and accompanied each name with a color composition. The following year he completed *Quarantotto campioni colorati*, whose title was written inside a trape-

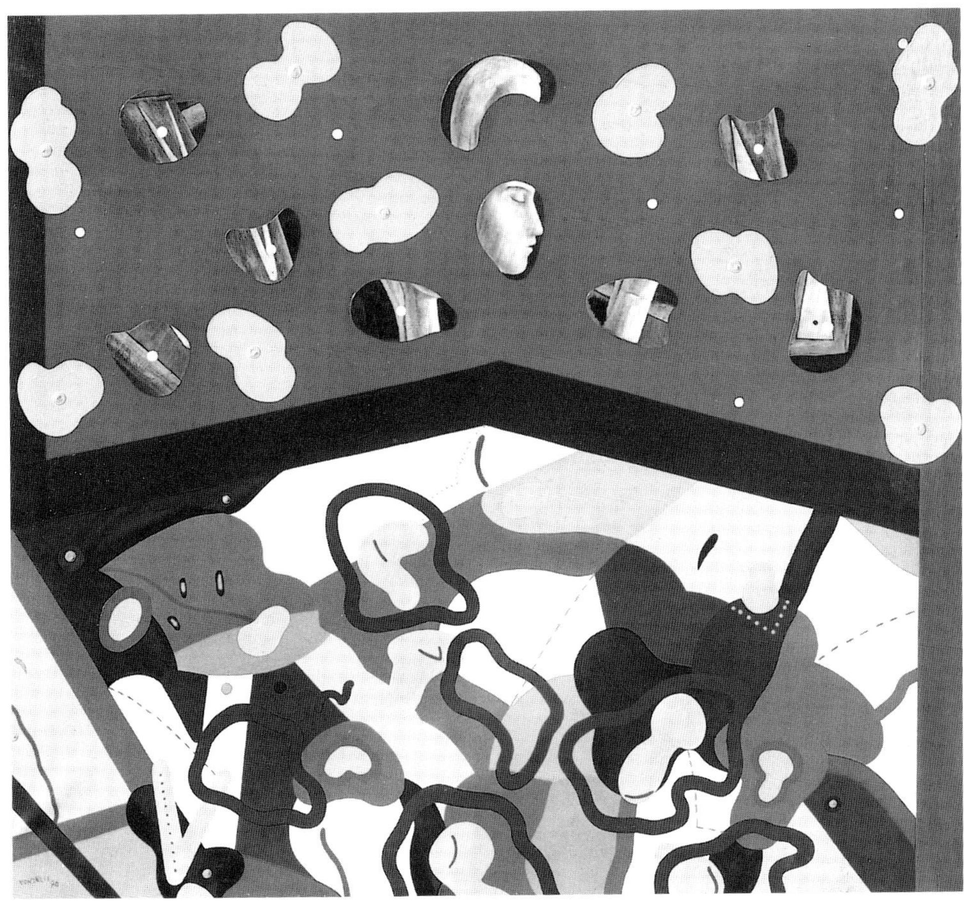

zoid-shaped frame encircled by the names of the forty-eight artists chosen among the greatest in the saga of modern art.

Donzelli connects with recent painting history and artistic activity in general by mocking the mystification and hierarchies of its events and protagonists. Not only does he question this chronology – invented to feed the tradition of the new and the alleged importance of derivation – he also likes to play with the linguistic material supplied by these loans or lists. Apart from the titles, which always occupy an important if not invasive role on the surface of the canvas, and the lists of schools and movements, he endeavors to recuperate and divert the formal devices of certain emblematic creators of our time, such as Rauschenberg, Jim Dine, and Joseph Beuys. Donzelli brings attention to the use of materials which, taken as a whole, end up turning a theoretical treatment into a subject, and conveying an authentic fetishistic meaning. That, for example, is the case with felt, used by Robert Morris and Beuys.   Beuys in particular leads Donzelli to reflect on the use of this material. Felt appears in works such as *Azione e tracce di Joseph Beuys* of 1977, in which Beuys' name is carved out in large scale, and is accompanied by color samples and a chisel.

In *Campionario per Joseph Beuys*, Donzelli establishes a chromatic cartography with pieces of felt, while in *Specchiarsi nel Beuys* the famous felt cross is created with two lines of colors, and names belonging to this century's endless litany. The same treatment is applied to Robert Rauschenberg: the notion of Combine Painting is summed up in a wooden chair back mounted on a frame, with one of the planks topped with a mirror.

These works and others that form a "family" do not just represent a deconstruction of the principles providing the direction and aesthetic speculation that led art towards a double process of radicalization and self-destruction. The works themselves are traps, in that they do not unmask these myths, or render them conceptually obsolete. They imitate them, enlarging their characteristics, isolating their distinguishing elements; they substitute them in the chronological perspective, which justifies their creation. Donzelli uses all of these factors, materials and forms to imagine an original plastic universe that draws from his illustrious predecessors' artistic inquiry. With the greatest ease, he draws from the enormous, vertiginous reservoir of ideas and spatial constructions offered by these infinite matrices.

Materiato per is an example of this process. Felt, wood, wax and canvas are brought together to create a painting that takes its conception and specular organization completely from the artist's imagination. More precisely, the "anthropological alteration" undertaken by this work conveys a hypothesis that contradicts the requisite "references."

In *Tracciato mimetico*, Beuys' cross transforms into a sign with a perceptibly different connotation, with the canvas taking on the appearance of a flag evocative of the free canvases of the performers of Support/Surface. This generalized contagion of codes and their distortions, as in the case of the large canvas *Casellario dell'arte*, rests on the paradox of the emergence of a contemporary classicism and its paradoxical character in which the tragedy of meaning reveals itself as comedy. Perhaps that is the essence of Donzelli's method: he approaches the sacredness of the artistic project of our time, a ridiculous sacredness considering its burden of negative philosophy. Mixing these signs, looking at them from an unprecedented point of view, cutting them to pieces and redistributing them with an idiosyncratic sense of economy, he withdraws them from their own initial expectations, making the symbolic values of appearance in a new extrapolation of aesthetic thought tangible to them.

In short, his use of all these parodic digressions and images from declared plagiarisms loaded with ironic sarcasm, as well as his recognition of the prerogative of avant-gardism, only serve as the disguise for the painter's delayed narrative. Jim Dine's felt hearts and the reversed frames, the stars associated with the memory of Marcel Duchamp and Man Ray, and the playful accumulation of allusions and manuscript notes, are intended to take us back to the reflected systems that extend beneath the practices and doctrines of art's intention. The privileged object of his research is from the start the exasperation of impressions of déjà vu through the recovery of inventions that characterize some of these last tumultuous eighty years, which were defined by the desire for a *tabula rasa*. These inventions, which introduced cause-and-effect theoretical reactions, become commonplace, and their repetition and resonance in Donzelli's paintings is intended as an increasingly constrictive contraction of the territory in which it is still permitted to proceed. The spectator's perspective of the theater of art is reduced to the point of only being able to see a handful of concepts, which are presented to strengthen and condition the comprehension of cultural phenomena. Donzelli reveals the extent of this conditioning, which he interprets as a kind of mental poisoning. This issue leads him to deal with mnemotechnique and mimetism. Putting his finger on the most delicate problem, that of memory, Donzelli shows us that we live dependent upon a reconstruction of tradition that passes as a compulsion of amnesia and as the creation of a repertory of signs ranked as absolutes. He affirms the imperative of an amnesia that thwarts mimetic repetition and, with this in mind, plans an expressive modality that can elude the crushing laws of Manichean logic – the constant revolution of forms.

Donzelli has taken possession of the infernal machine of these uninterrupted metamorphoses of artistic language. He consequently makes it the primary material of his language. Through the hypertrophy of references, he corrupts it and pierces its mysterious nature. In short, he introduces the requisite and sufficient conditions for an emancipation, beyond dogma, with gentle insolence and corrosive humor.

With a large series of works grouped under the generic title *Ormare*, Donzelli locates painting's specificity, but prolongs the experience undertaken with his *Casellari dell'arte*: the paintings have no other subject than the thematics of his "reconstructed past" through the recapitulation of his nominative catalogue and his "commonplaces." But this time he unifies his proposed project, no longer trying to reproduce the illusion of a typical Seventies scene.

Instead he endeavors to enclose his "footprints" in a precise and invariable screenplay. Each corresponds to one of the representatives of this century's artistic Olympus: Fautrier, Warhol, Duchamp, Picasso, Fontana, de Chirico, Hartung, Beuys, etc. Each is represented by a cast footprint, like those of Hollywood's movie stars. These footprints contain another footprint, unique and impossible to confuse with a digital footprint: the distinctive style, the gesture that has become the symbol of an entire existence, the inaugural manner, the stroke that sums up the singularity of an intransigent attitude. These tracks, which are the schematic narration of the contemporary spirit, are distributed in groups of two or three. They become more numerous with time, constituting synoptic paintings.

Their grouping seems to be the product of chance. But it would be tempting to read an evil intent in the arrangement of these encounters, as would be the case with the trilogy of Robert Rauschenberg, Max Ernst and Henri Matisse. It is a metaphor for the long, fantastic journey of the modern era. Donzelli points out a double meaning in the plastic space. On the one hand, he condenses the smallest memory of a work through a fake signature and a memory of the evoked artist's "writing"; on the other, he uses it to create a painting that ends up negating its supposed subject and affirming an indifference to it that frees up the surface of this representational parody.

As he delves into the problematics of *Ormare*, he works the terrain of his experience, and in particular creates a "mise en scène" of the Italian *Novecento* (de Chirico, Carrà, Sironi, Morandi, etc.). This return to the roots of contemporary Italian art takes on a somewhat different dimension compared to Donzelli's work up to this point, even if he employs his usual methods. There is certainly a hint of caricature in these transcriptions of Sironi's or De Chirico's syntax, in the revival of Morandi's bottles or Carrà's primitive women. His carefully chosen titles are themselves mocking, and belong to the world of painting, whether under the category of genre ("interior," "atelier," "night scene," "still life"), or of objects found in the studio ("palette," "blackboard"), or images ("postcard"); he also pairs his subject's stereotypical scenes with sweets (*Grande babà e quadro di Carrà*, 1996) or associates *Novecento* investigations with gourmandise ("breakfast at...") to glorify but also mockingly to capsize the general spirit of this great pictorial period.

His extrapolations from urban architecture, still lifes and interiors are revealed as the false bottom of these paintings. They are created through a strange reversal of perspective and with nostalgic mental wanderings. But Donzelli's nostalgia for and archaeology through mnemonic ruins take on an exultant tonality through his chromatic glorification and pronounced

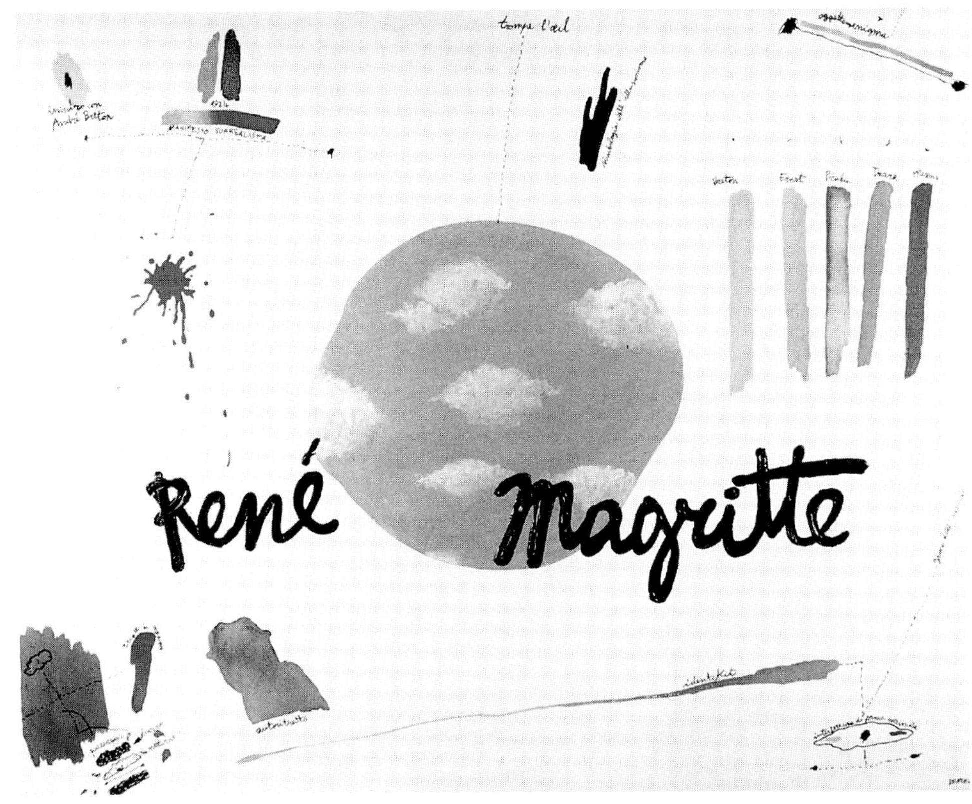

taste for paradoxical images; images that Donzelli has stolen from painting's melancholic repetitions, an appropriation made with a painting that abolishes the obsession in mind.

He employs the dimension of parody as a double-edged sword – a violent weapon beneath its playful appearance. Donzelli enters these "still lifes" made with figurative objects of his precursors toward other object, other signs, and other techniques that are his own, and yet still evoke a Sironi or a de Chirico, and always a Donzelli.

OPERE / WORKS

Da Man Ray a Christo, 1976
Legno, corda, acrilico / Wood,
rope, acrylic, 90 x 100 cm

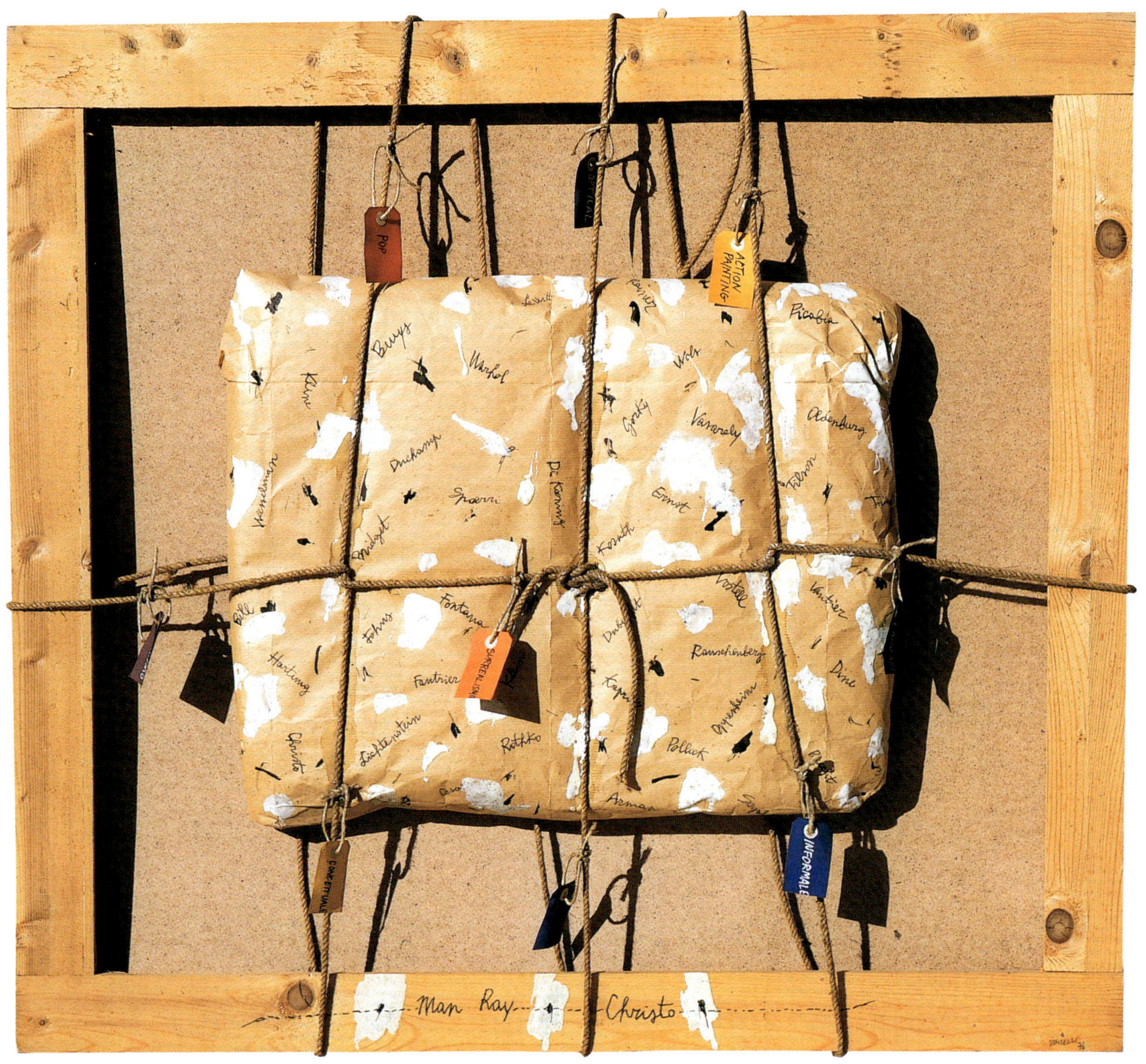

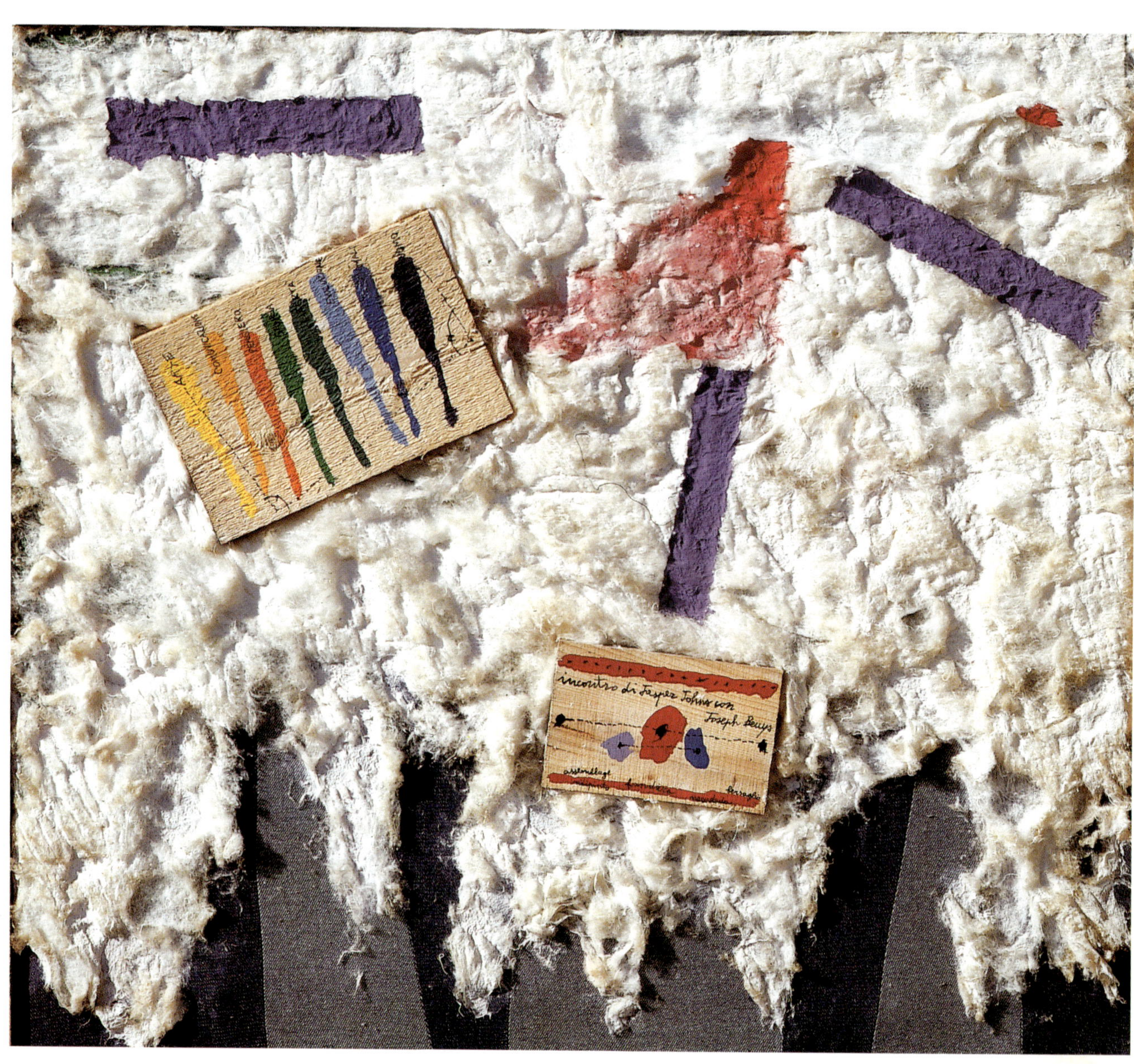

Incontro di Jasper Johns con Joseph Beuys, 1977
Feltro, legno, acrilico / Felt, wood, acrylic, 90 x 100 cm

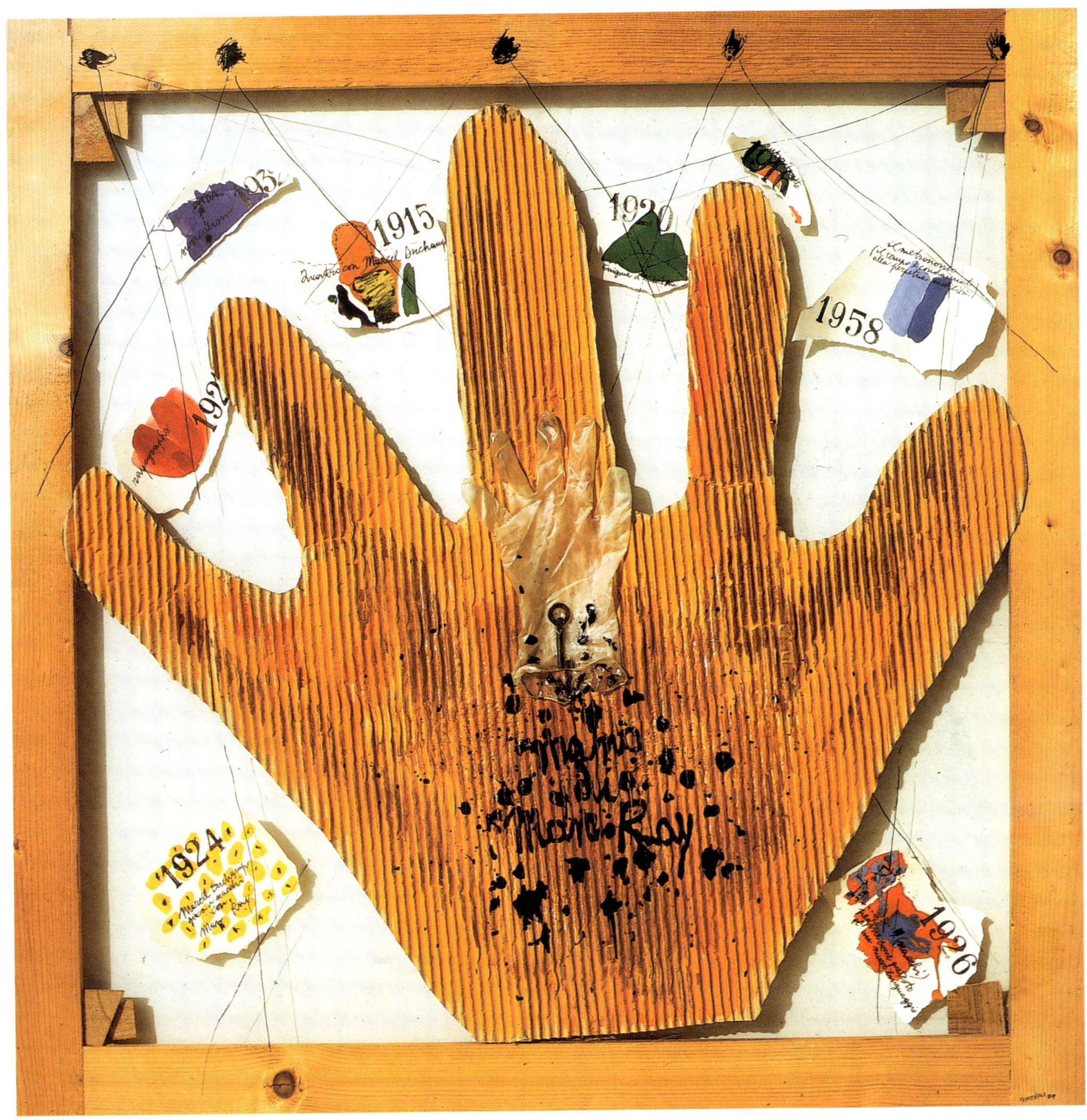

Mano di Man Ray, 1977
Legno, cartone, acetato,
acrilico / Wood, cardboard,
acetate, acrylic, 100 x 100 cm

Ritratto di Robert
Rauschenberg, 1978
Legno, tela, cartone, acrilico /
Wood, canvas, cardboard,
acrylic, 90 x 100 cm

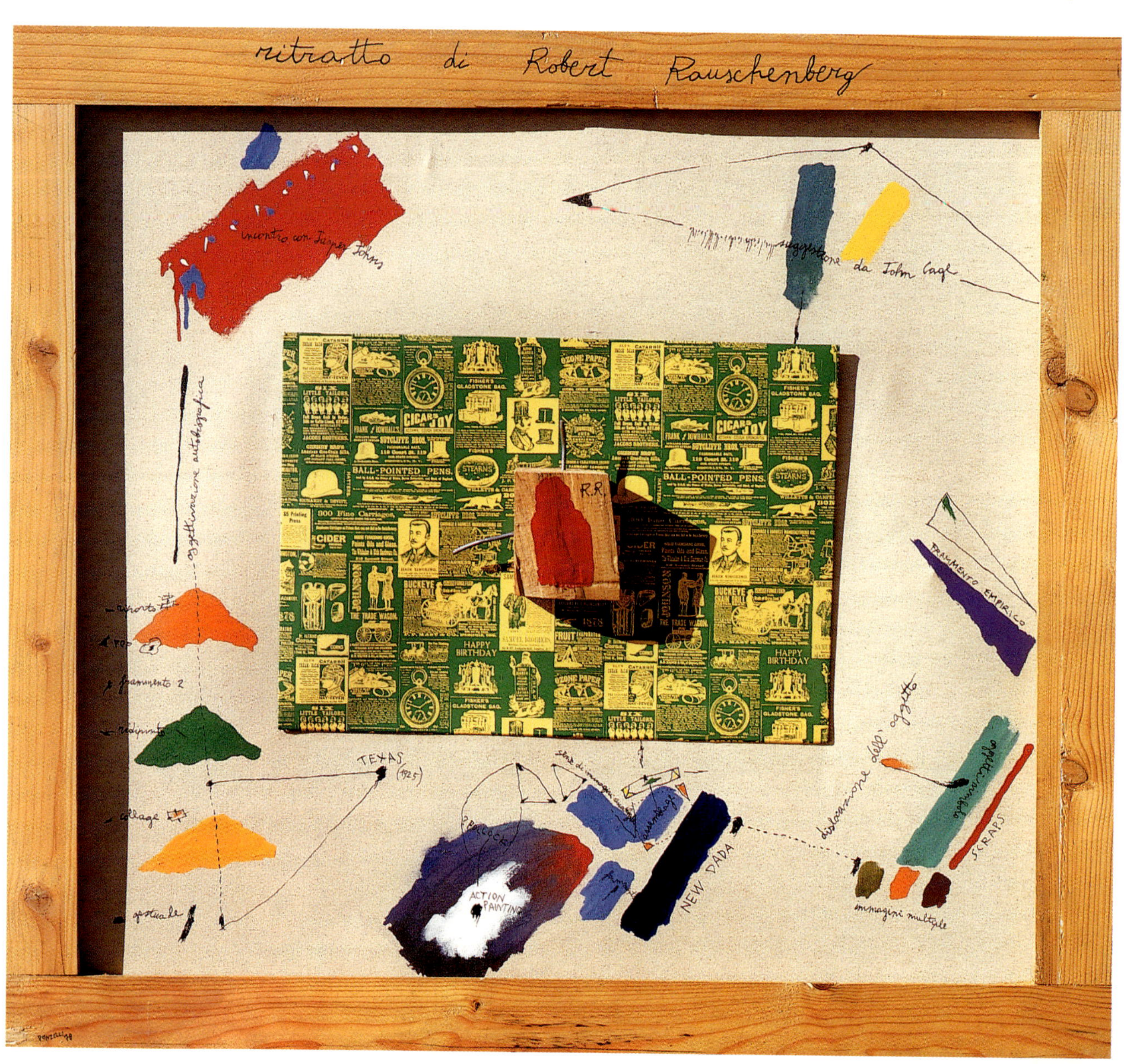

Mano di Marcel Duchamp,
1978
Legno, tela, stoffa / Wood,
canvas, fabric, 90 x 100 cm

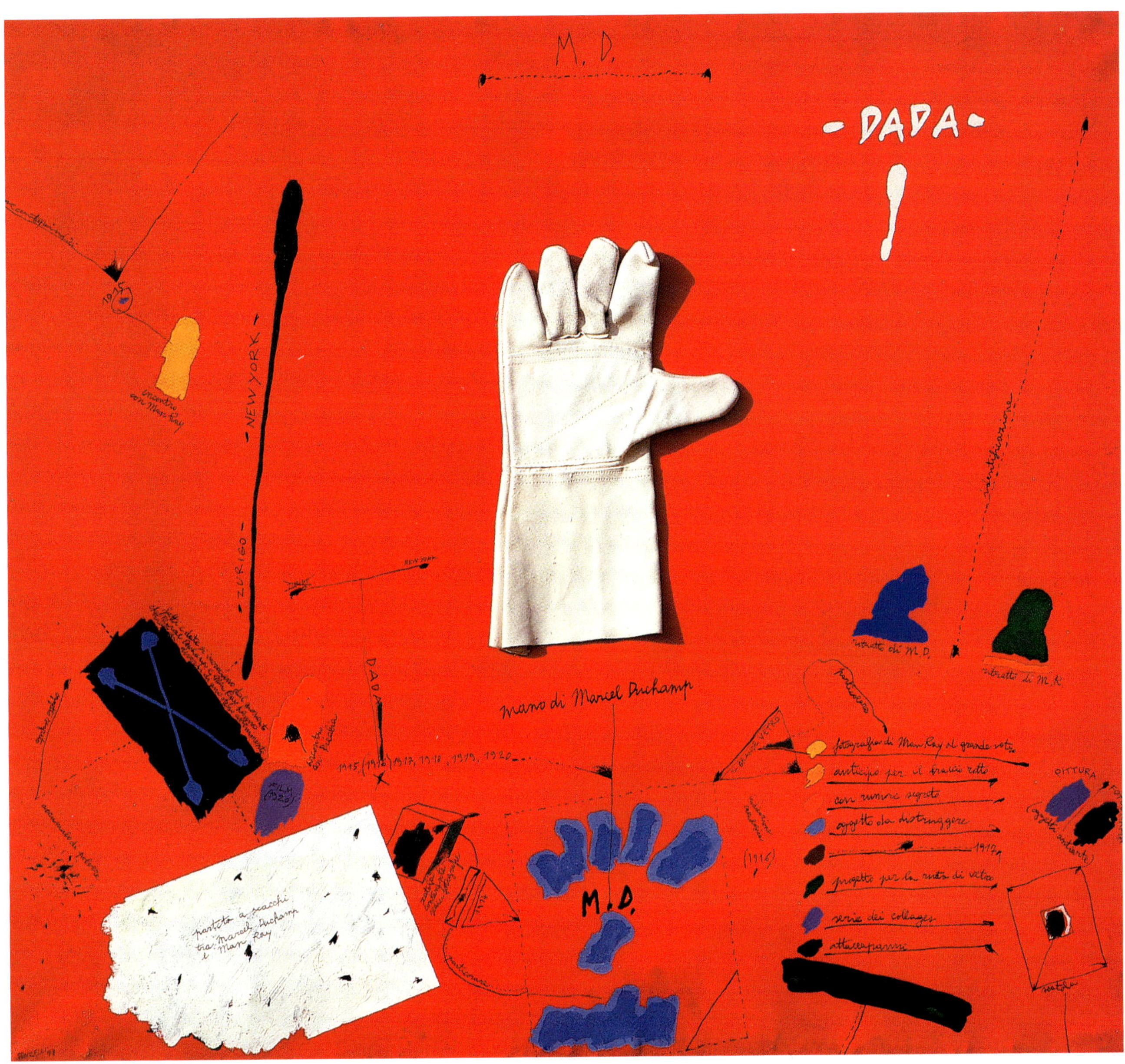

Da Duchamp a Beuys, 1979
Feltro, legno, collage / felt,
wood, collage, 90 x 100 cm

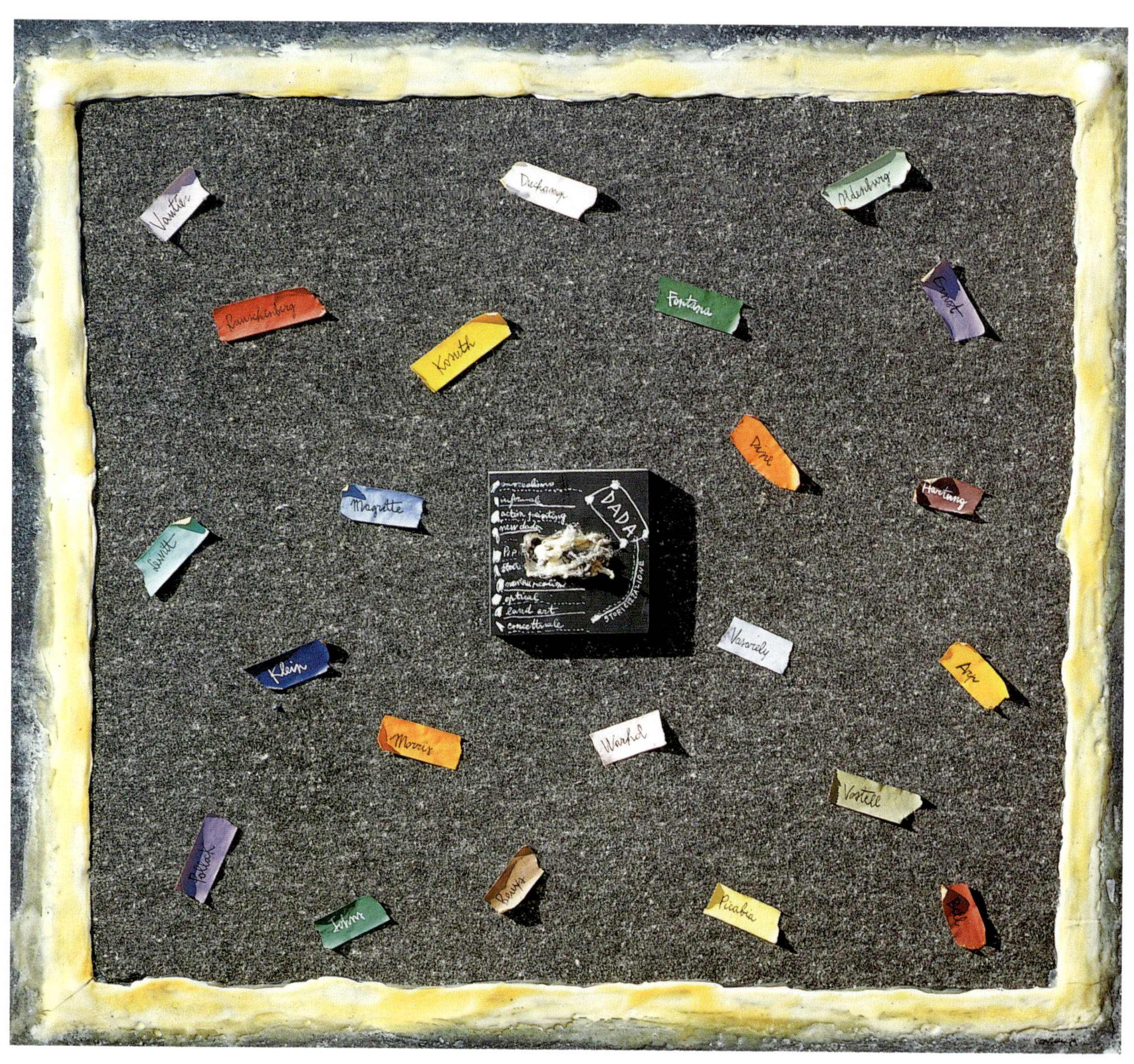

Specchiarsi nel Beuys, 1979
Feltro, specchio, carta,
ceralacca / Felt, mirror, paper,
sealing wax, 90 x 100 cm

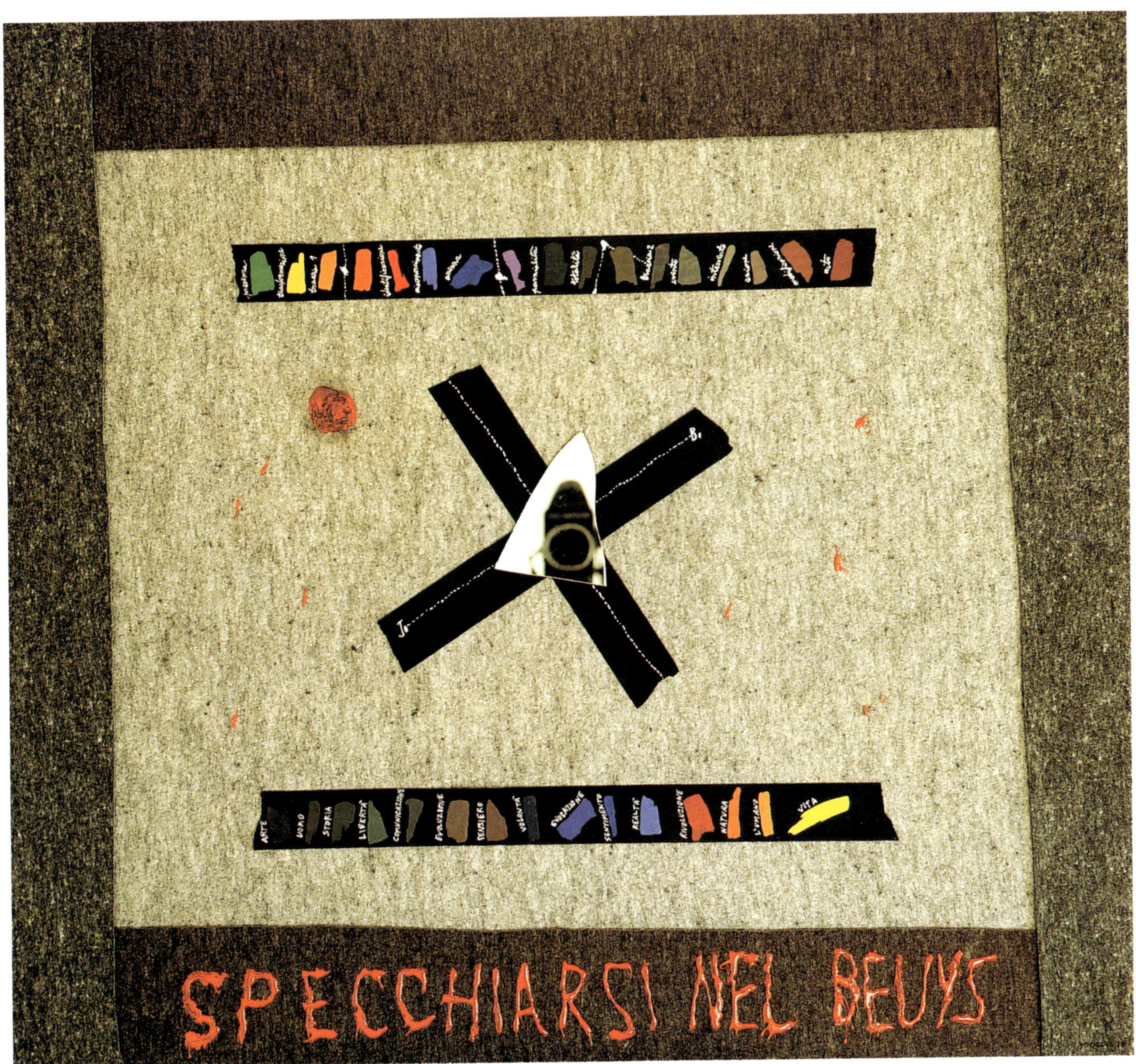

ARTE
UOMO
STORIA
LIBERTÀ
COMUNICAZIONE
EVOLUZIONE
PENSIERO
VOLONTÀ
RICORDO
SENTIMENTO
REALTÀ
RIVOLUZIONE
NATURA
IMPARARE
VITA
SPECCHIARSI NEL BEUYS

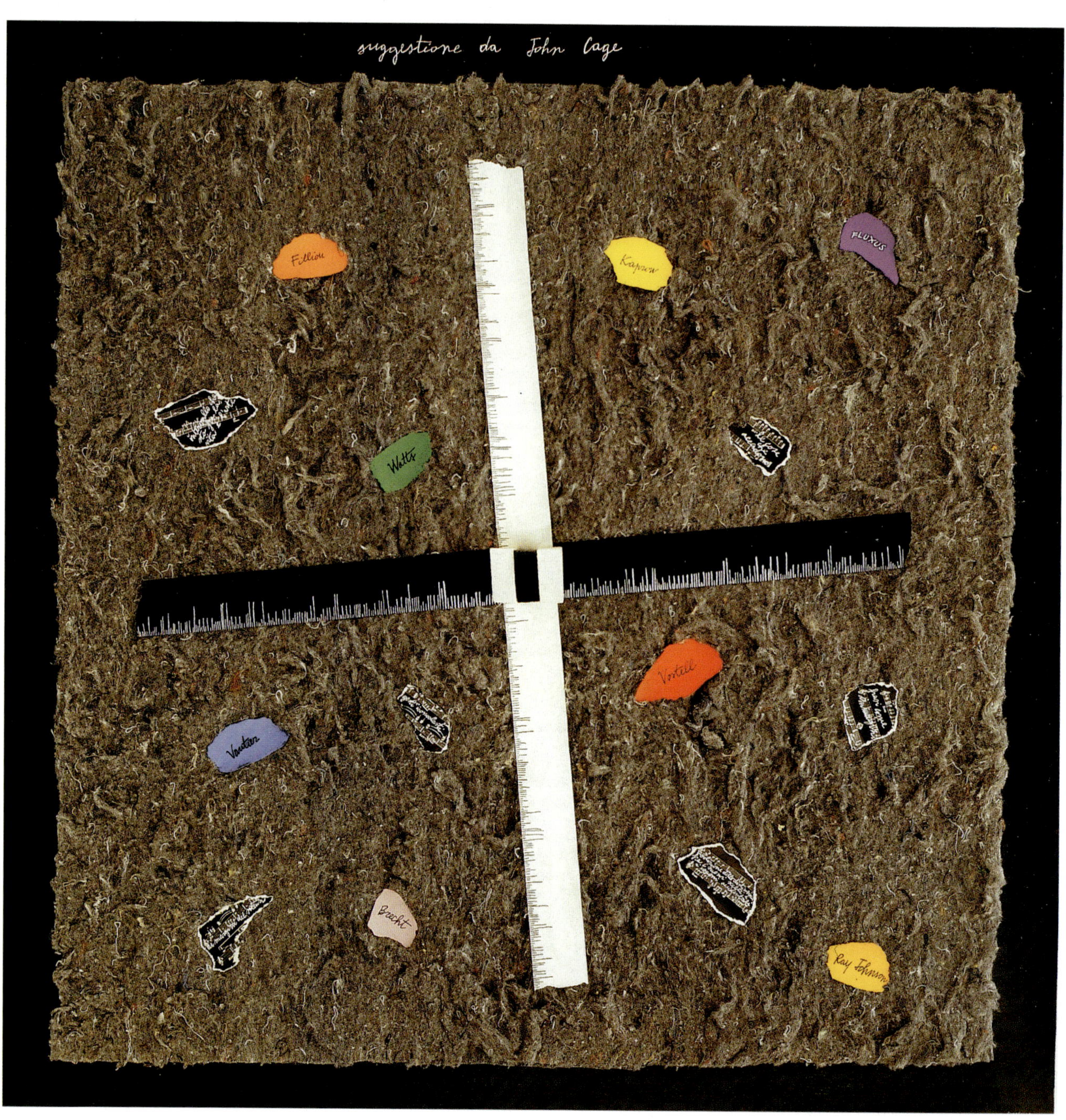

Suggestione da John Cage,
1979
Feltro, legno, collage / Felt,
wood, collage, 100 x 100 cm

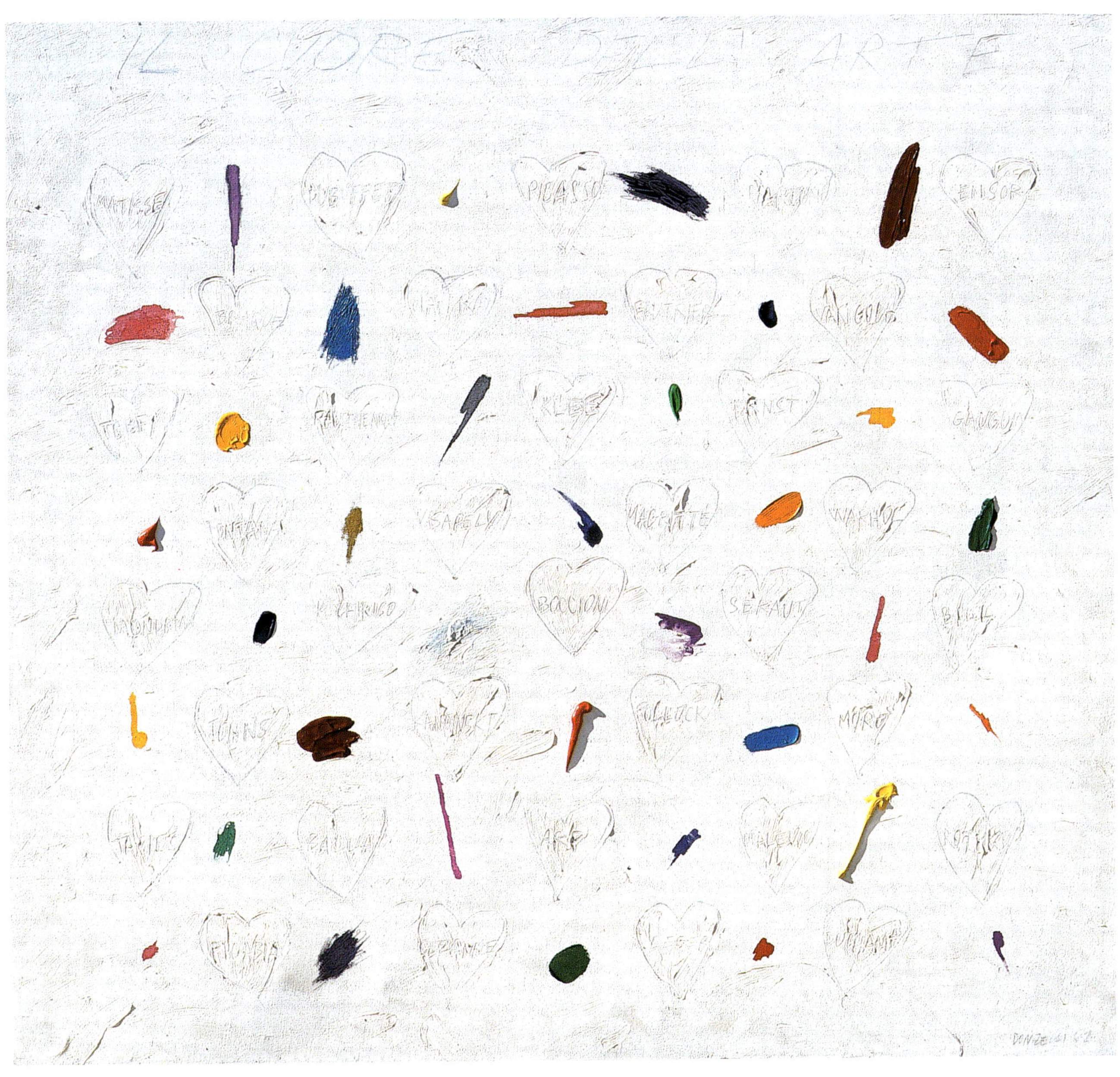

Il cuore dell'arte, 1982
Acrilico su tela / Acrylic on
canvas, 90 x 100 cm

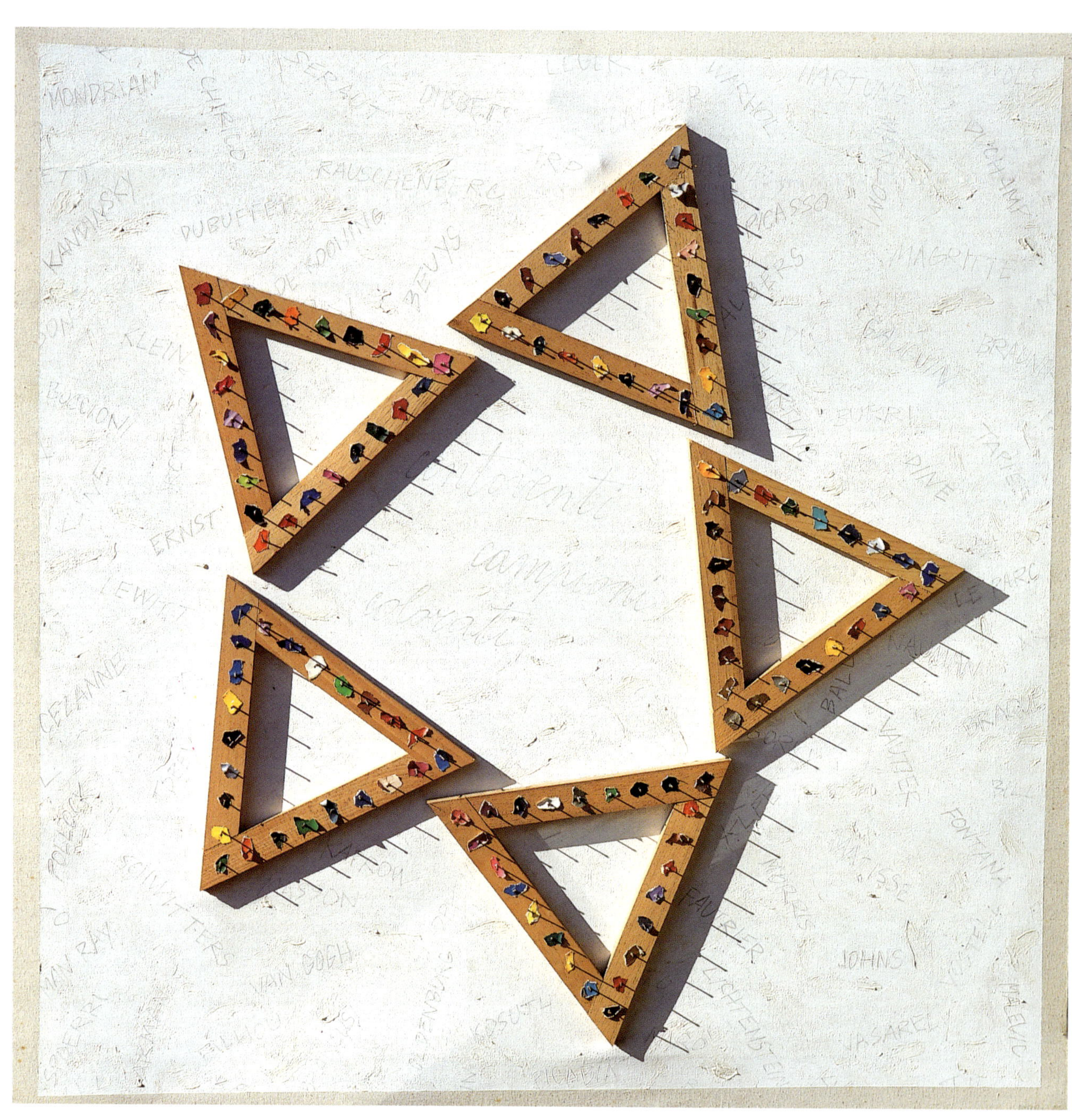

Centoventi campioni colorati,
1982
Tela grezza, acrilico, legno,
collage / Unprimed canvas,
acrylic, wood, collage,
100 x 100 cm

Toppa del Novecento, 1983
Materia vinilica, acrilico /
Vinyl material, acrylic,
90 x 100 cm

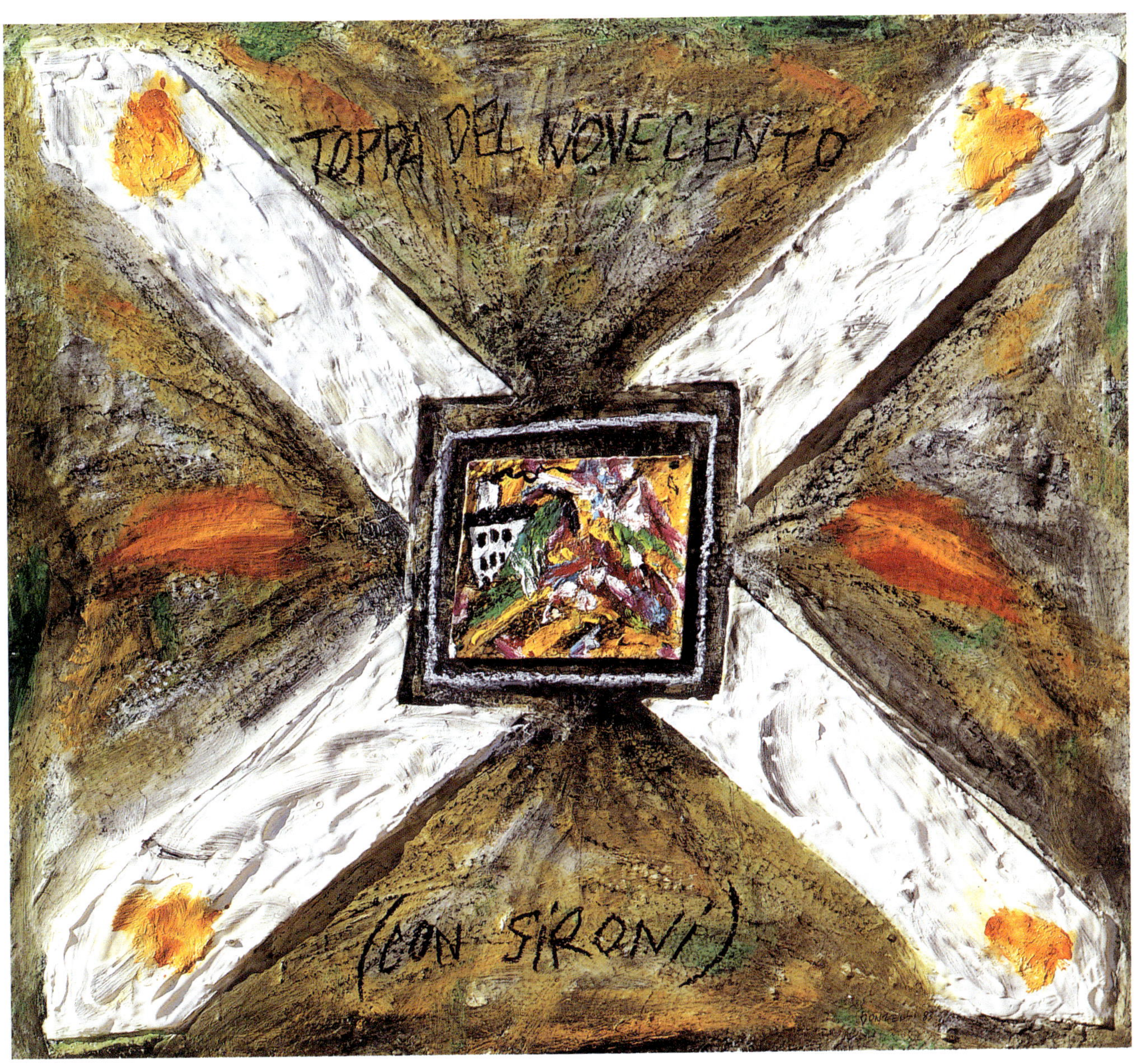

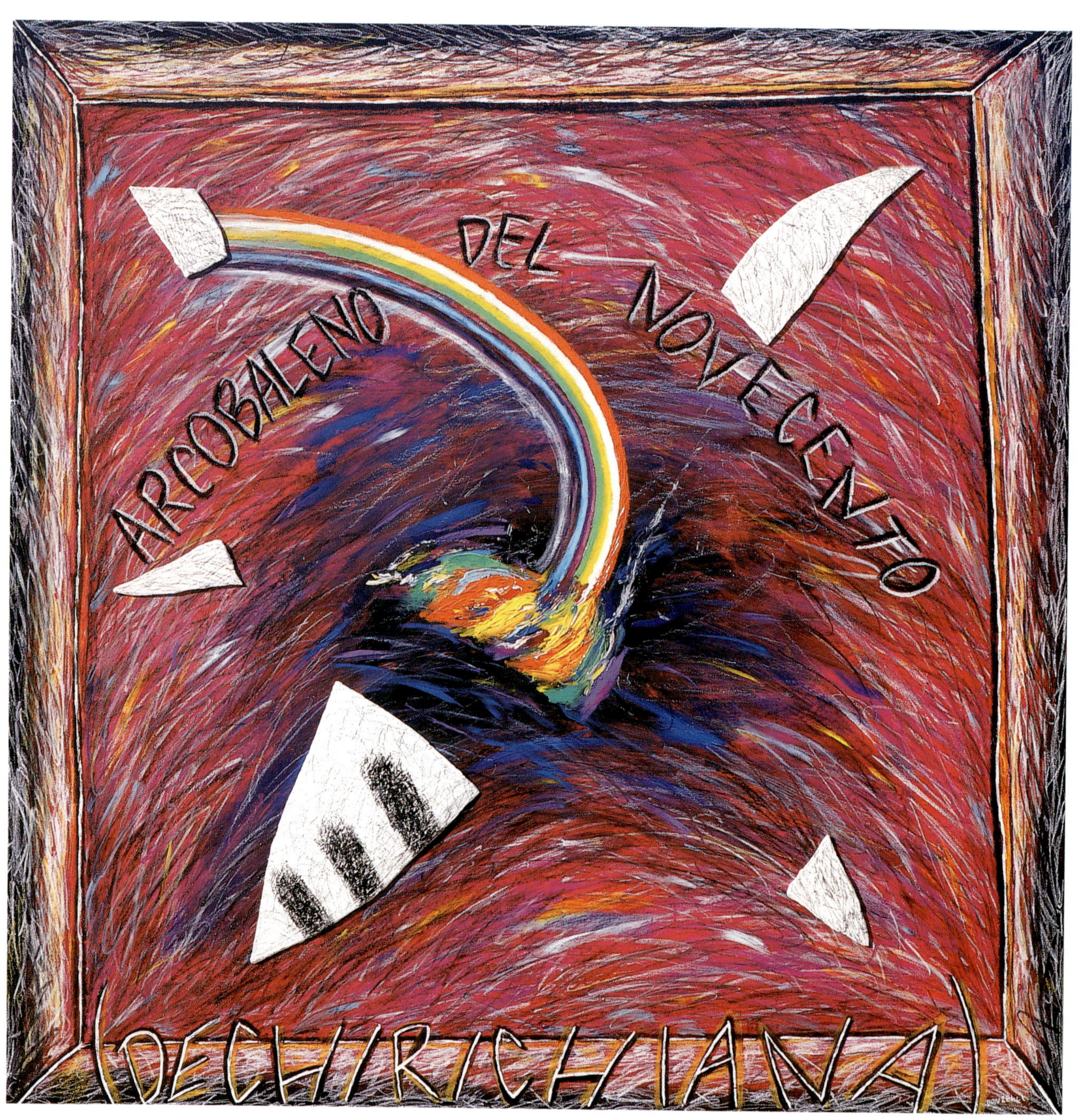

Arcobaleno del Novecento,
1984
Tecnica mista su tela /
Mixed media on canvas,
120 x 120 cm

Paesaggio più aeroplano, 1986
Tecnica mista su tela /
Mixed media on canvas,
100 x 100 cm

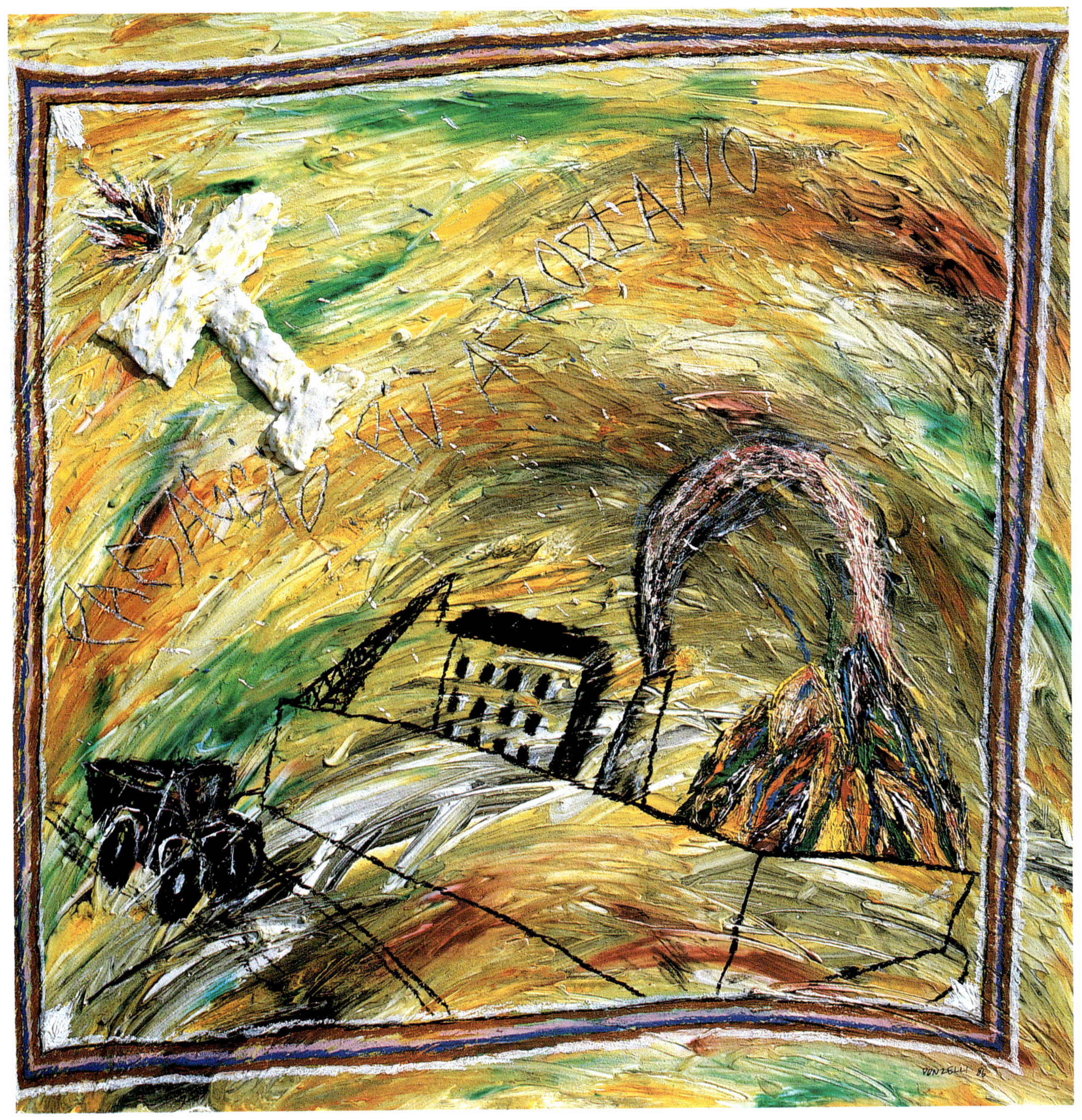

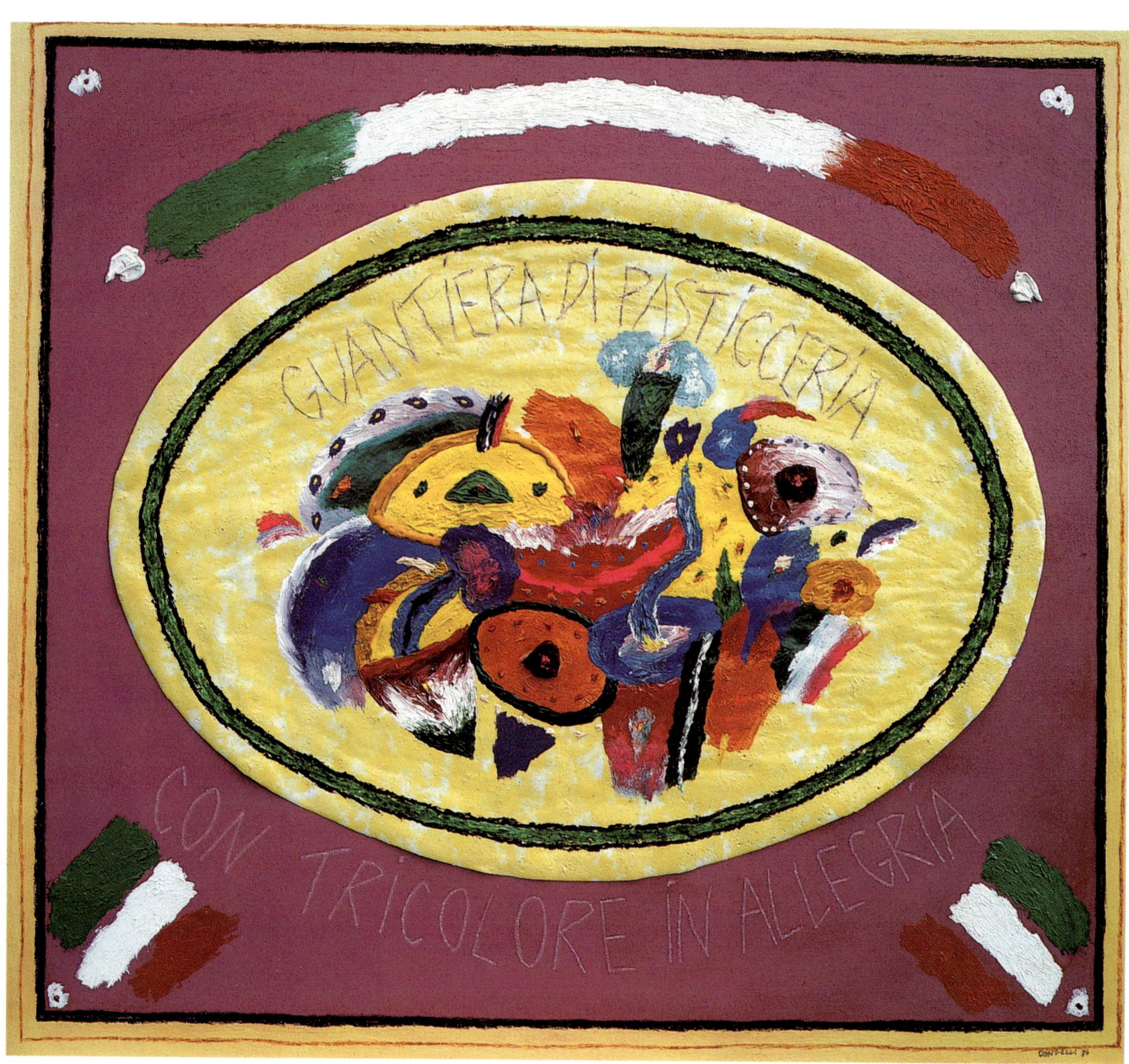

Guantiera di pasticceria con tricolore in allegria, 1986
Tecnica mista su tela / Mixed media on canvas, 90 x 100 cm

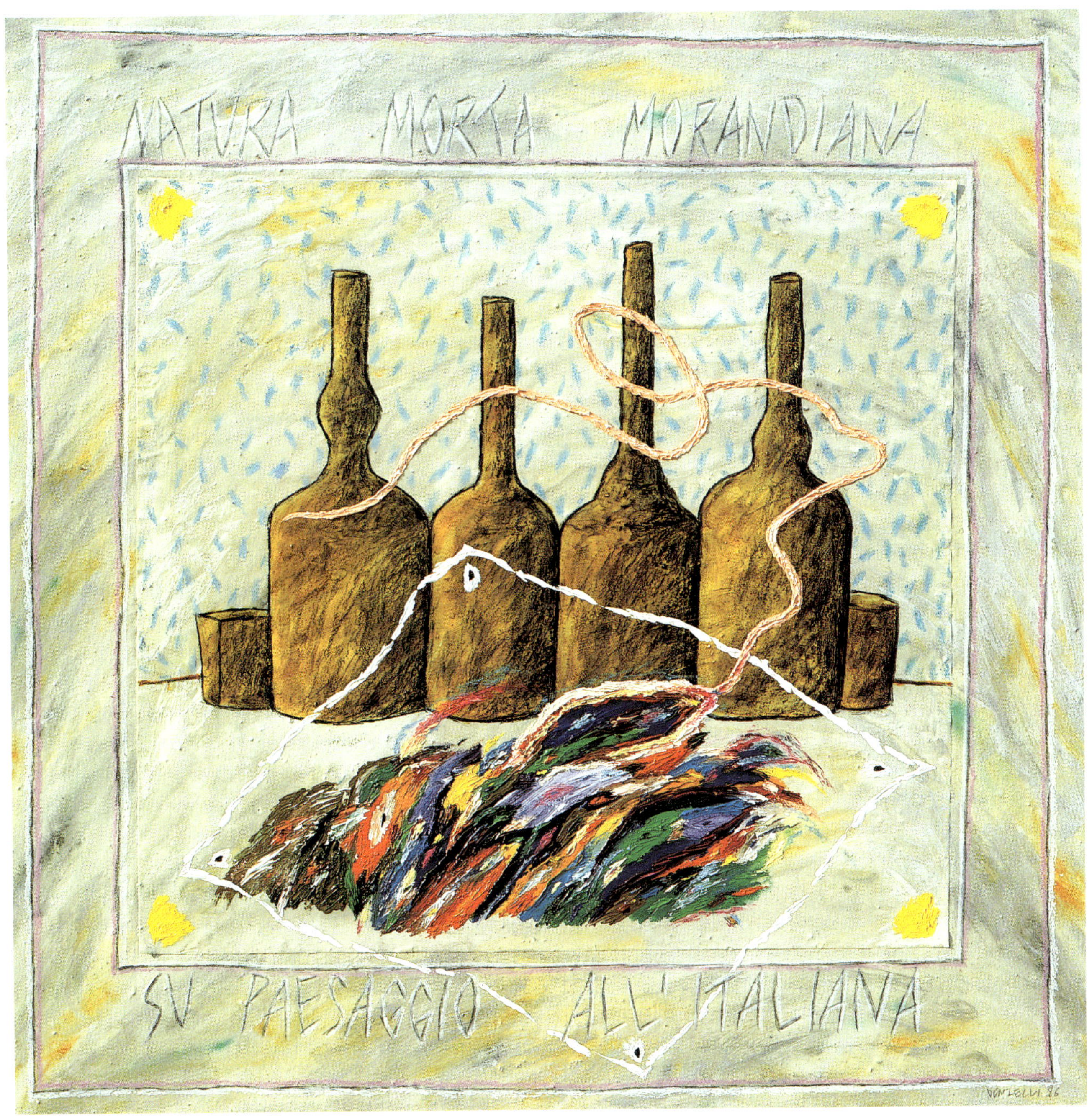

*Natura morta morandiana su
paesaggio all'italiana*, 1986
Tecnica mista su tela /
Mixed media on canvas,
100 x 100 cm

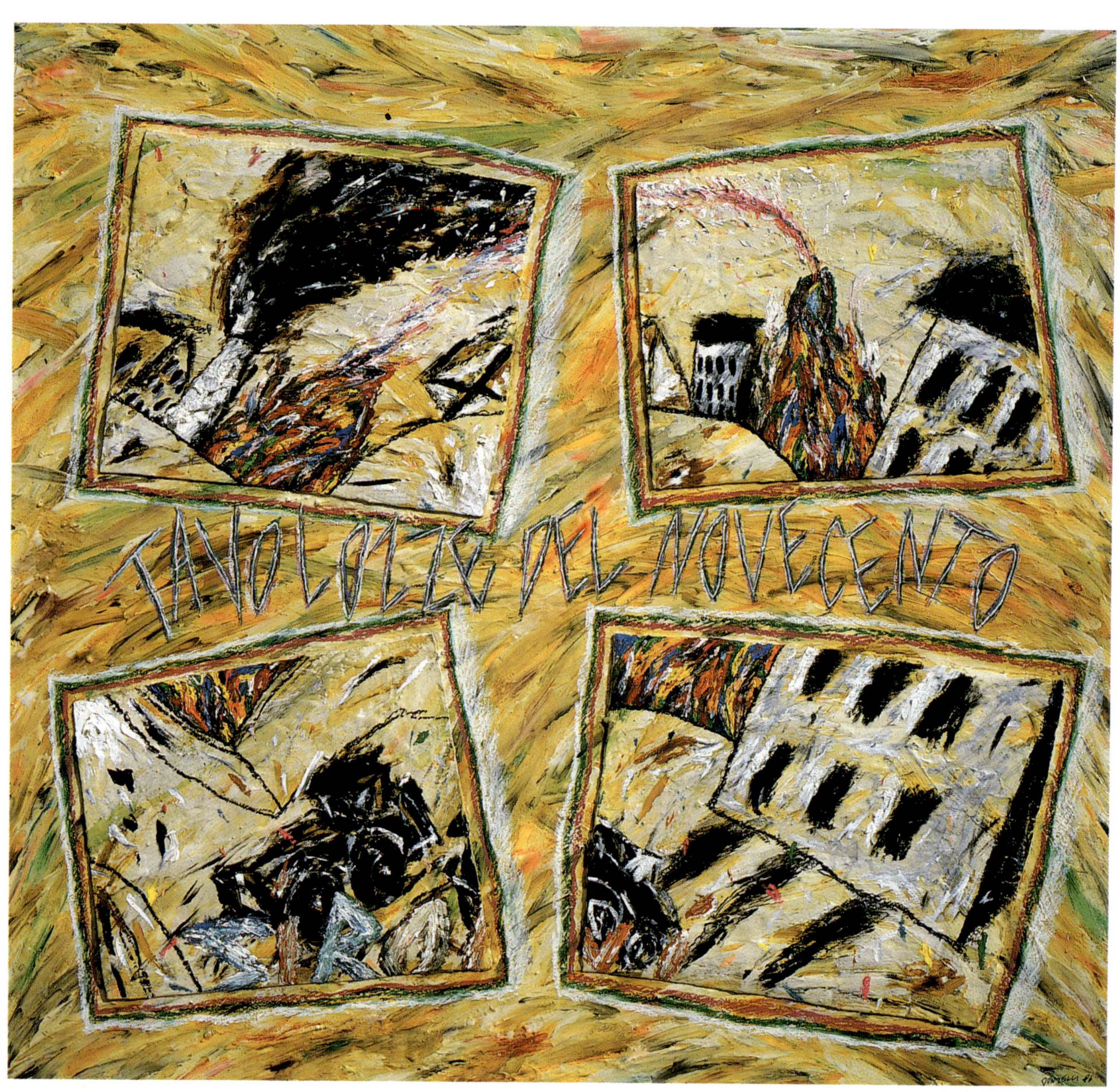

Tavolozze del Novecento, 1986
Tecnica mista su tela /
Mixed media on canvas,
150 x 160 cm

Siparietto del Novecento, 1986
Tecnica mista su tela / Mixed
media on canvas, 90 x 100 cm

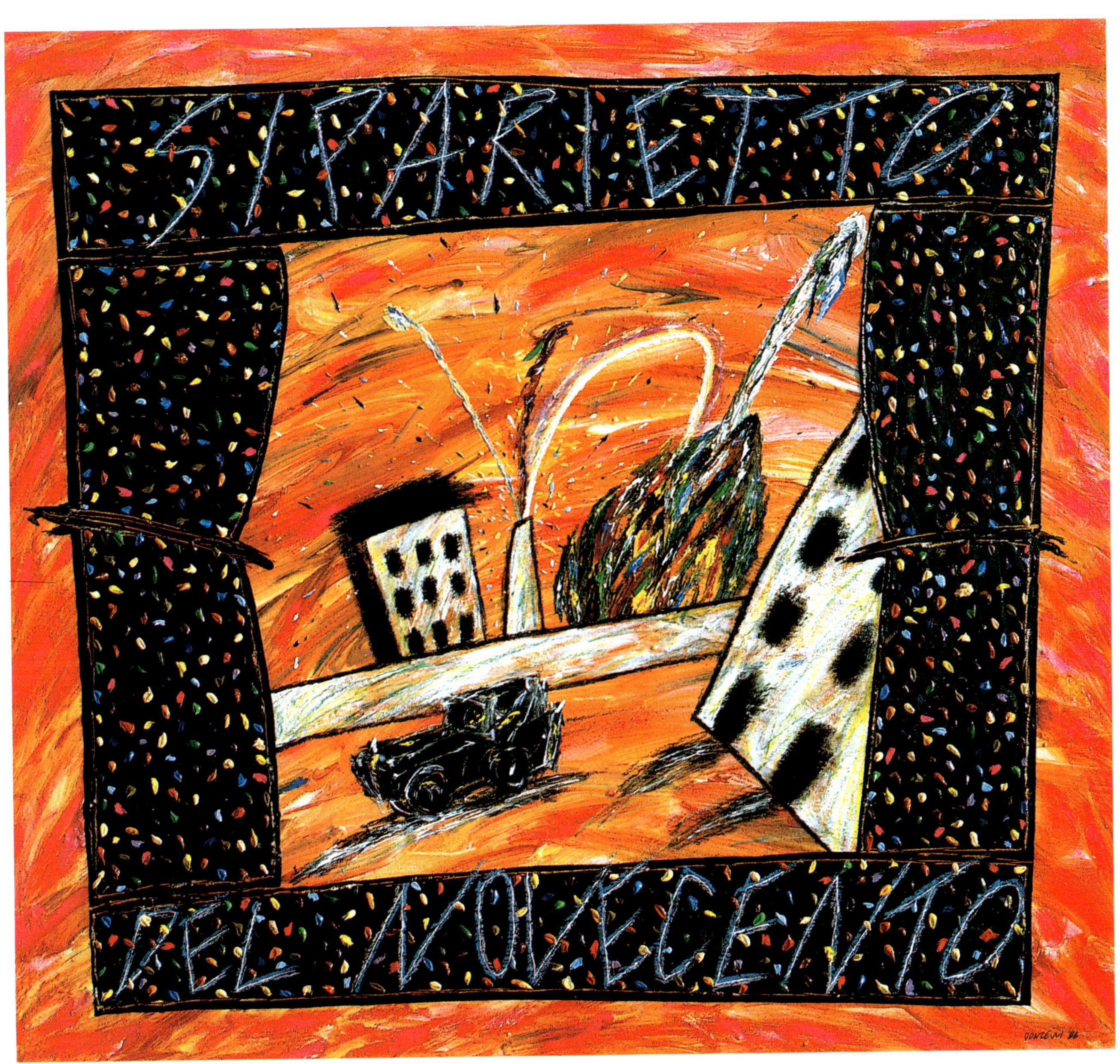

Tavolozze dechirichiane, 1986
Tecnica mista su tela /
Mixed media on canvas,
130 x 200 cm

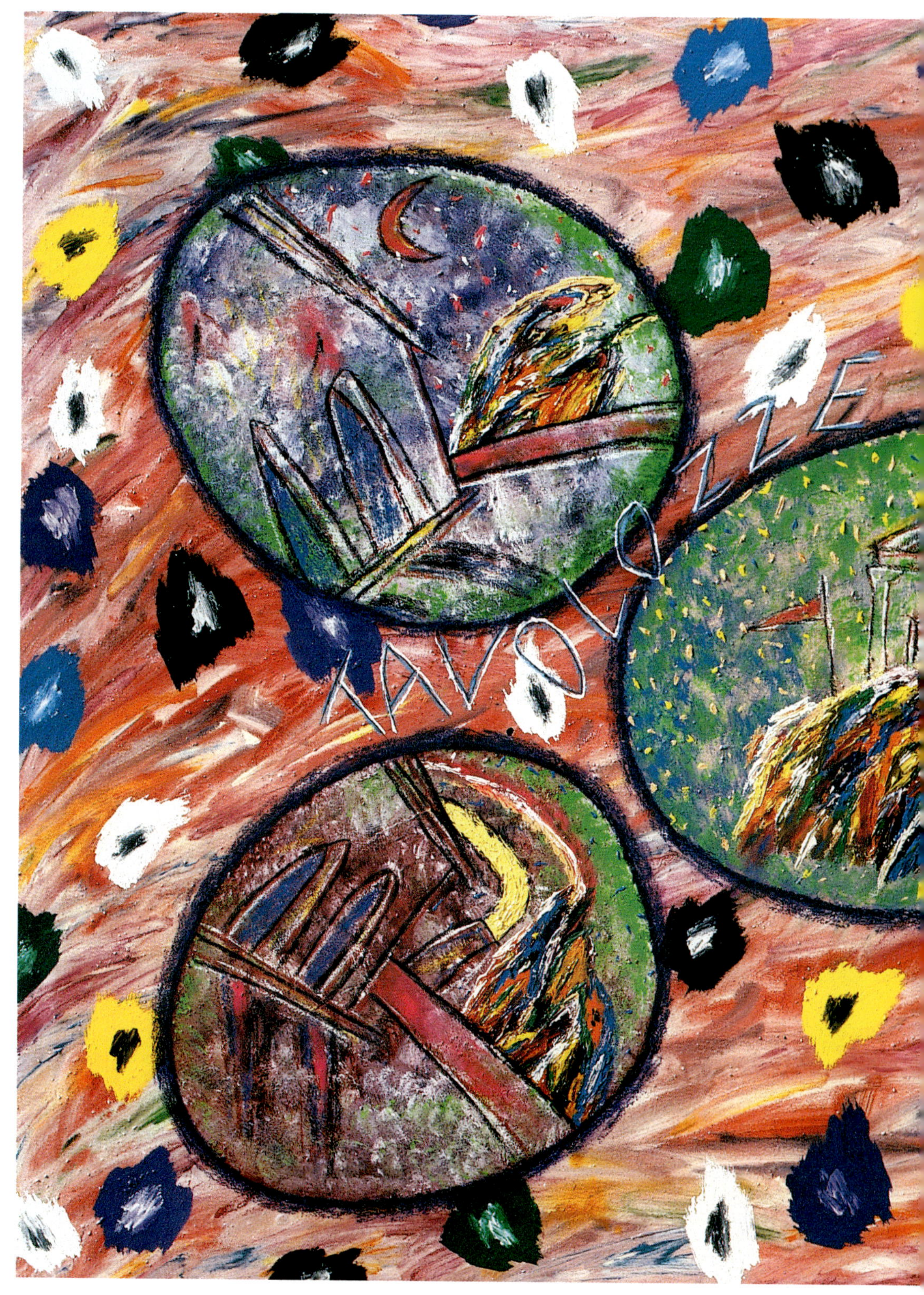

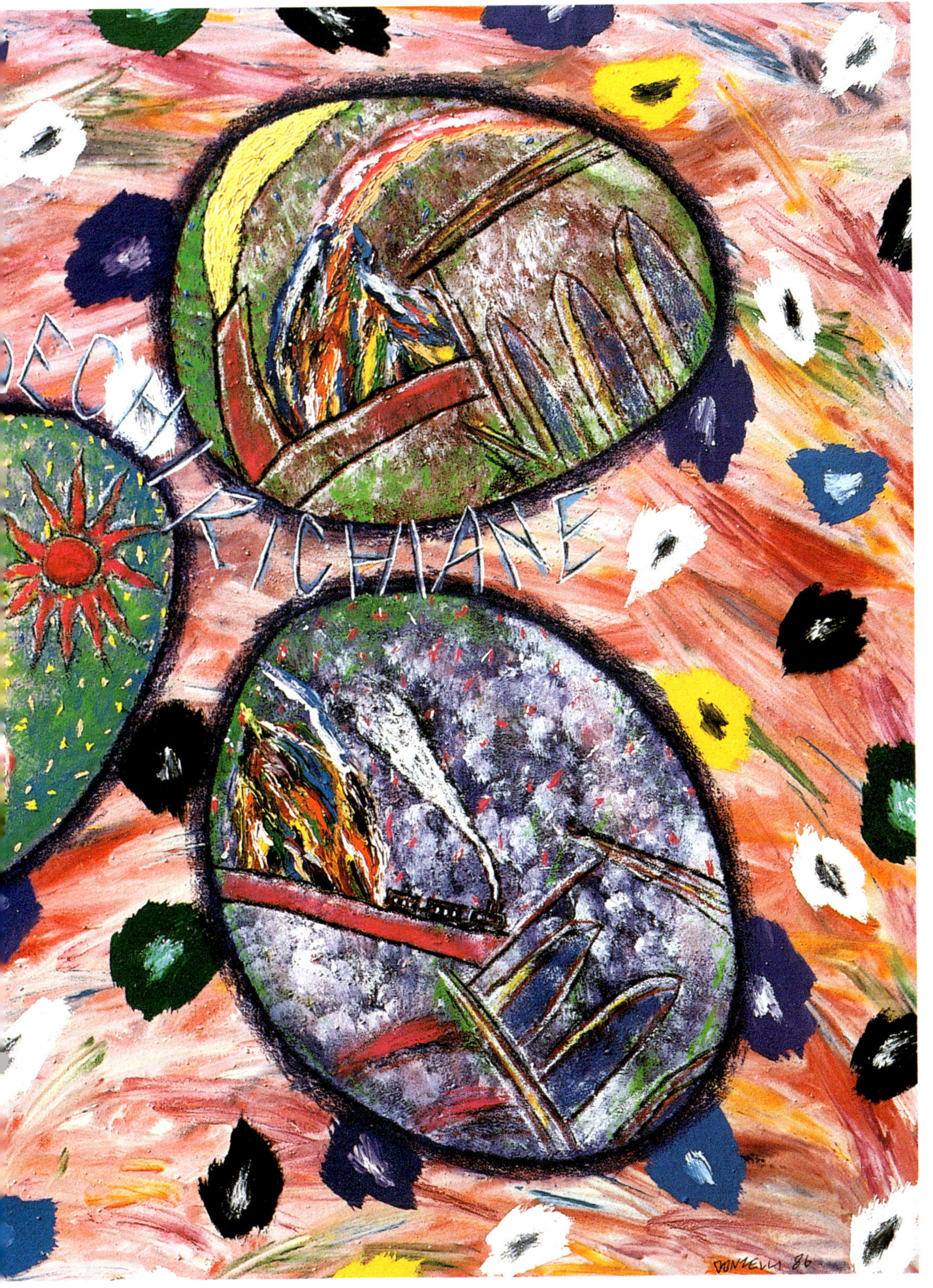

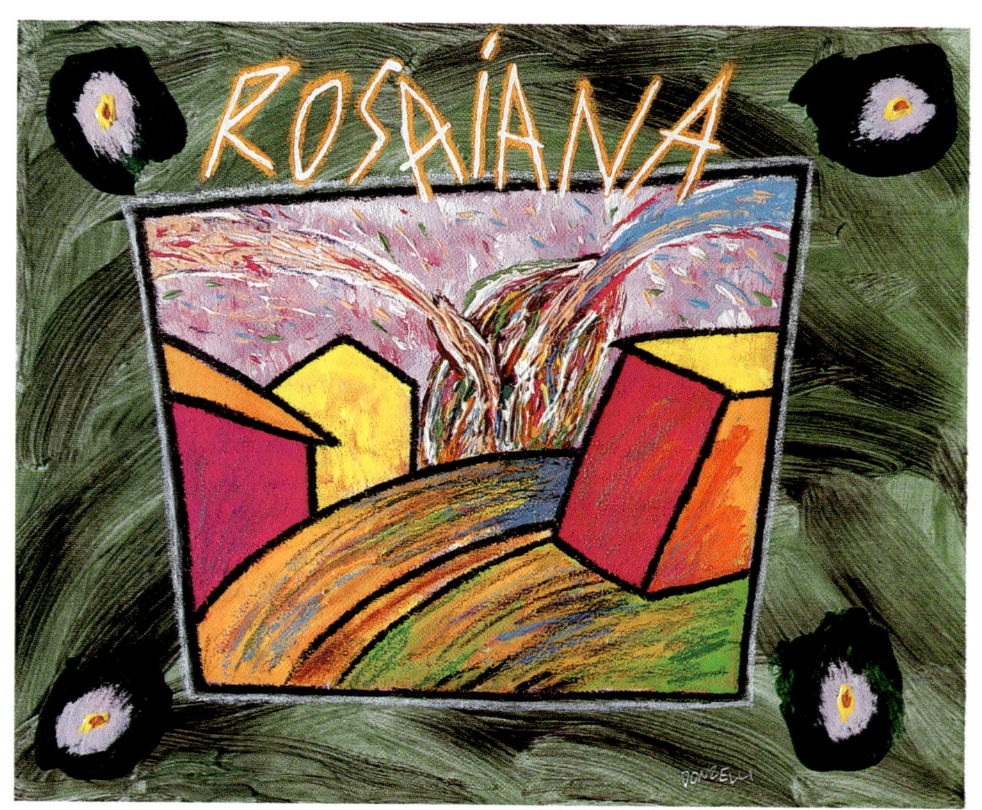

Rosaiana, 1986
Tecnica mista su tela / Mixed
media on canvas, 40 x 50 cm

Finestra su interno italiano,
1988
Tecnica mista su tela /
Mixed media on canvas,
100 x 100 cm

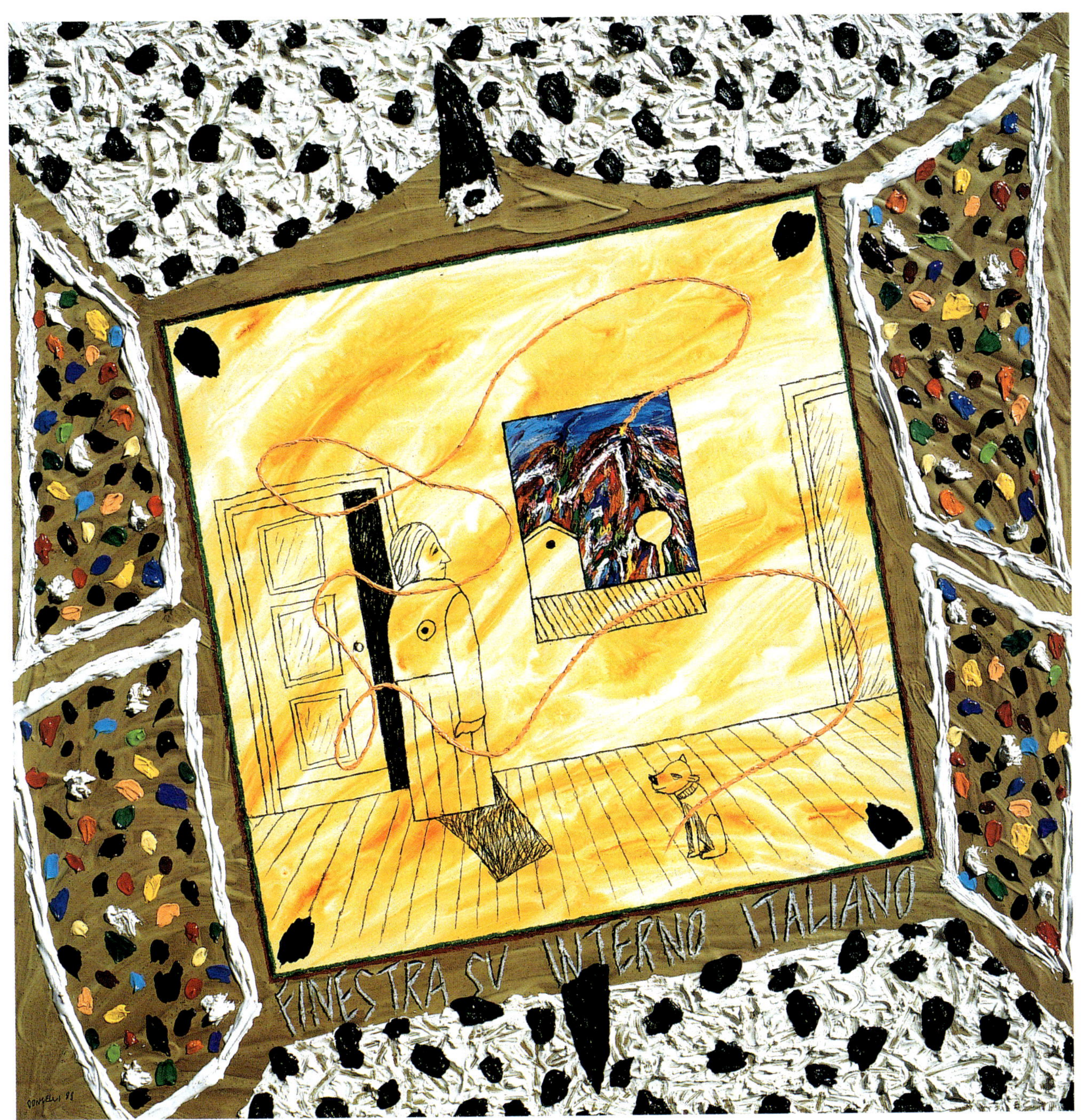

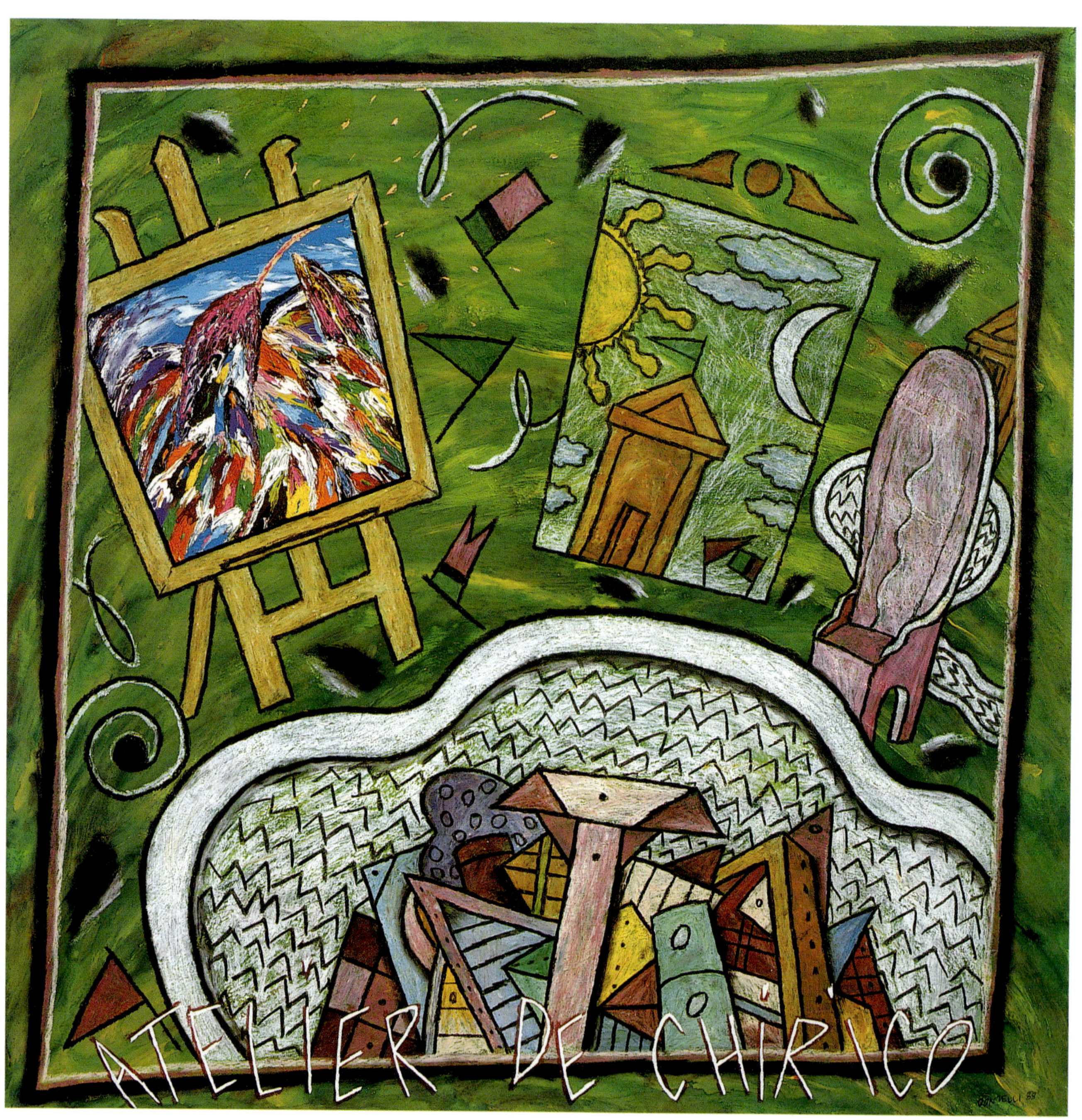

Atelier de Chirico, 1988
Tecnica mista su tela /
Mixed media on canvas,
100 x 100 cm

Saturnalia, 1988
Tecnica mista su tela /
Mixed media on canvas,
100 x 100 cm

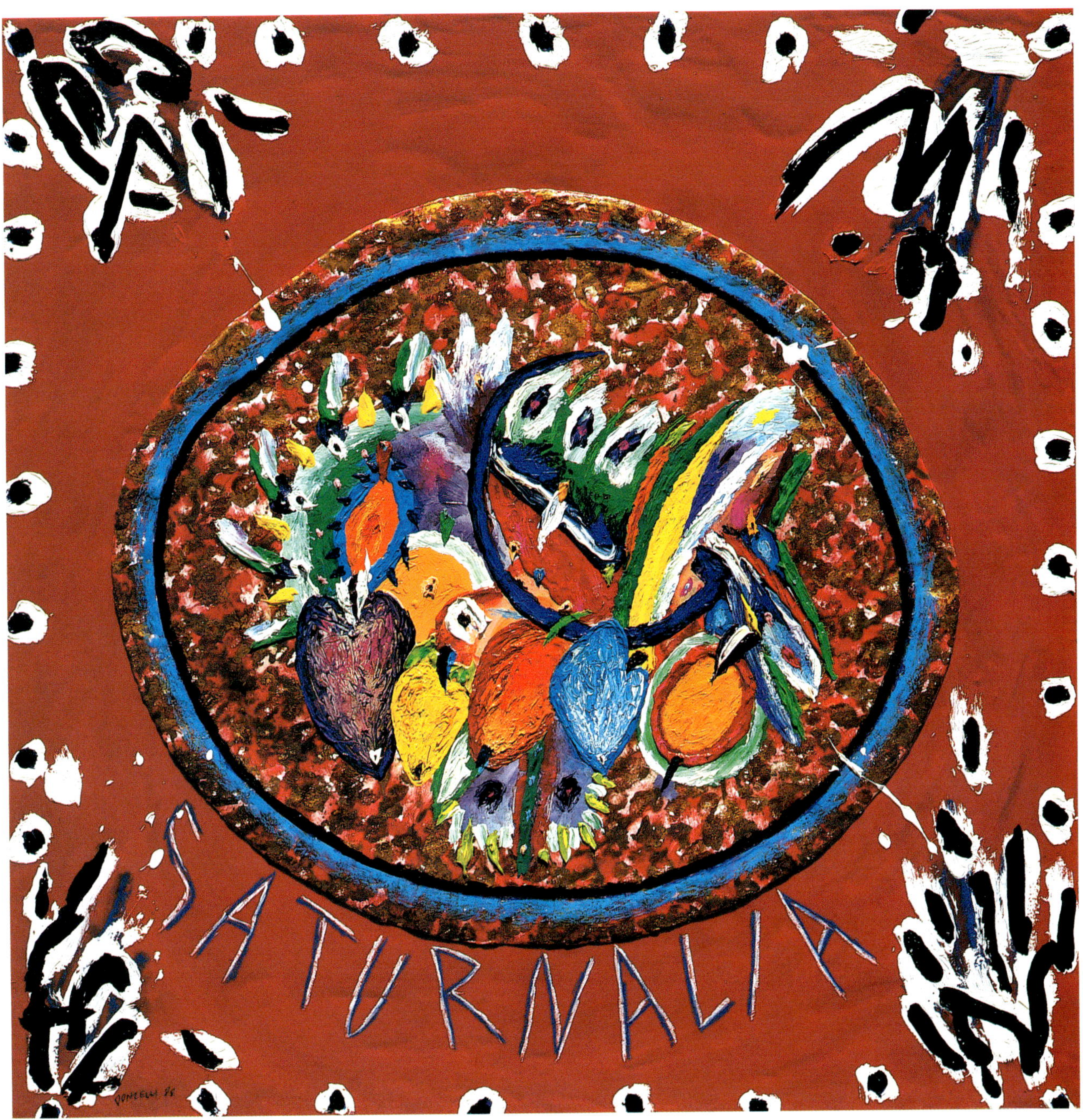

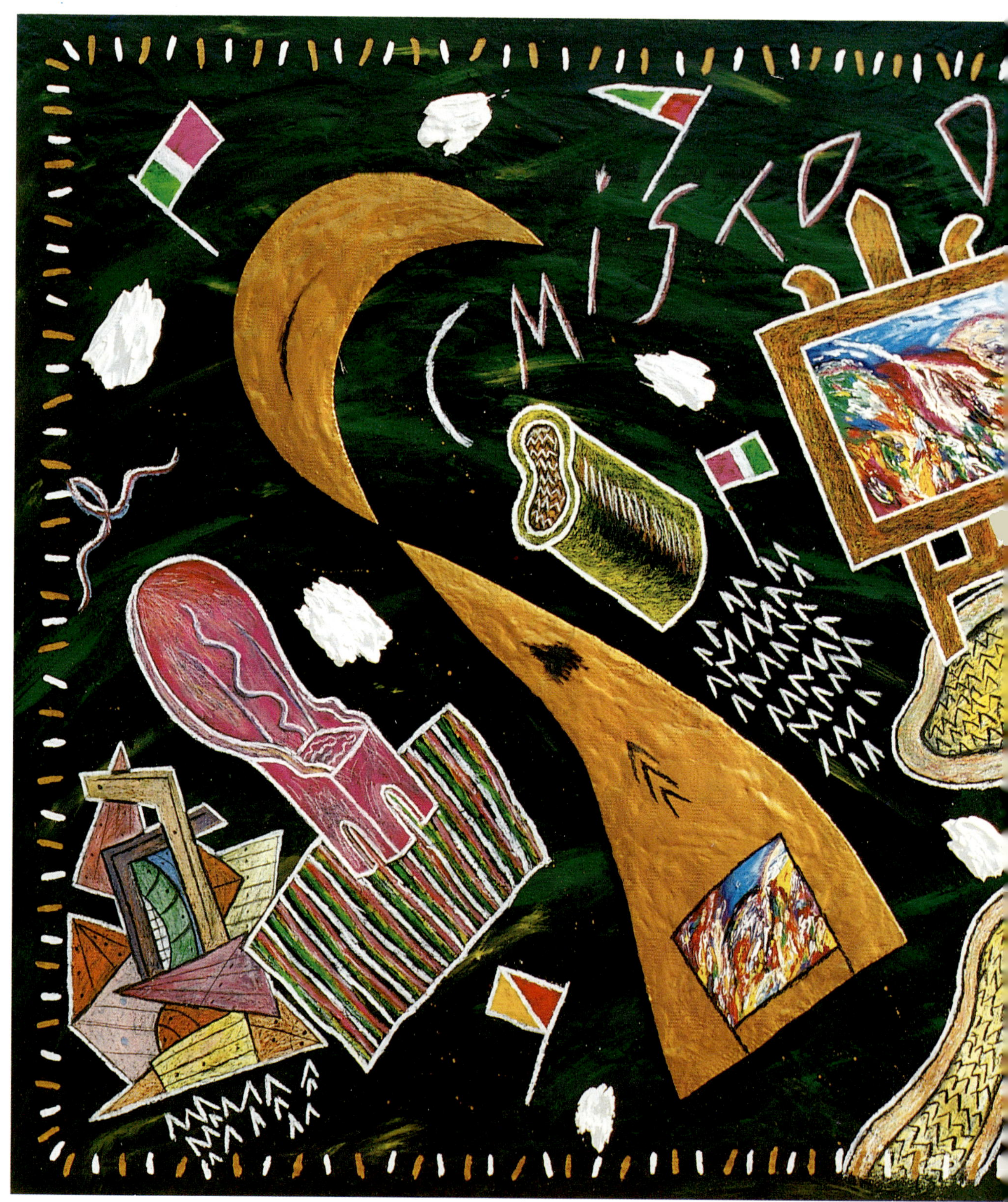

Misto dechirichiano, 1989
Tecnica mista su tela /
Mixed media on canvas,
200 x 360 cm

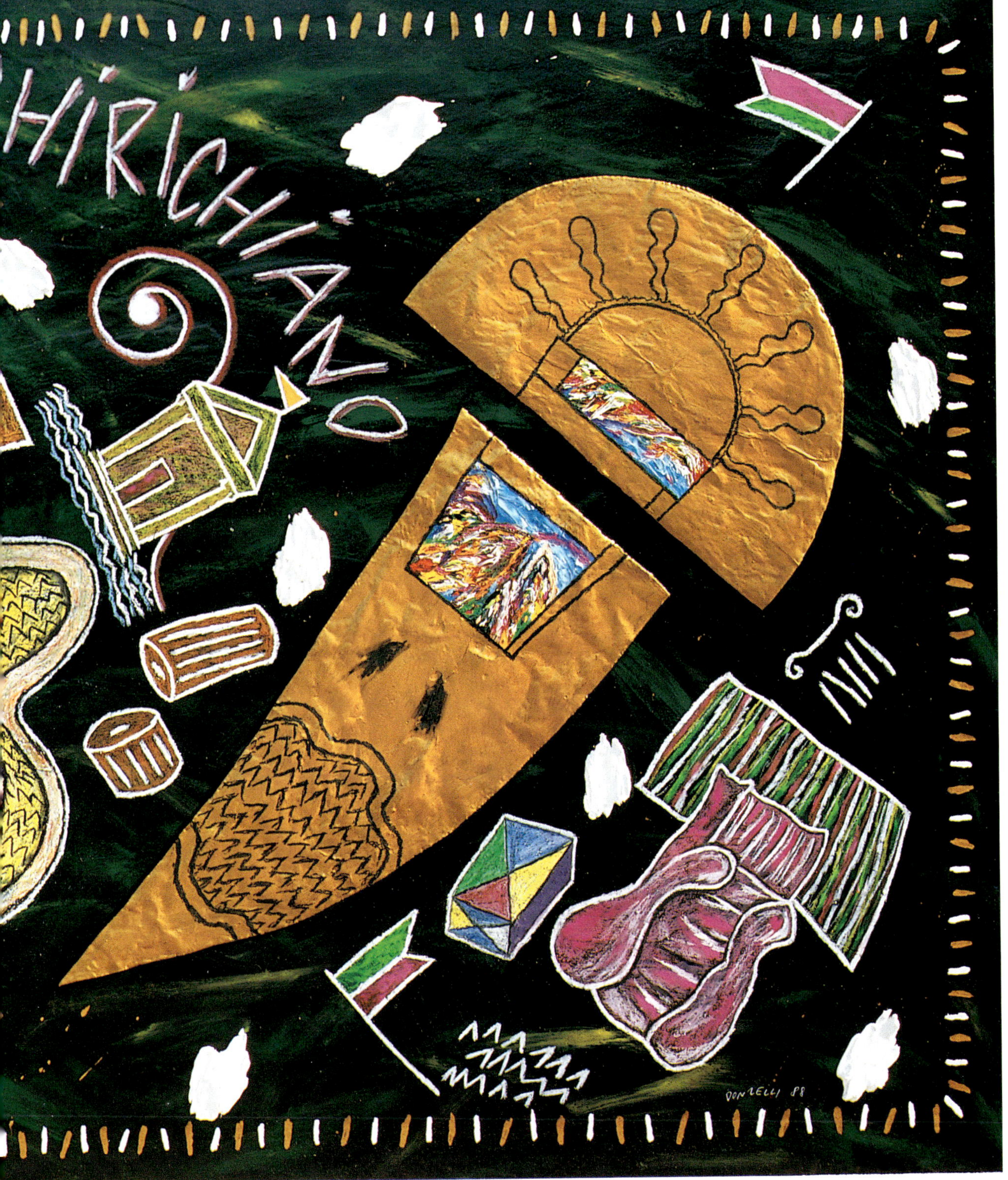

HIRICHIANO
Donzelli 88

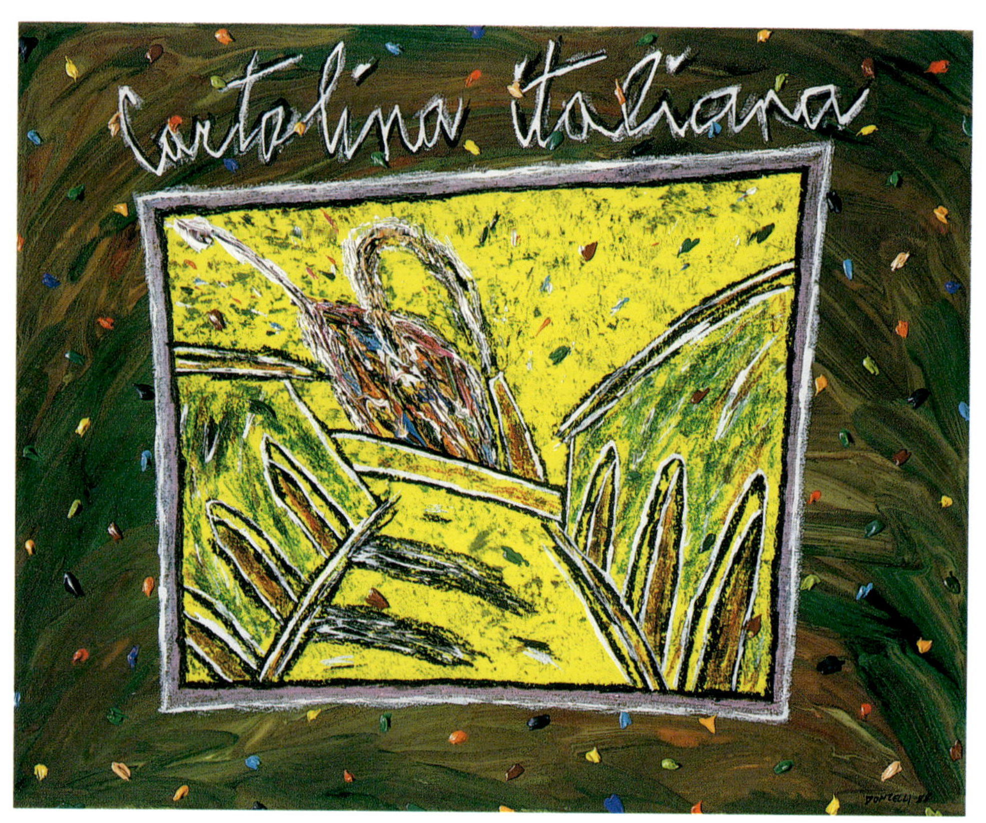
cartolina italiana

Fast-food de Chirico, 1989
Tecnica mista su tela /
Mixed media on canvas,
100 x 100 cm

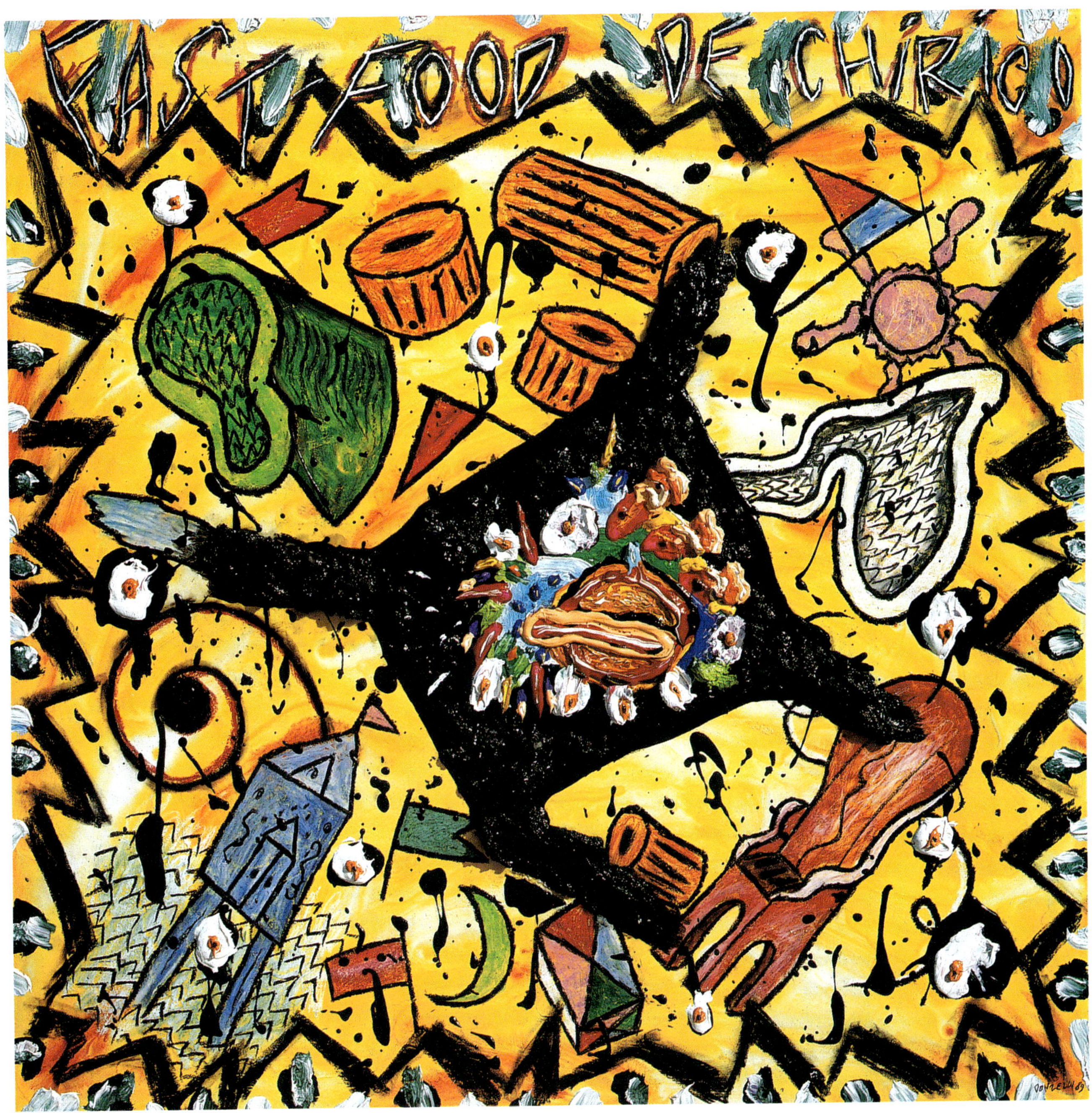

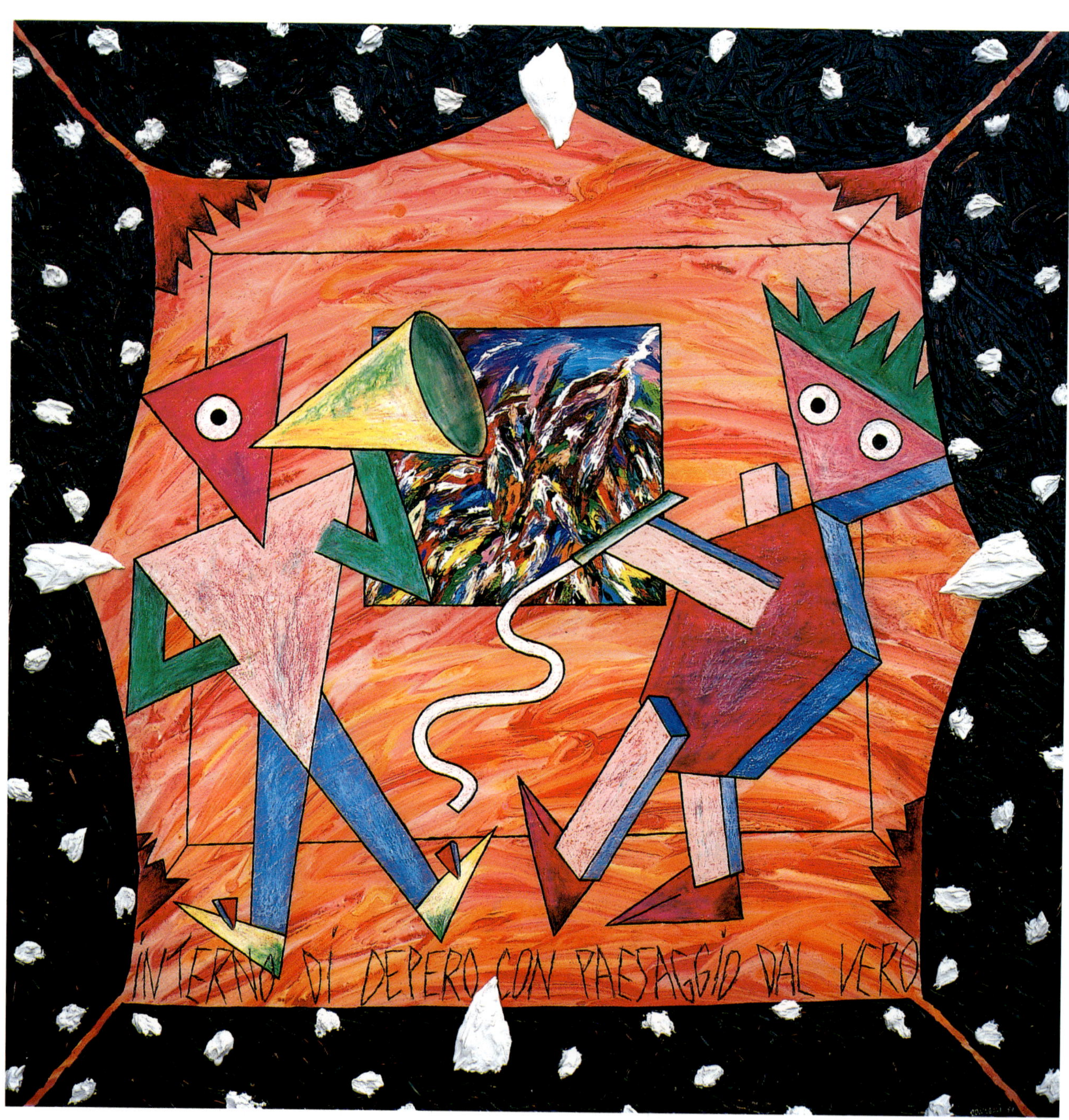

Interno di Depero con paesaggio dal vero, 1989
Tecnica mista su tela /
Mixed media on canvas,
100 x 100 cm

Ormare: Pablo Picasso, 1989
Tecnica mista su tela /
Mixed media on canvas,
120 x 120 cm

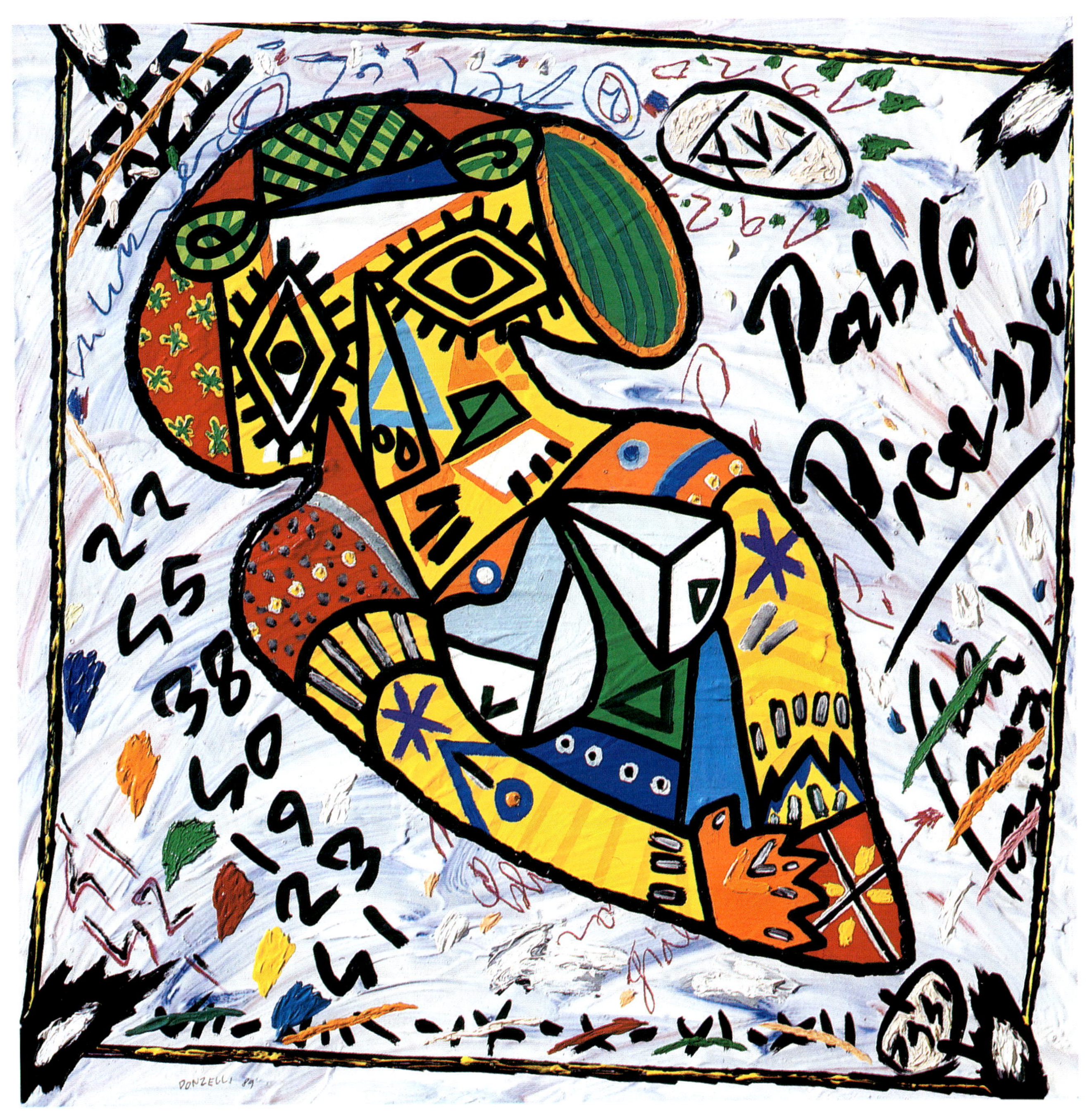

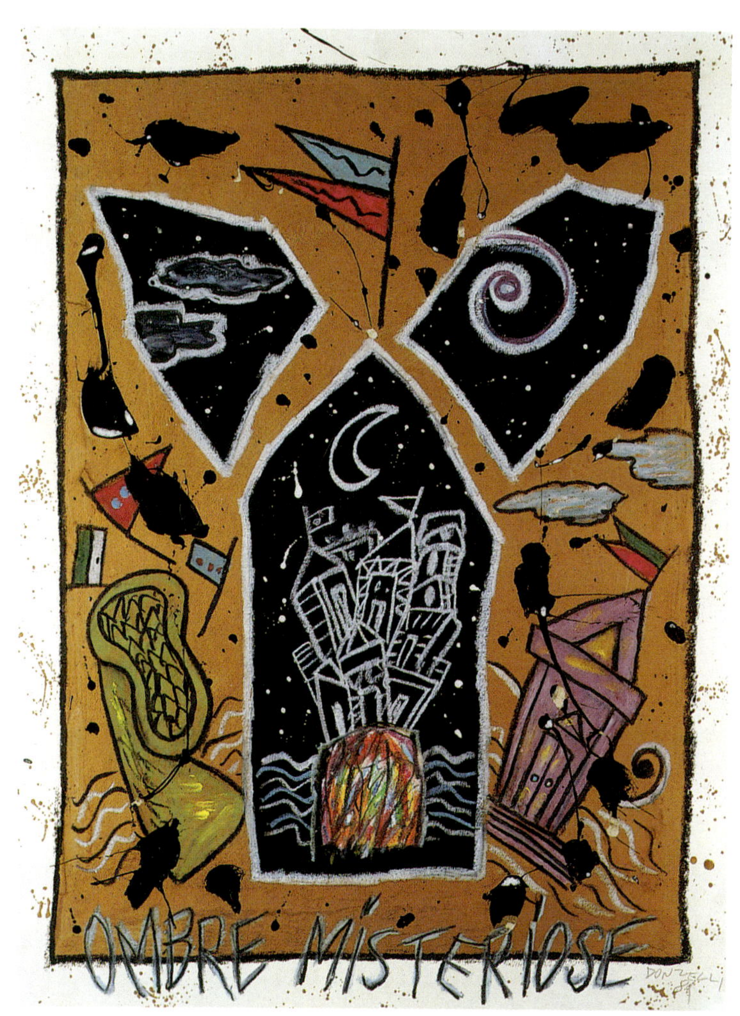

Ombre misteriose, 1989
Tecnica mista su tavola /
Mixed media on panel,
80 x 60 cm

Natura morta ovale con frutta tropicale, 1990
Tecnica mista su tela / Mixed media on canvas, 90 x 100 cm

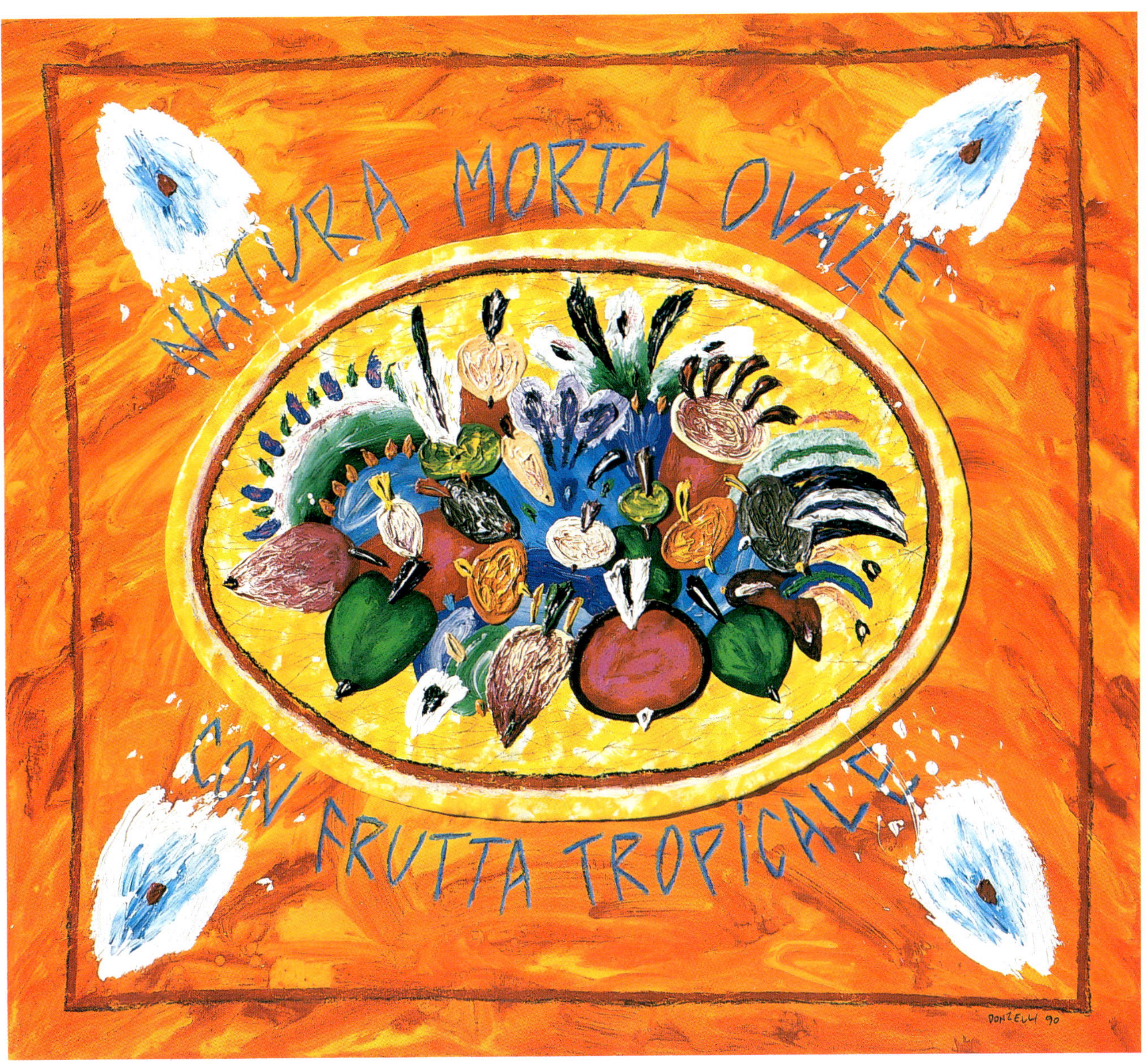

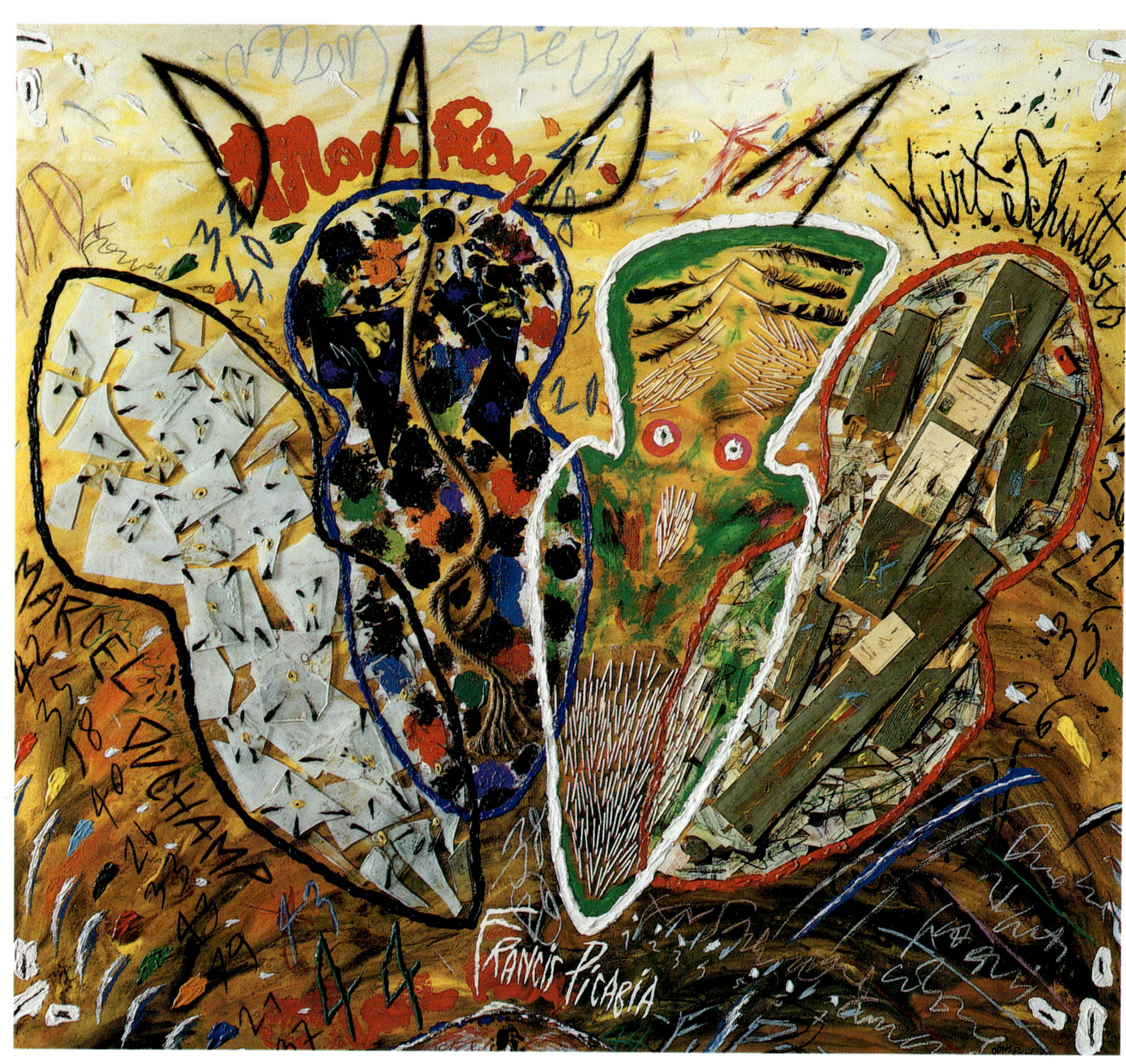

Ormare dada, 1991
Tecnica mista su tela /
Mixed media on canvas,
150 x 160 cm

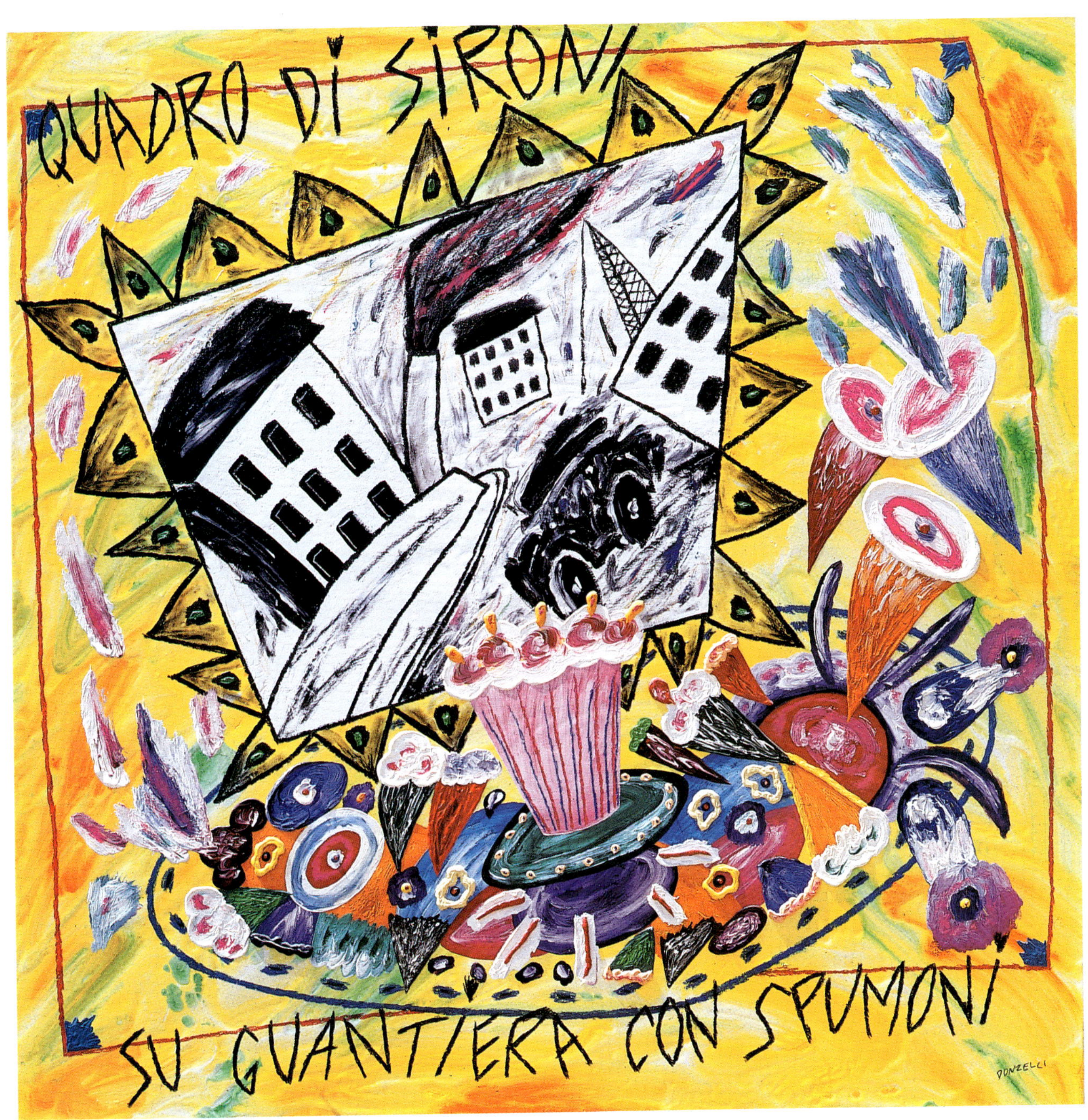

Quadro di Sironi su guantiera
con spumoni, 1991
Tecnica mista su tela /
Mixed media on canvas,
120 x 120 cm

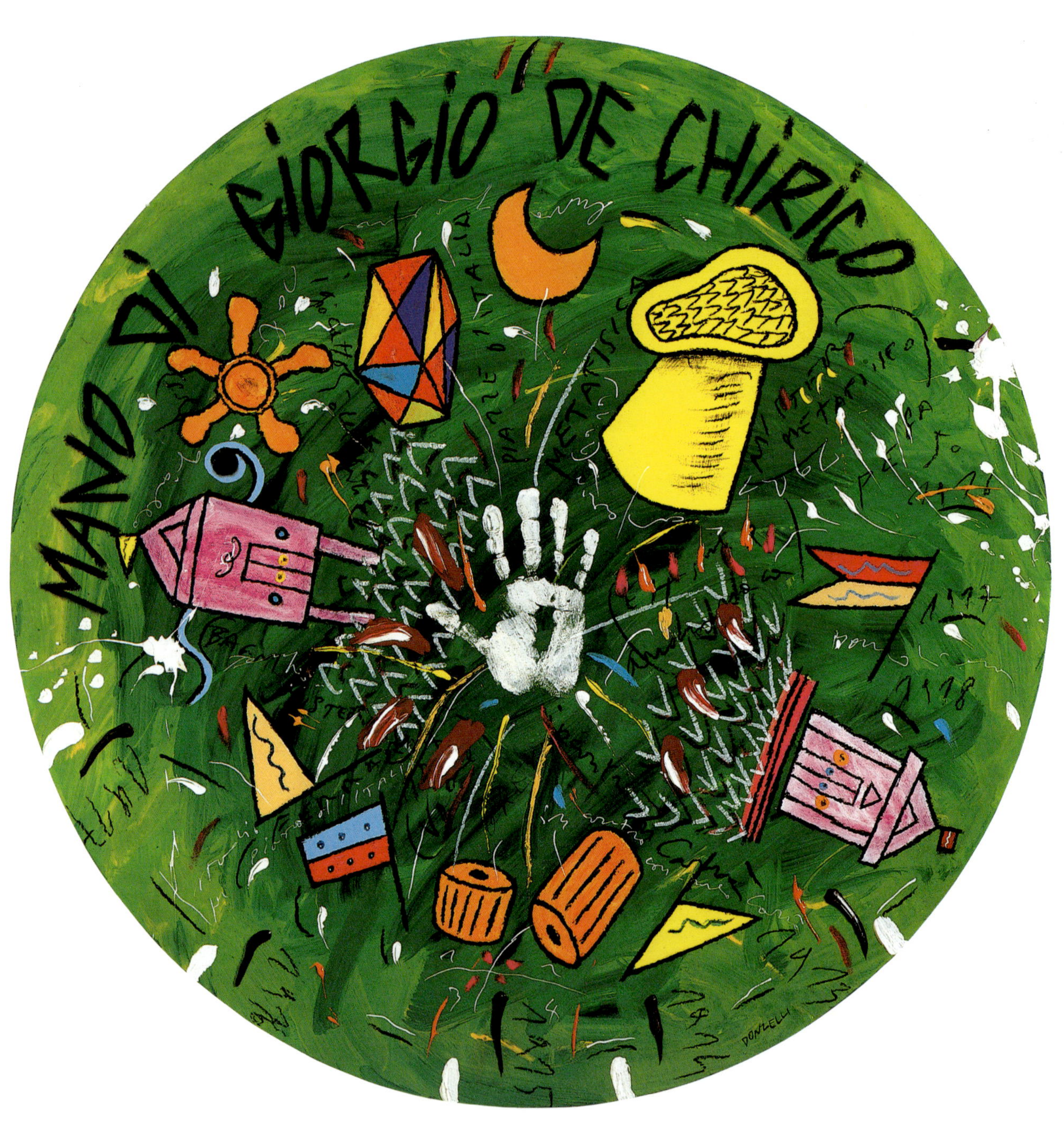

Mano di Giorgio de Chirico,
1991
Tecnica mista su legno /
Mixed media on wood,
Ø 100 cm

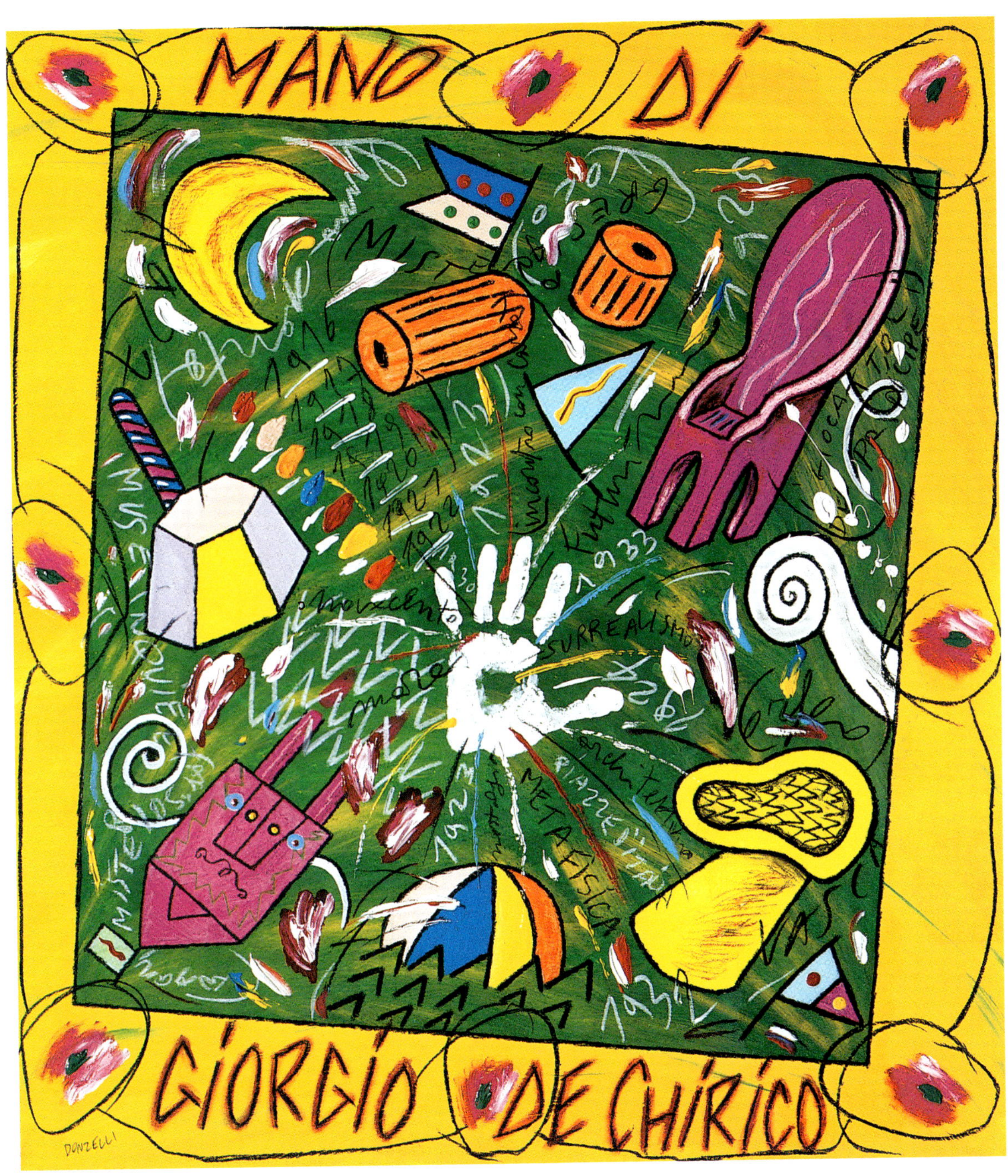

Mano di Giorgio de Chirico,
1992
Tecnica mista su tela / Mixed
media on canvas, 100 x 90 cm

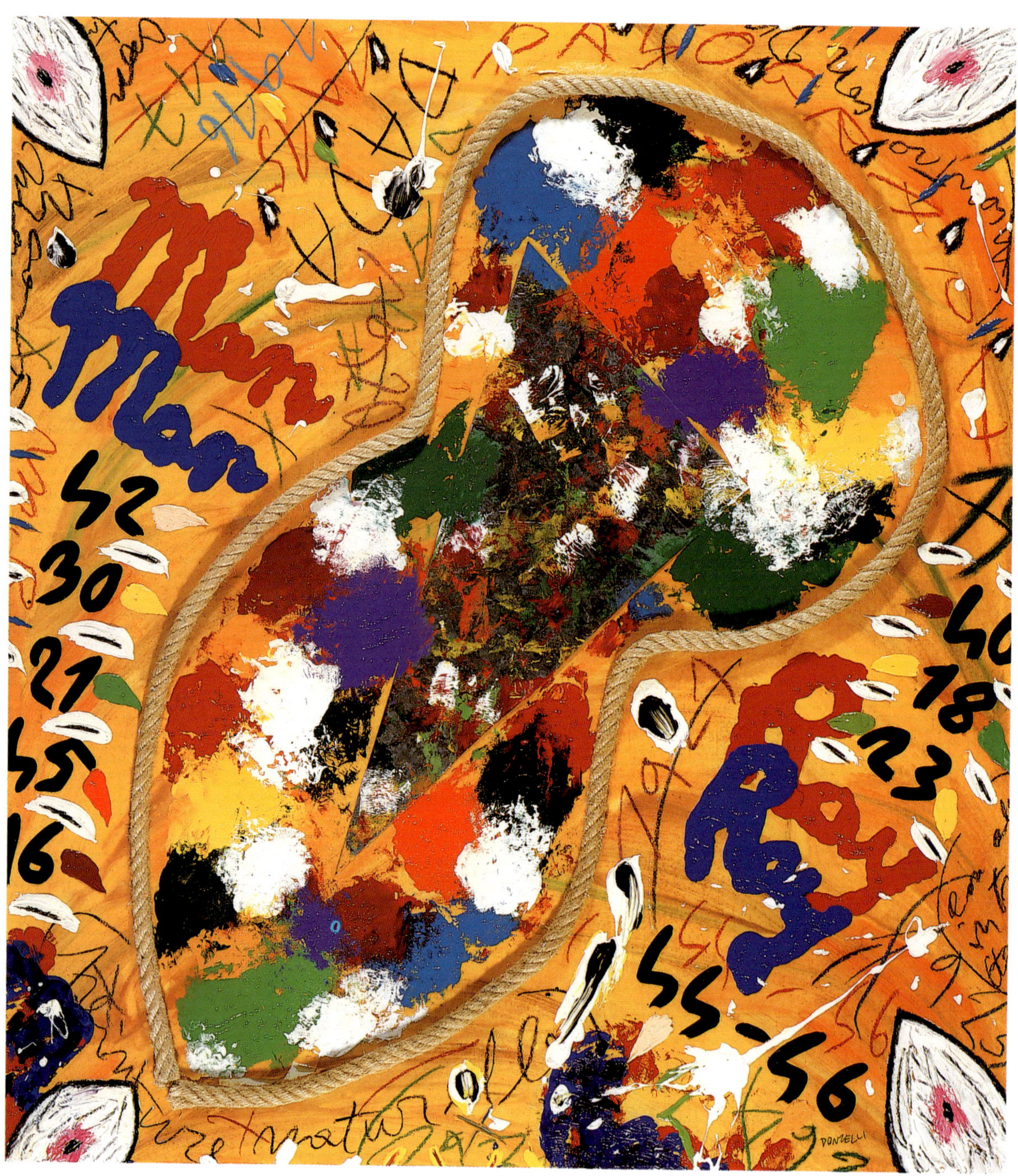

Ormare: Man Ray, 1992
Tecnica mista su tela / Mixed
media on canvas, 100 x 90 cm

Identikit di maestro italiano,
1992
Tecnica mista su tela / Mixed
media on canvas, 90 x 100 cm

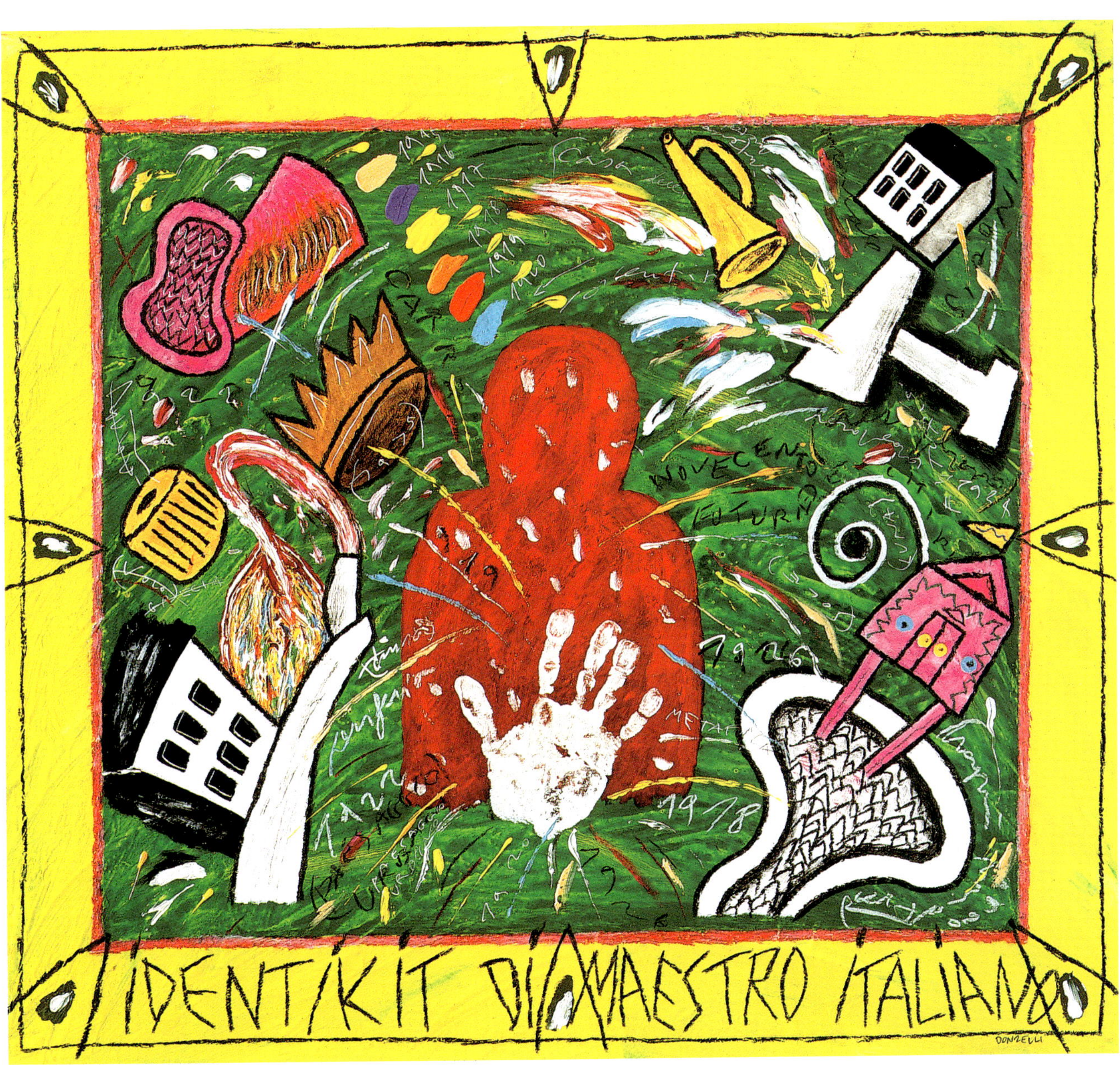

IDENTIKIT DI MAESTRO ITALIANO
DONZELLI

Atelier Picasso, 1993
Tecnica mista su tela / Mixed
media on canvas, 50 x 100 cm

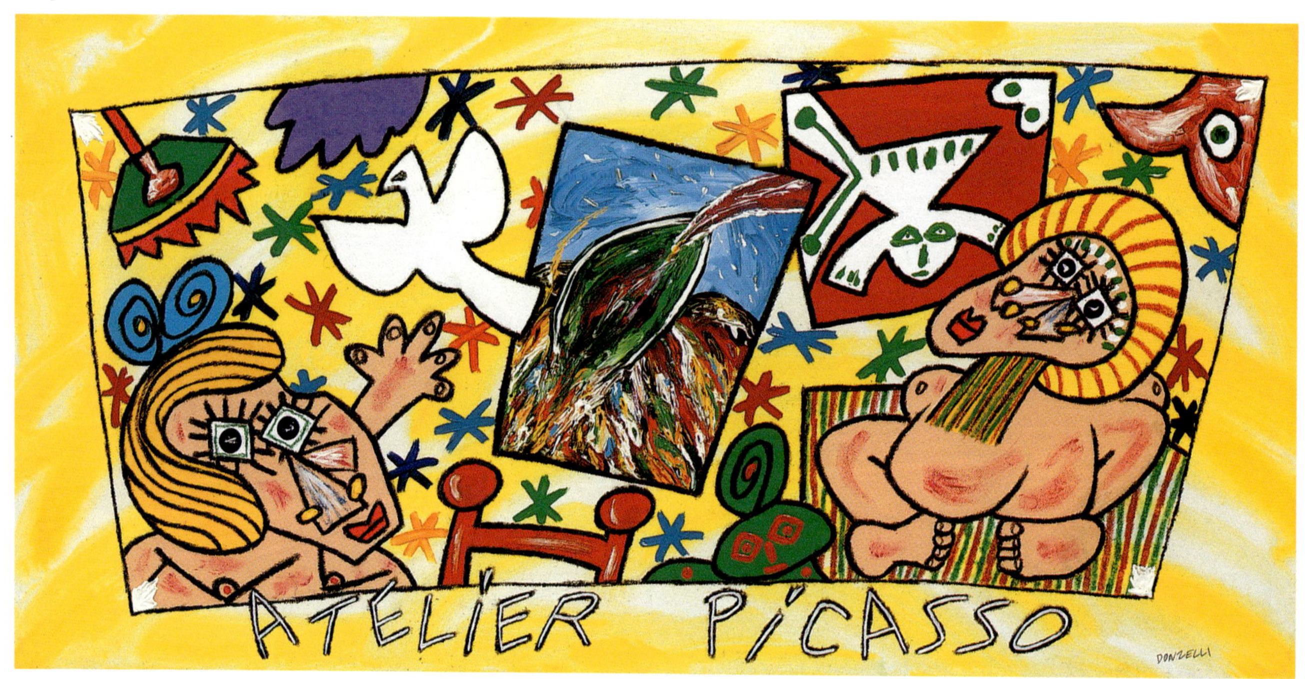

78

Ormare: Jim Dine, 1993
Tecnica mista su tela / Mixed
media on canvas, 100 x 90 cm

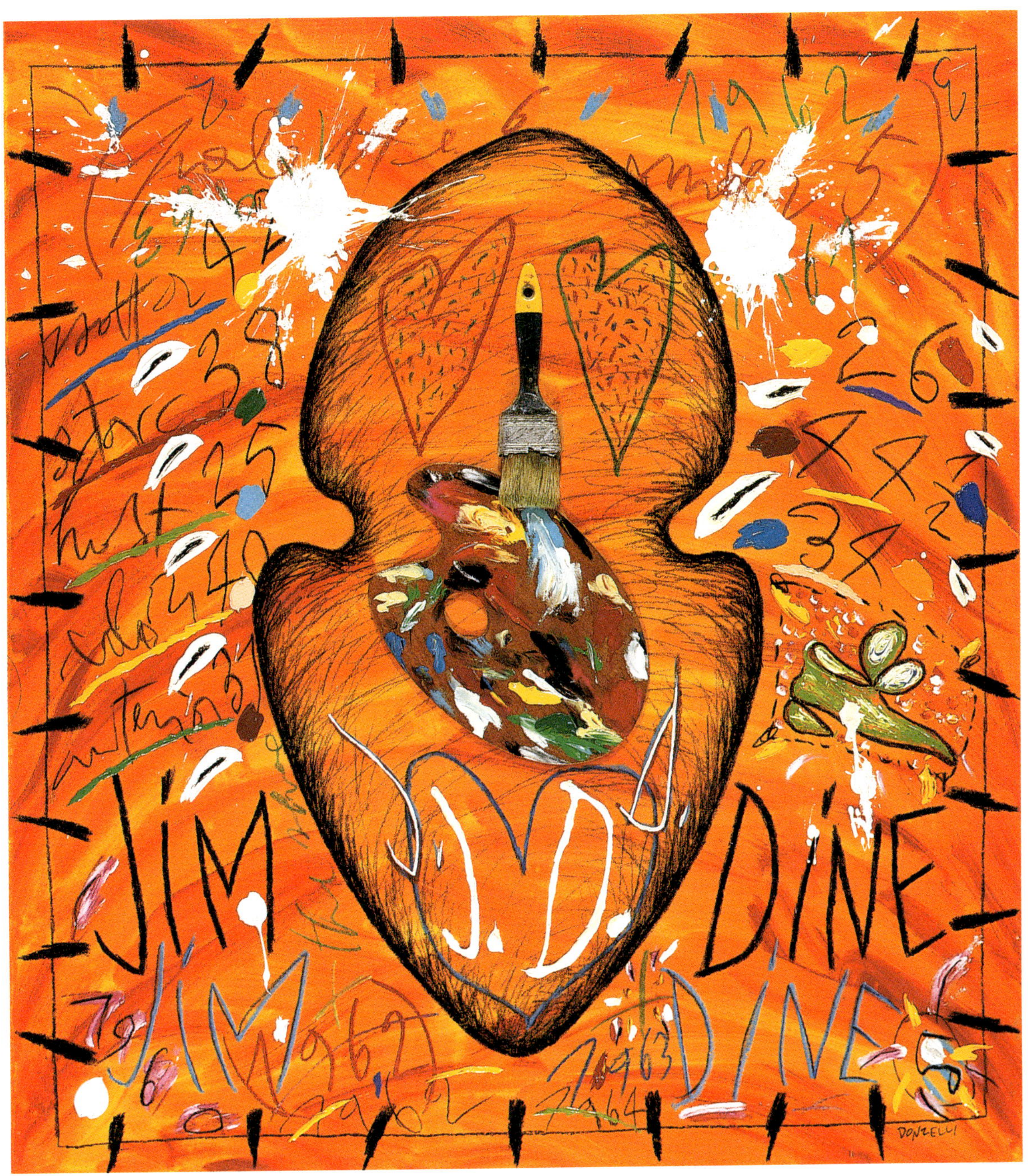

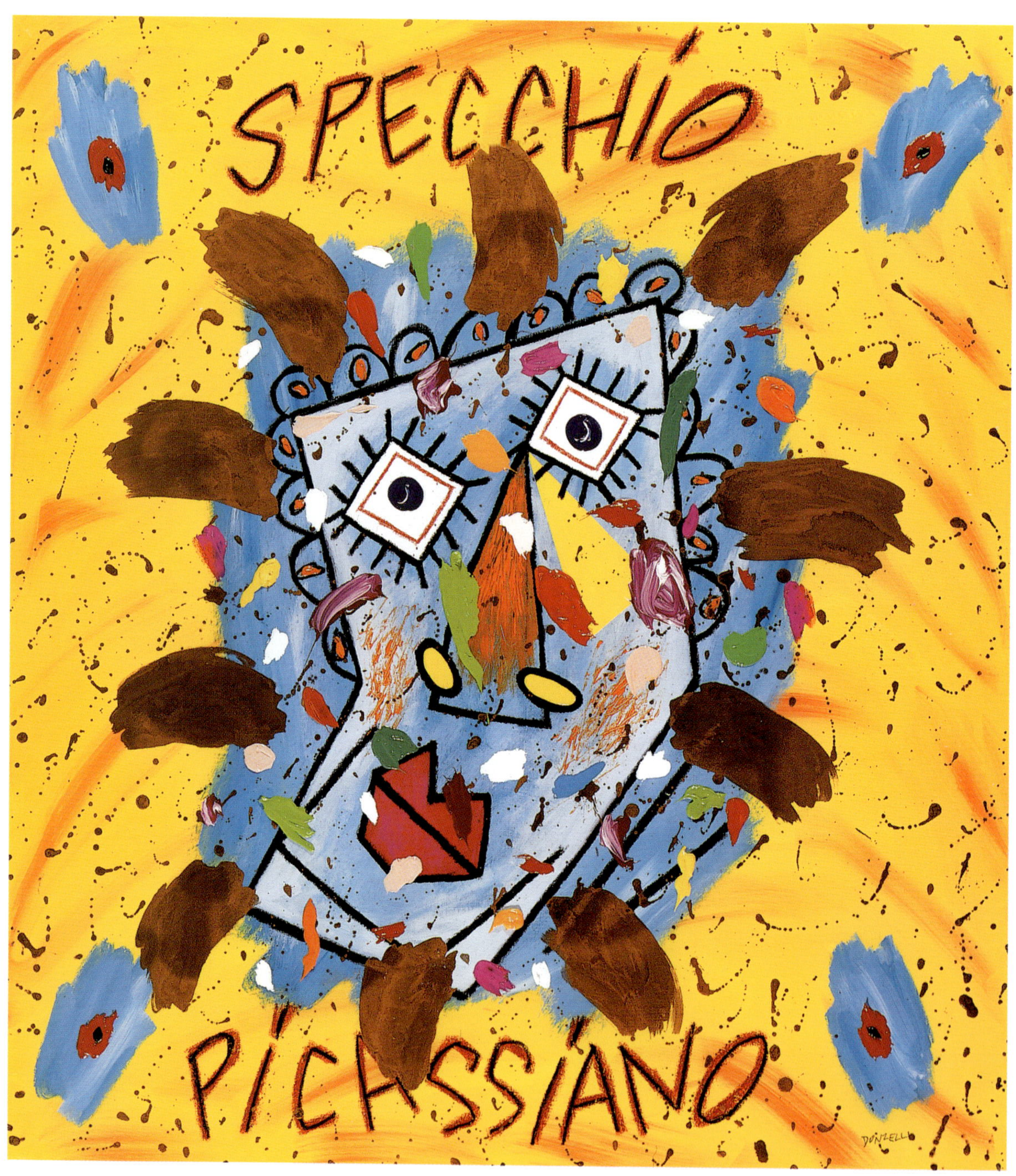

Specchio picassiano, 1994
Tecnica mista su tela / Mixed
media on canvas, 100 x 90 cm

Ormare: René Magritte, 1994
Tecnica mista su tela / Mixed
media on canvas, 50 x 60 cm

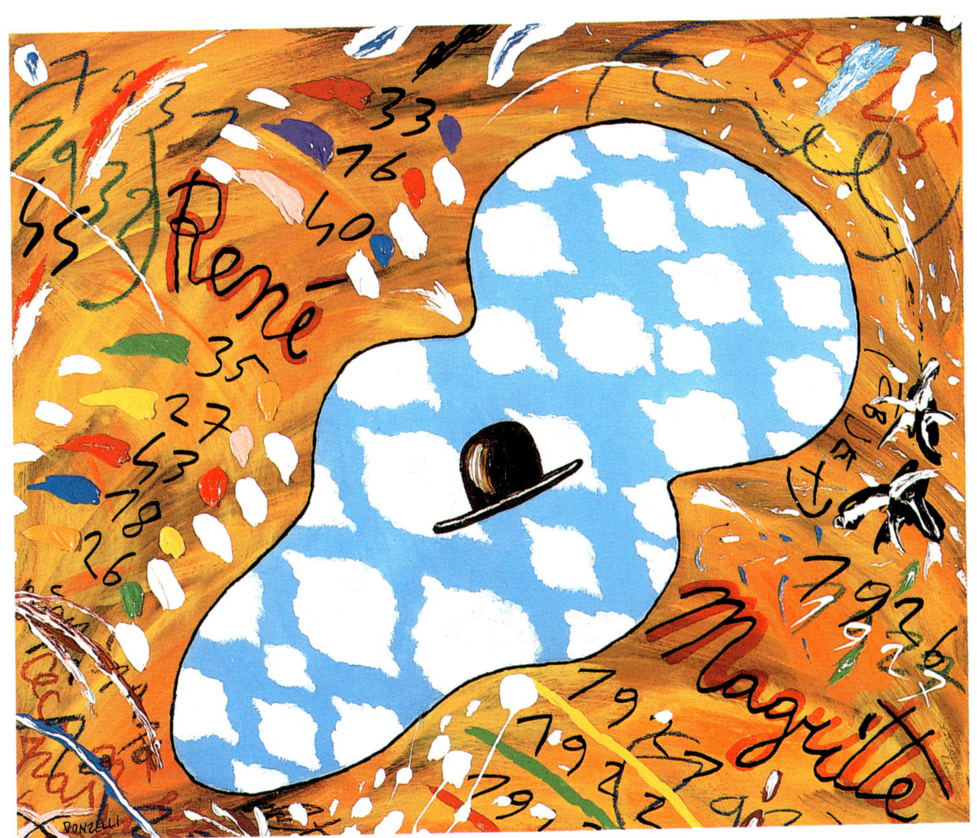

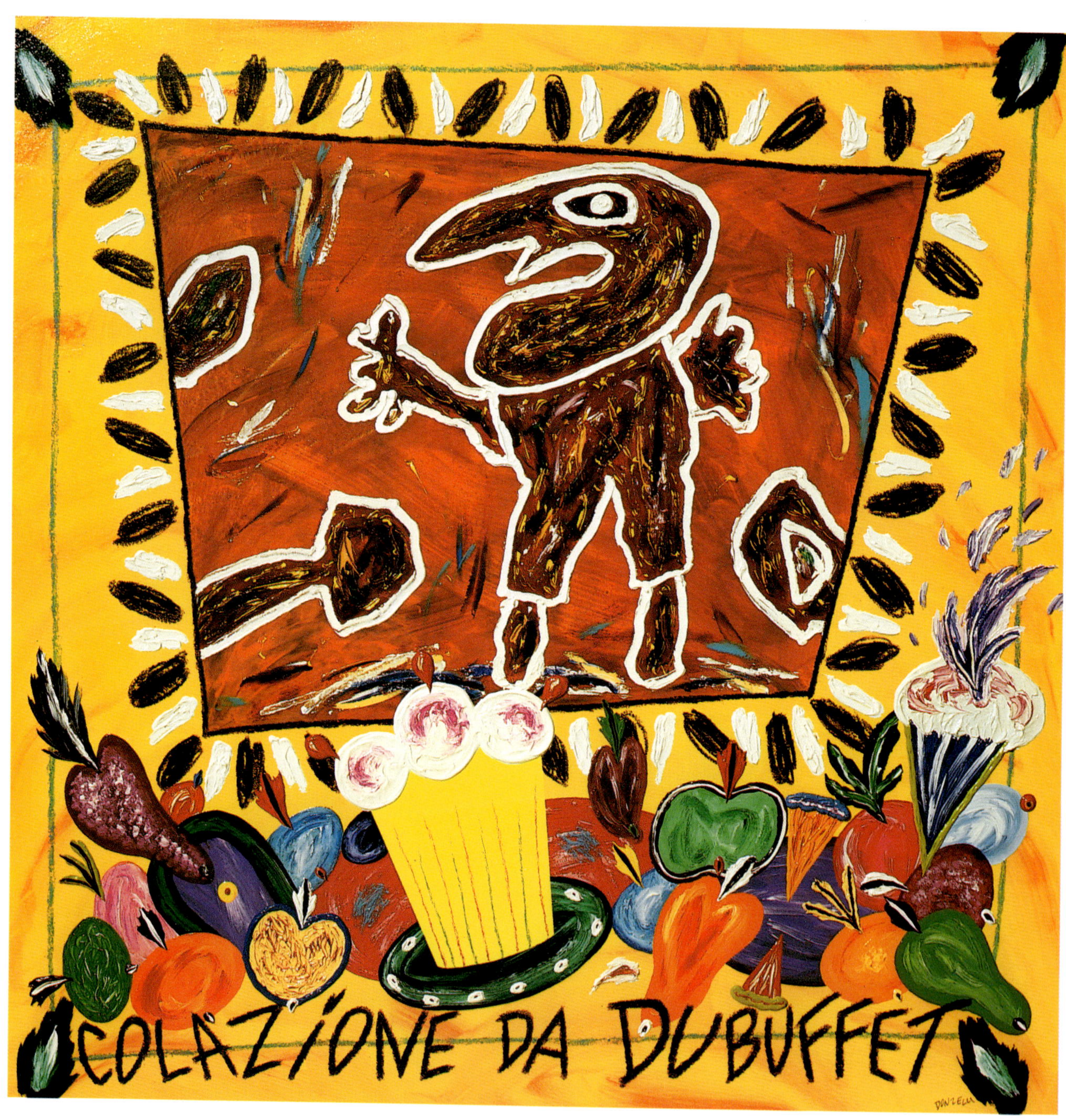

Colazione da Dubuffet, 1994
Tecnica mista su tela /
Mixed media on canvas,
100 x 100 cm

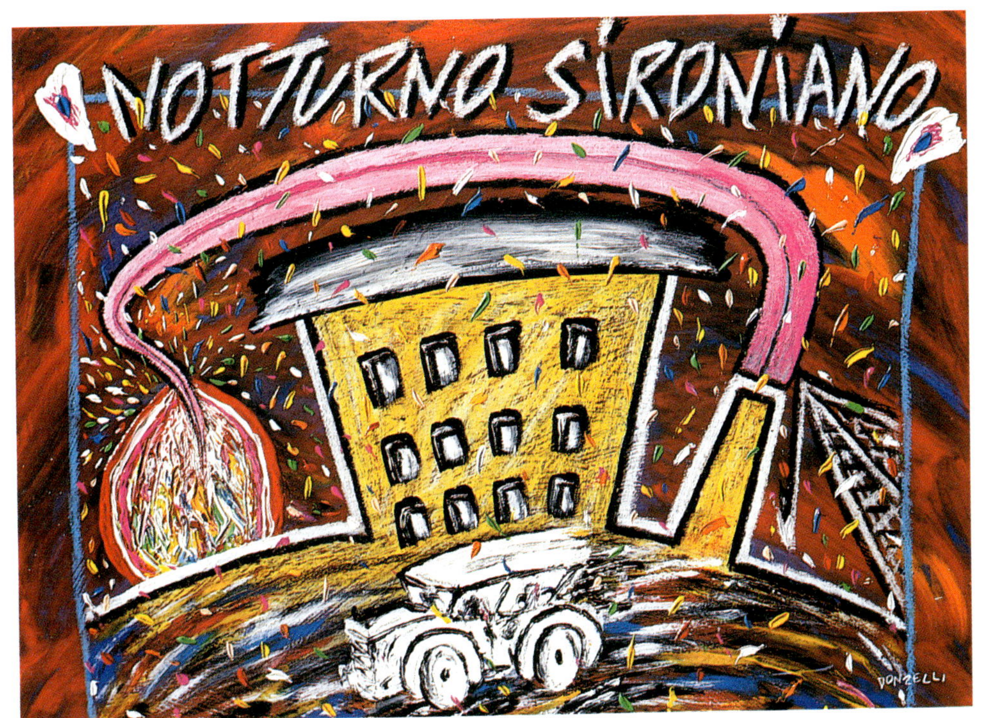

Notturno sironiano, 1995
Tecnica mista su tela / Mixed
media on canvas, 50 x 70 cm

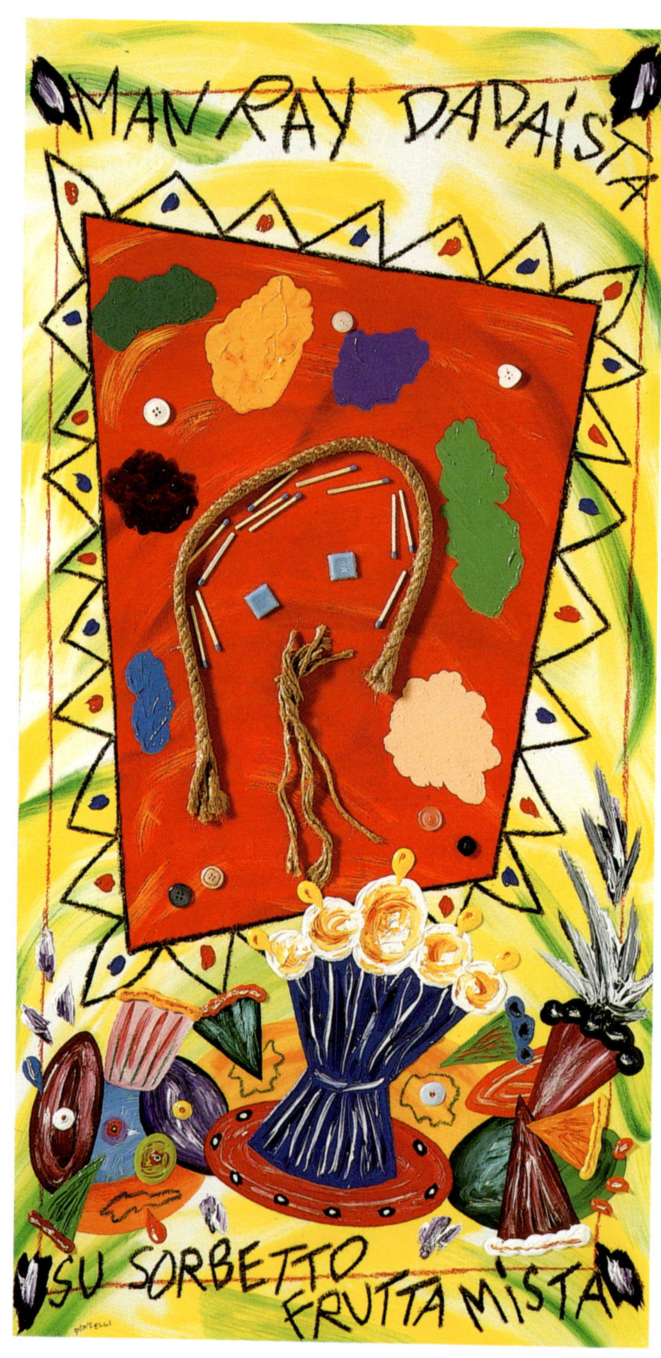

Man Ray dadaista su sorbetto frutta mista, 1995
Tecnica mista su tela / Mixed media on canvas, 100 x 50 cm

Colazione da Joan, 1995
Tecnica mista su tela / Mixed
media on canvas, 90 x 100 cm

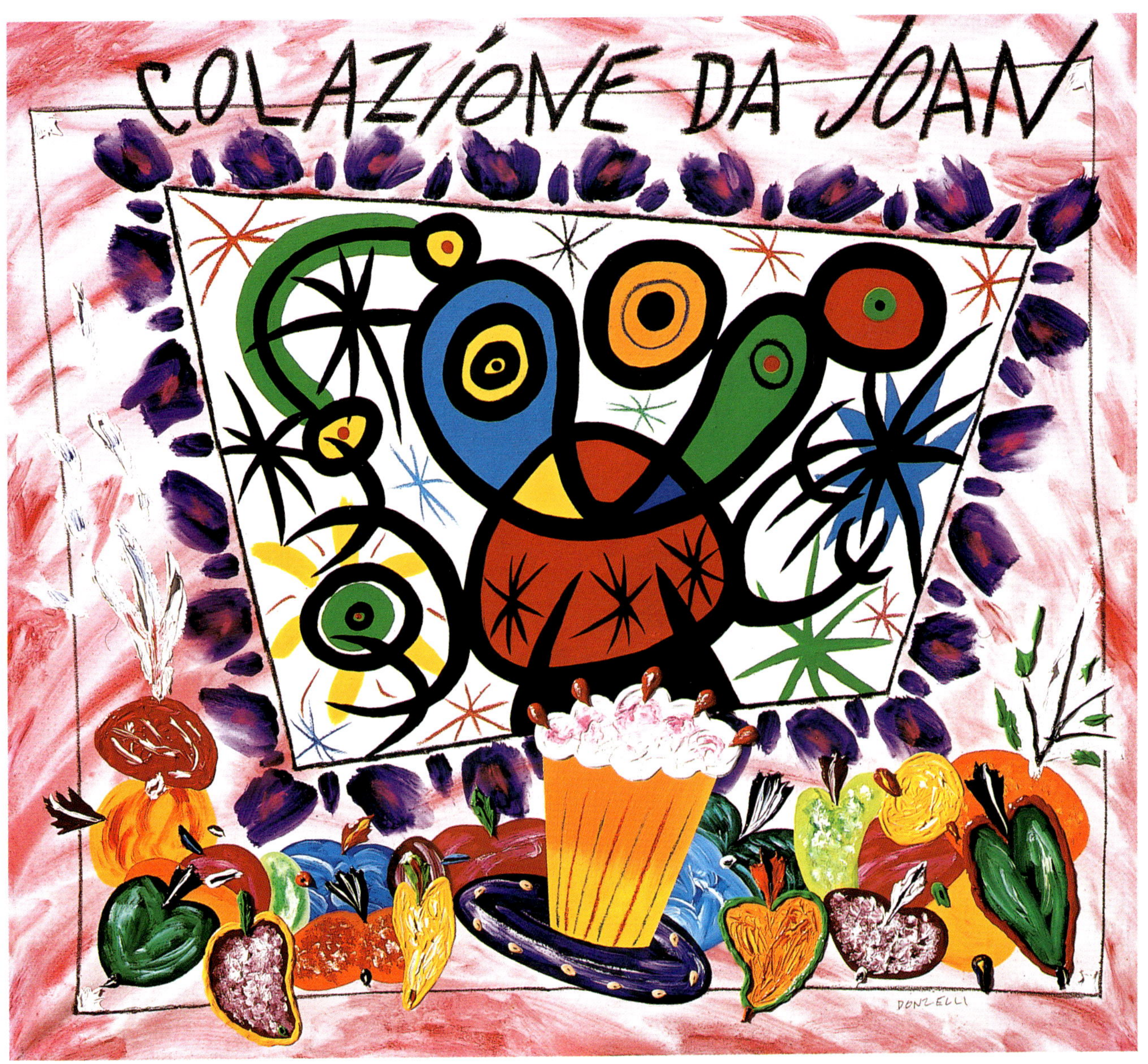

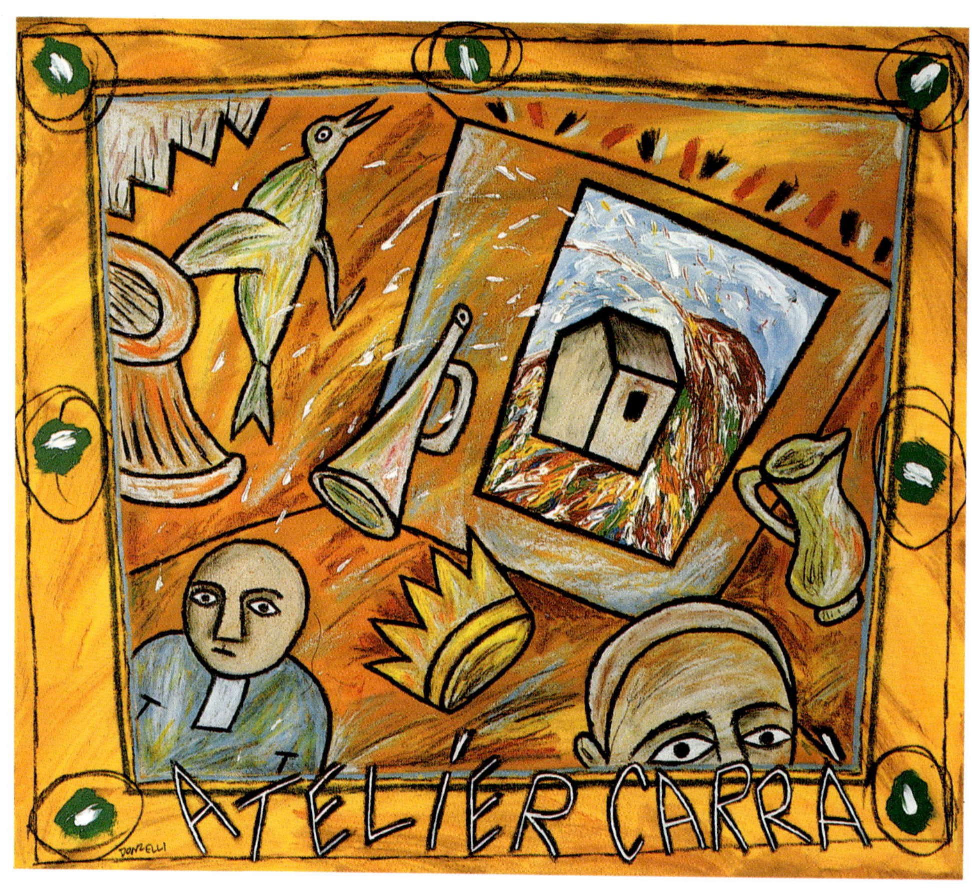

Atelier Carrà, 1995
Tecnica mista su tela / Mixed
media on canvas, 70 x 80 cm

Finestra con Depero, 1995
Tecnica mista su tela / Mixed
media on canvas, 40 x 50 cm

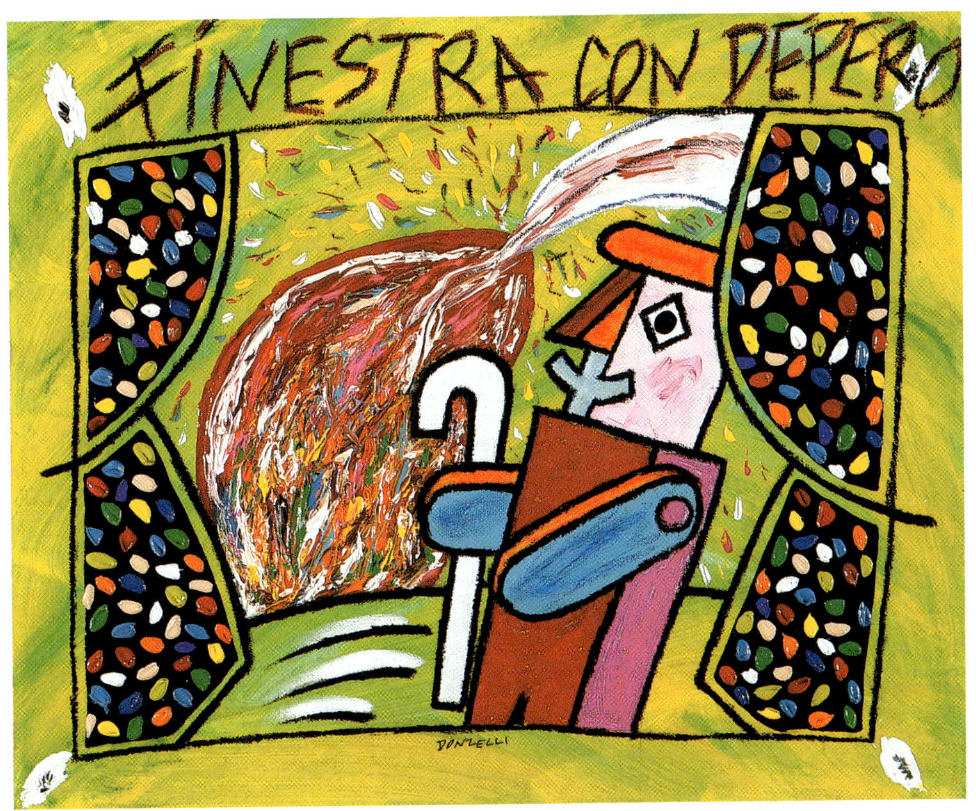

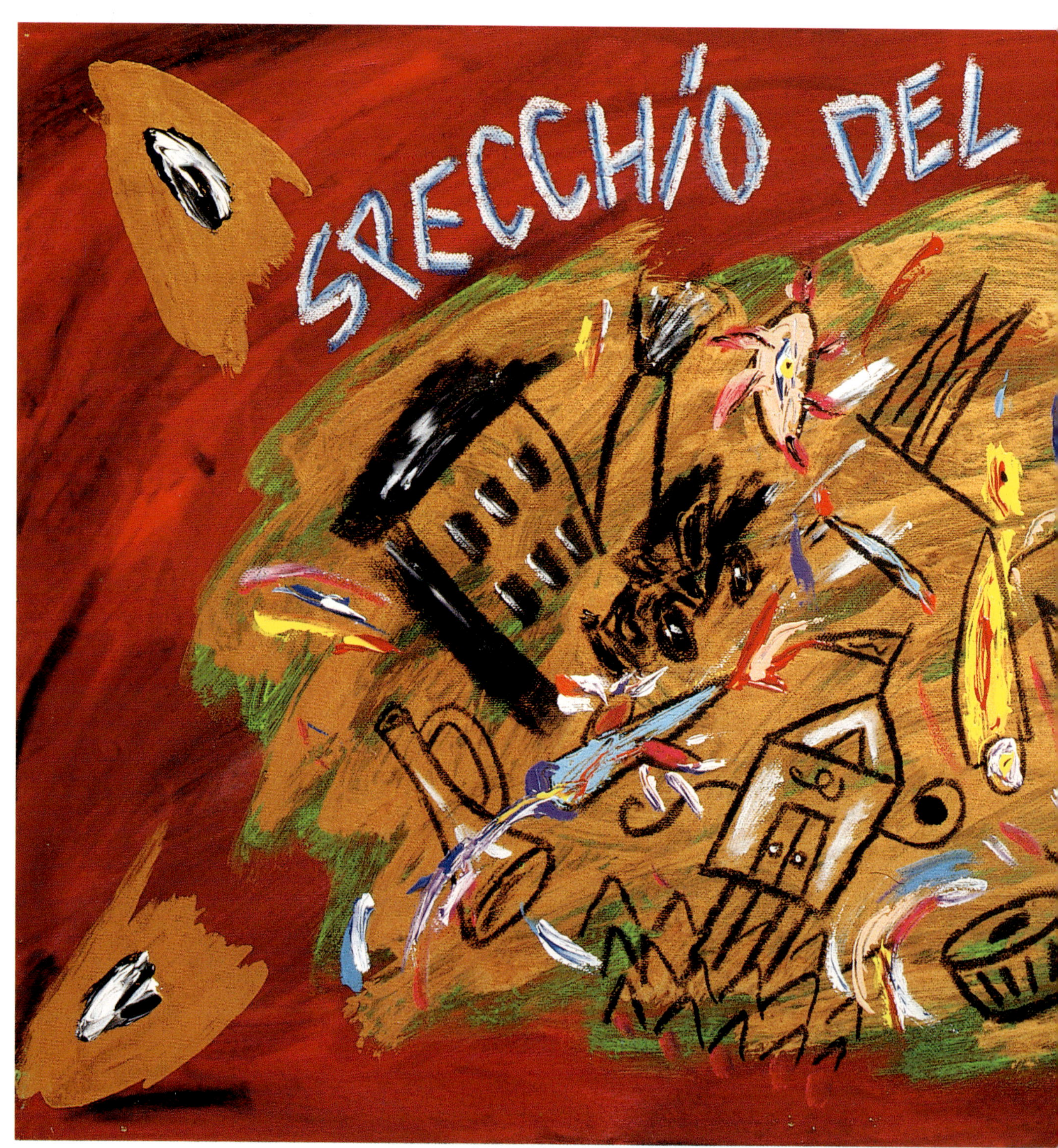

Specchio del Novecento, 1995
Tecnica mista su tela / Mixed
media on canvas, 50 x 100 cm

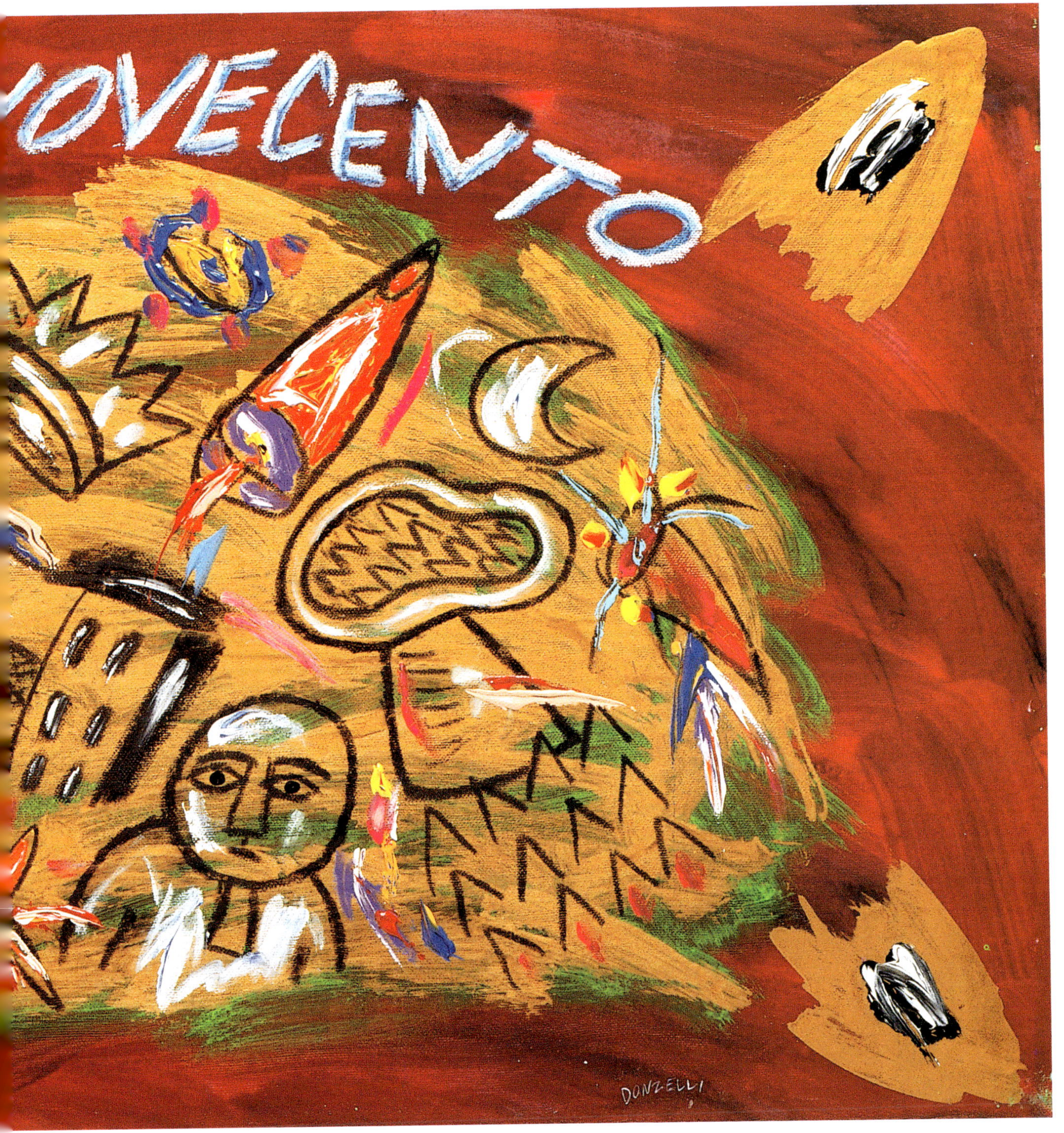
NOVECENTO
DONZELLI

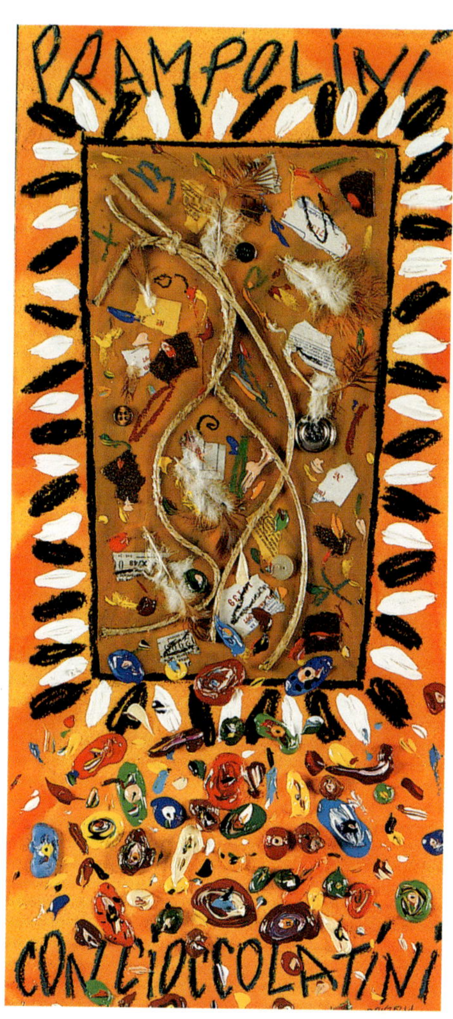

Prampolini con cioccolatini,
1995
Tecnica mista su tela / Mixed
media on canvas, 70 x 30 cm

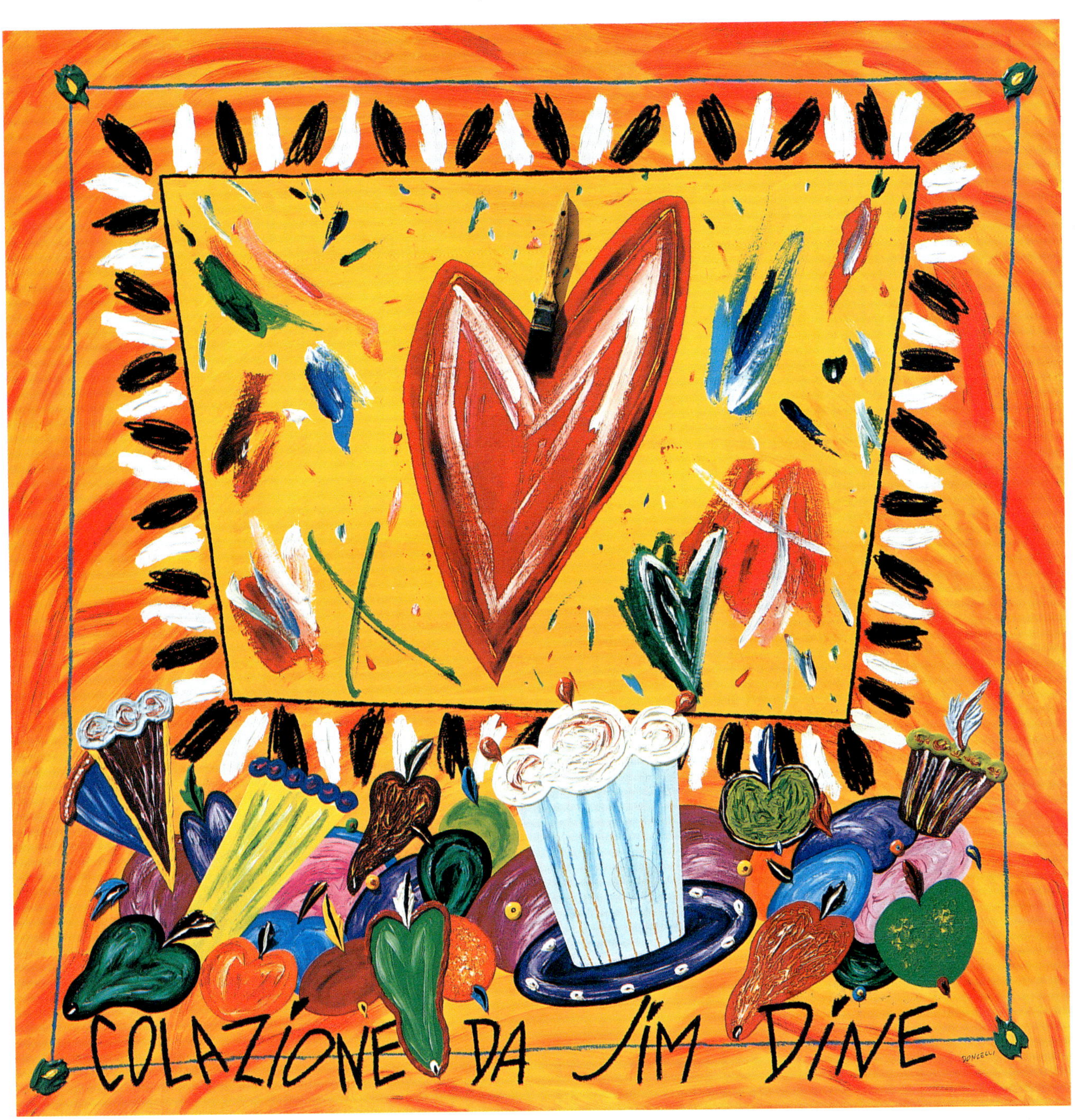

Colazione da Jim Dine, 1996
Tecnica mista su tela /
Mixed media on canvas,
120 x 120 cm

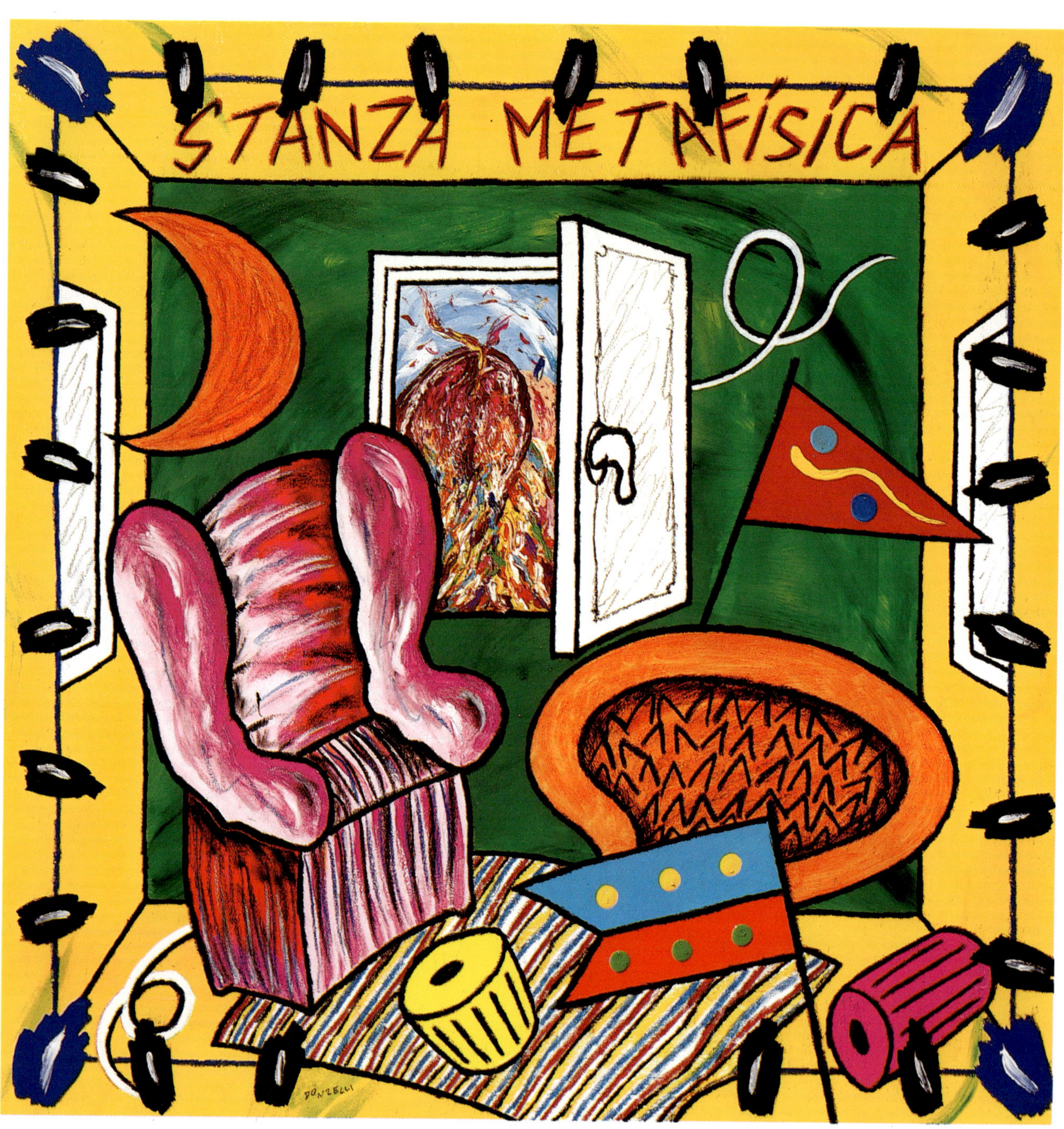

Stanza metafisica, 1996
Tecnica mista su tela /
Mixed media on canvas,
100 x 100 cm

Camera con vista e astrattista,
1996
Tecnica mista su tela / Mixed
media on canvas, 40 x 50 cm

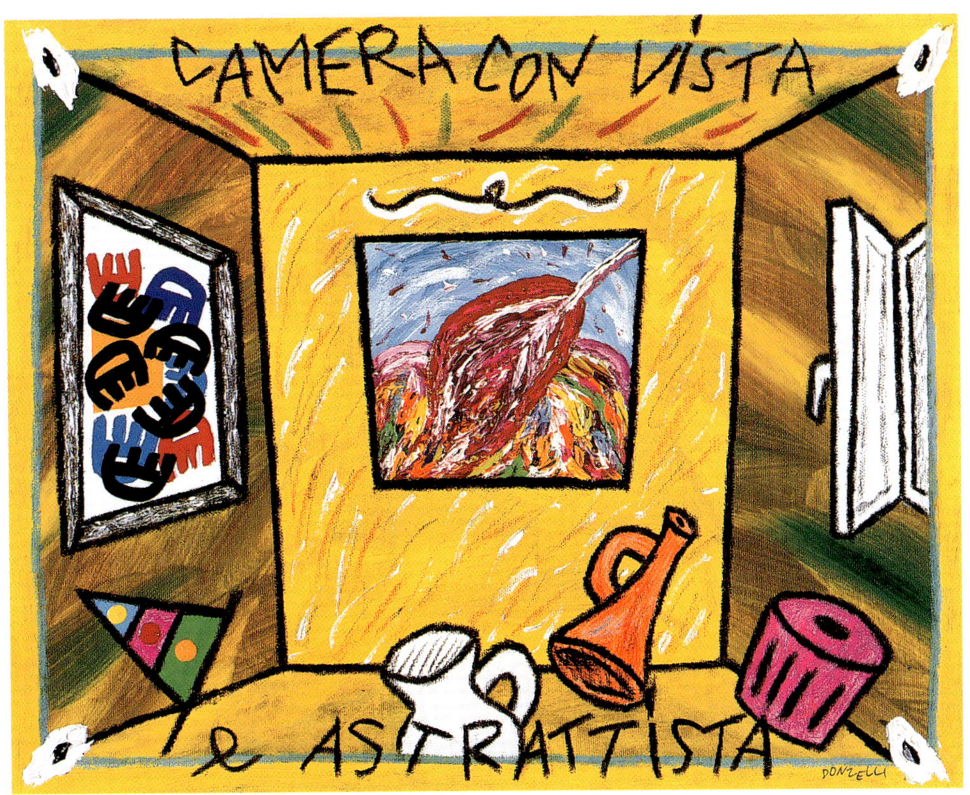

Passeggiata italiana, 1996
Tecnica mista su tela / Mixed
media on canvas, 38 x 74 cm

94

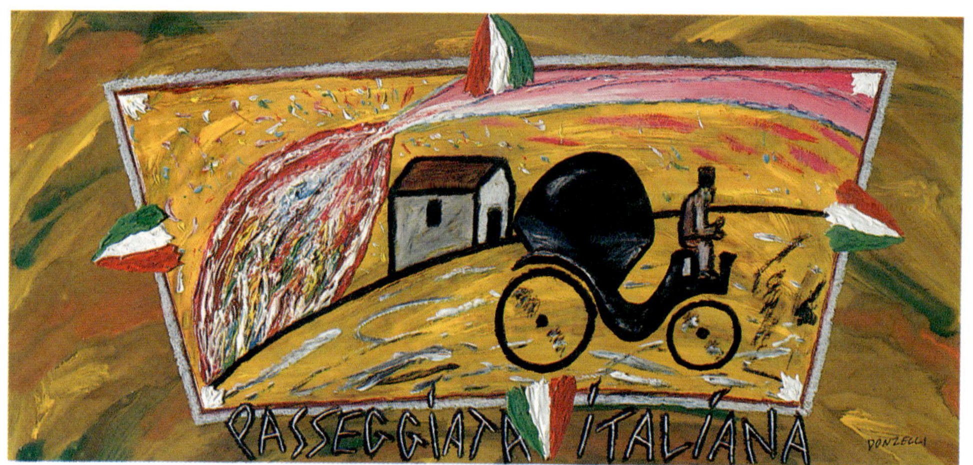

Capriccio sironiano, 1996
Tecnica mista su tela /
Mixed media on canvas,
100 x 100 cm

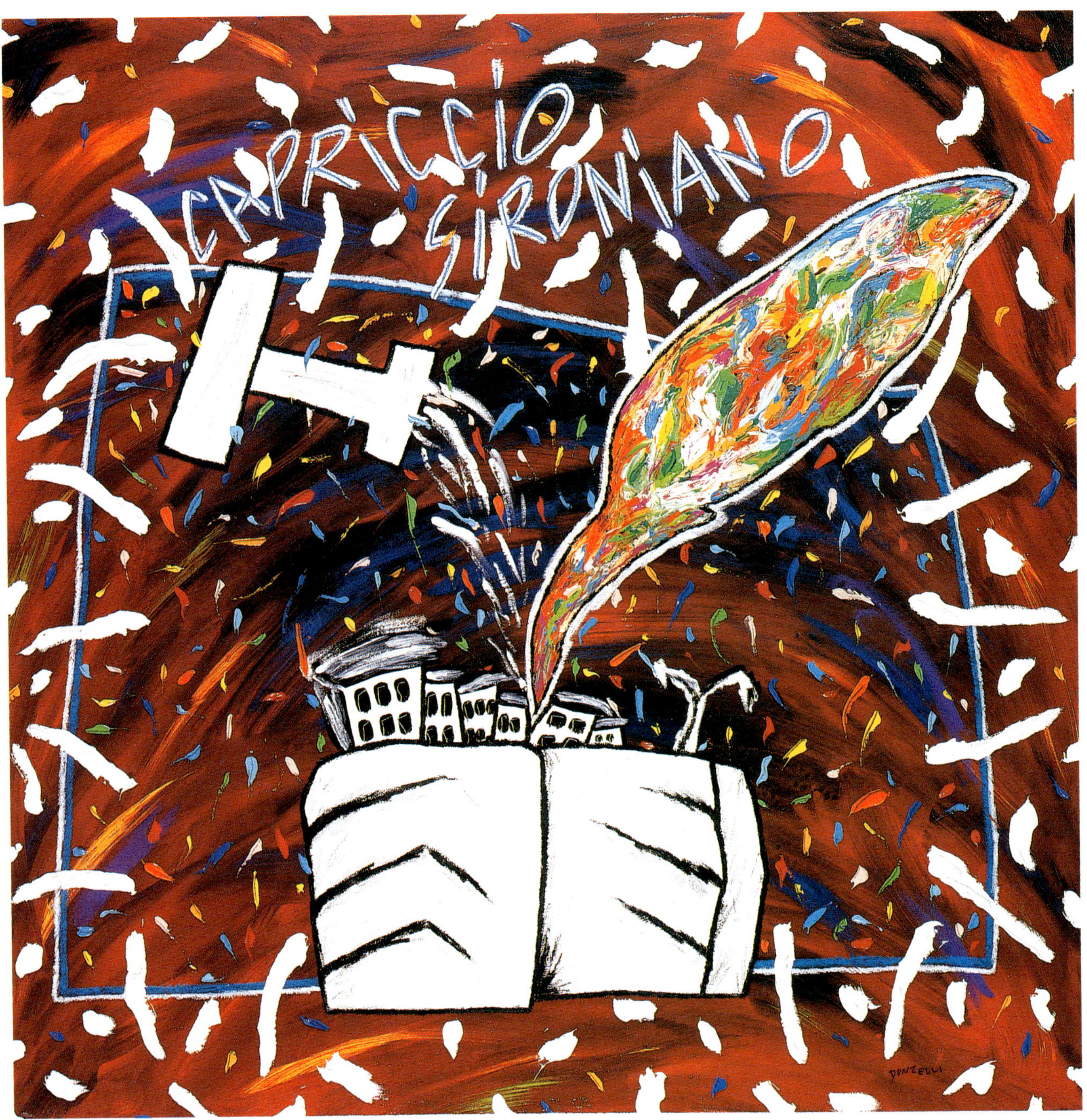

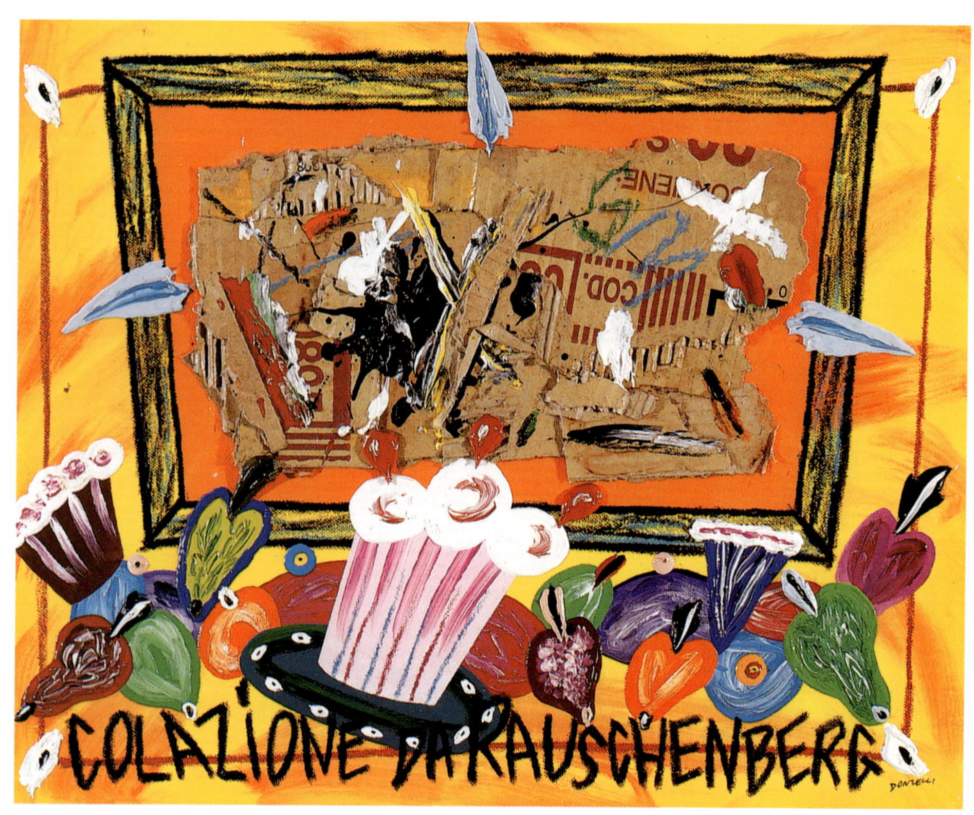

Colazione da Rauschenberg,
1996
Tecnica mista su tela / Mixed
media on canvas, 40 x 50 cm

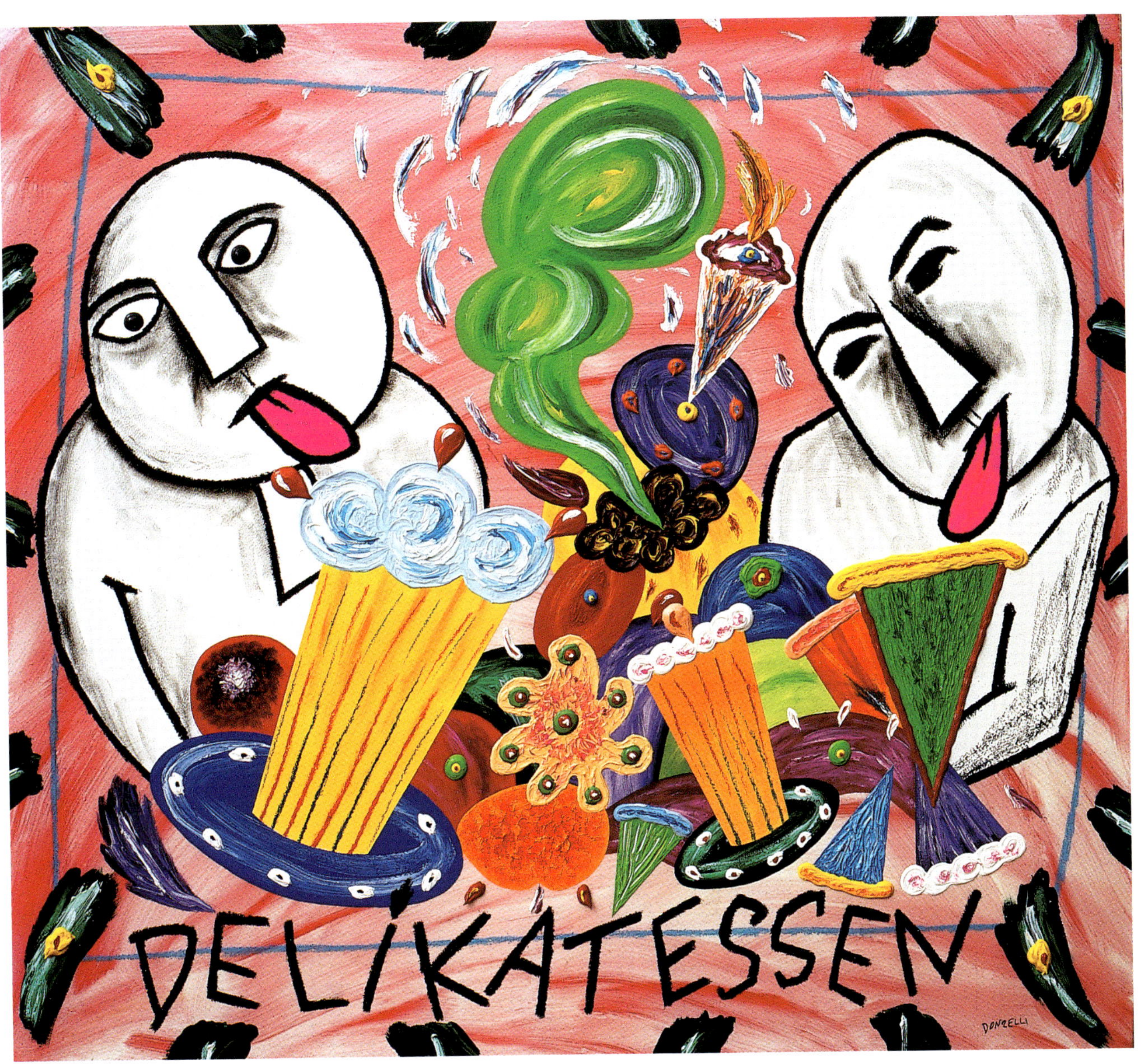

Delikatessen, 1996
Tecnica mista su tela / Mixed
media on canvas, 90 x 100 cm

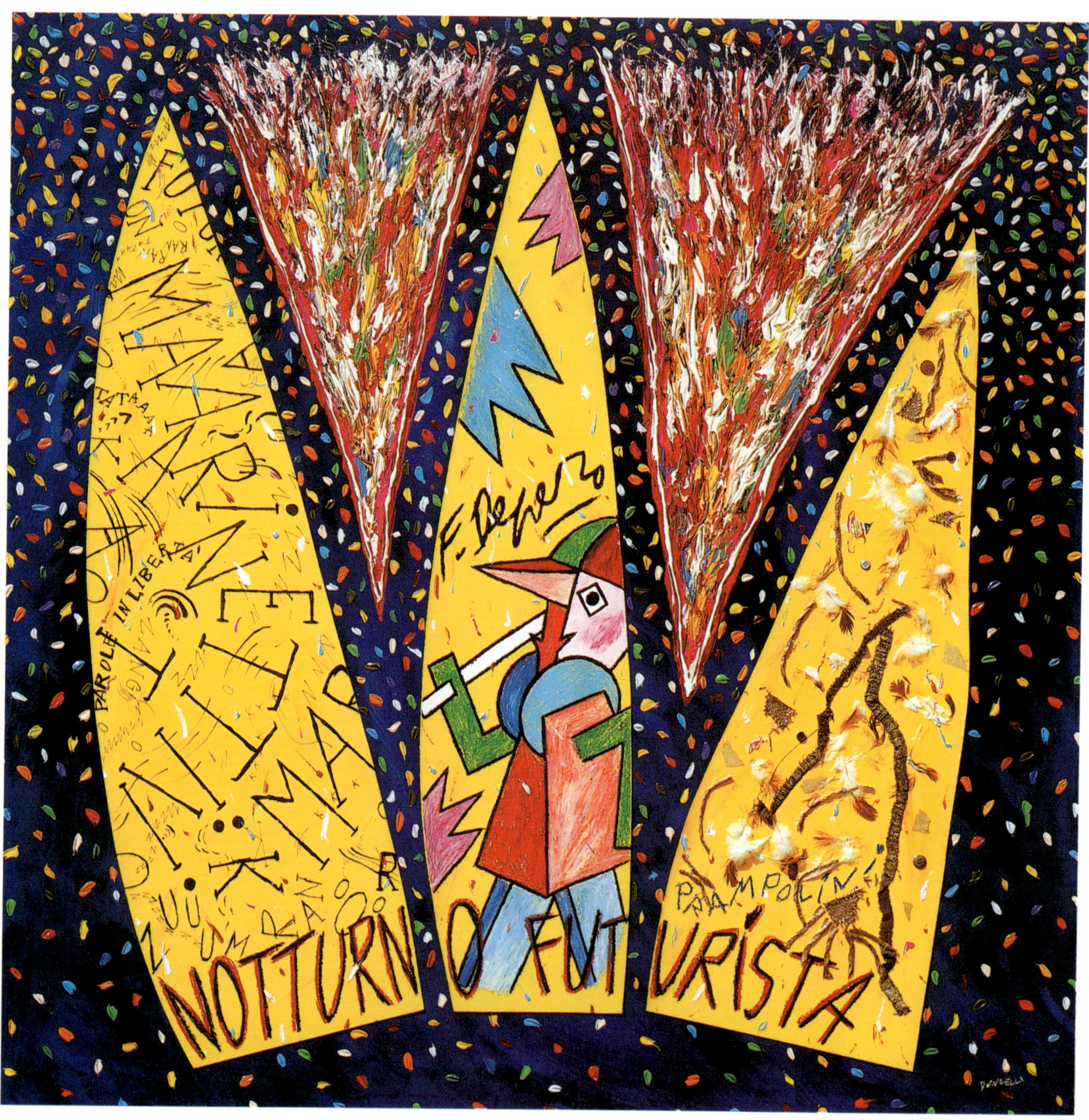

Notturno futurista, 1996
Tecnica mista su tela /
Mixed media on canvas,
120 x 120 cm

Quadro futurista su sorbetto
frutta mista, 1996
Tecnica mista su tela / Mixed
media on canvas, 40 x 50 cm

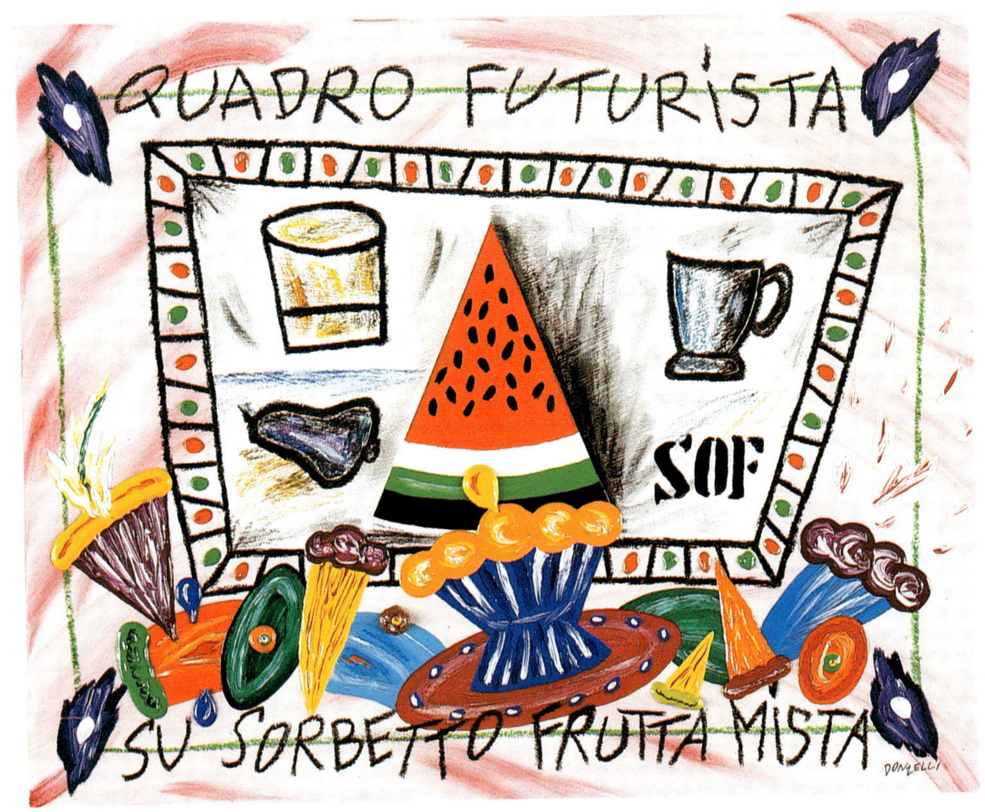

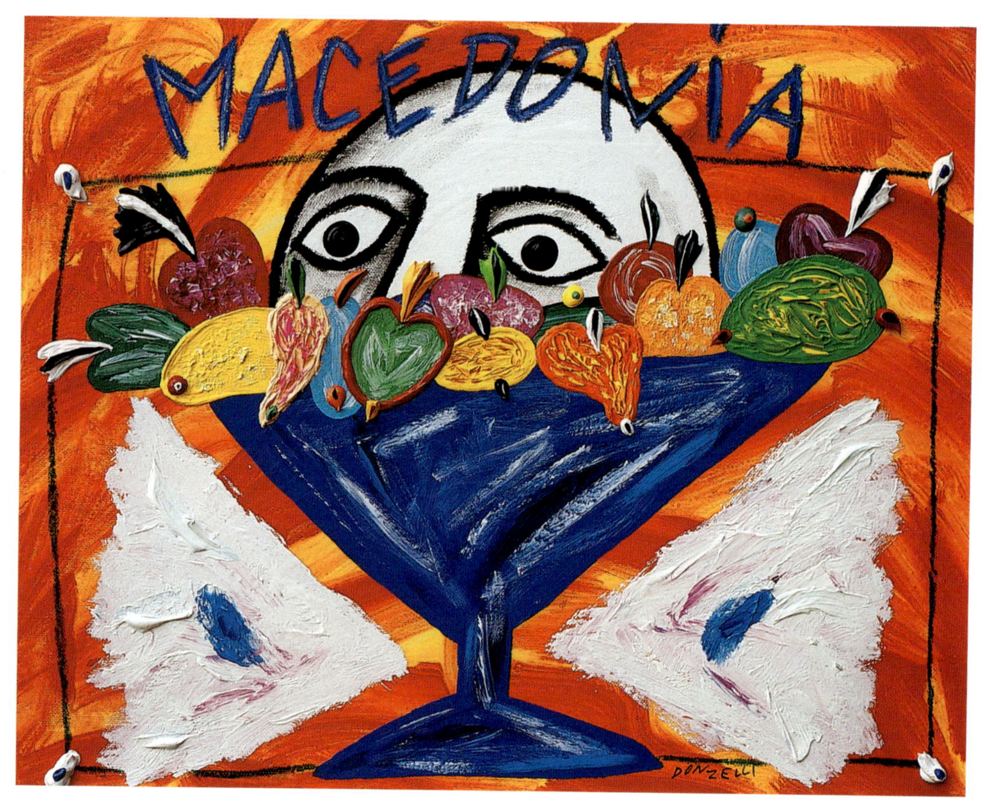

Macedonia, 1996
Tecnica mista su tela / Mixed
media on canvas, 40 x 50 cm

Stelle per futurBalla, 1996
Tecnica mista su tela /
Mixed media on canvas,
120 x 120 cm

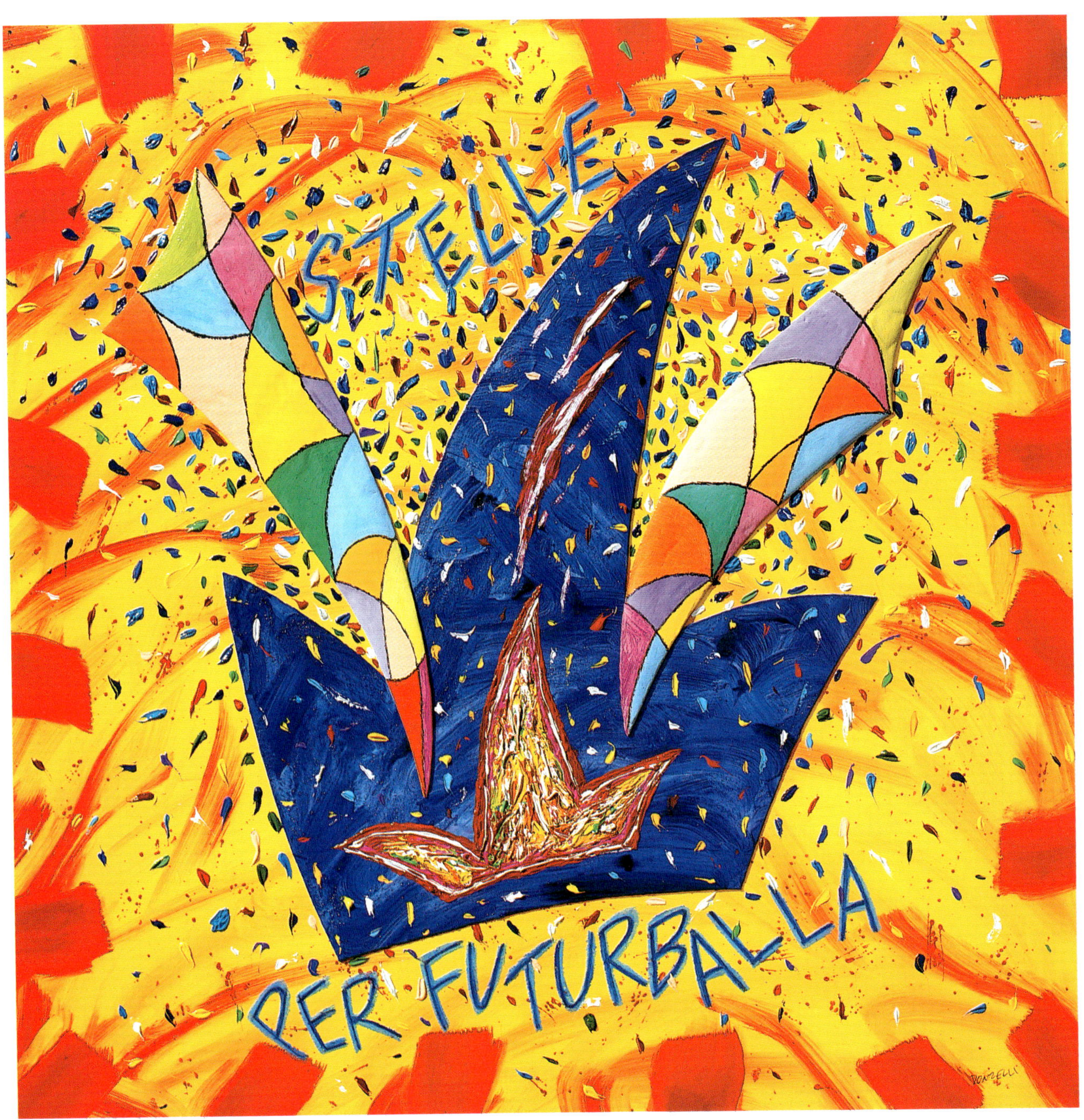

Colazione da Paul Klee, 1996
Tecnica mista su tela / Mixed
media on canvas, 40 x 50 cm

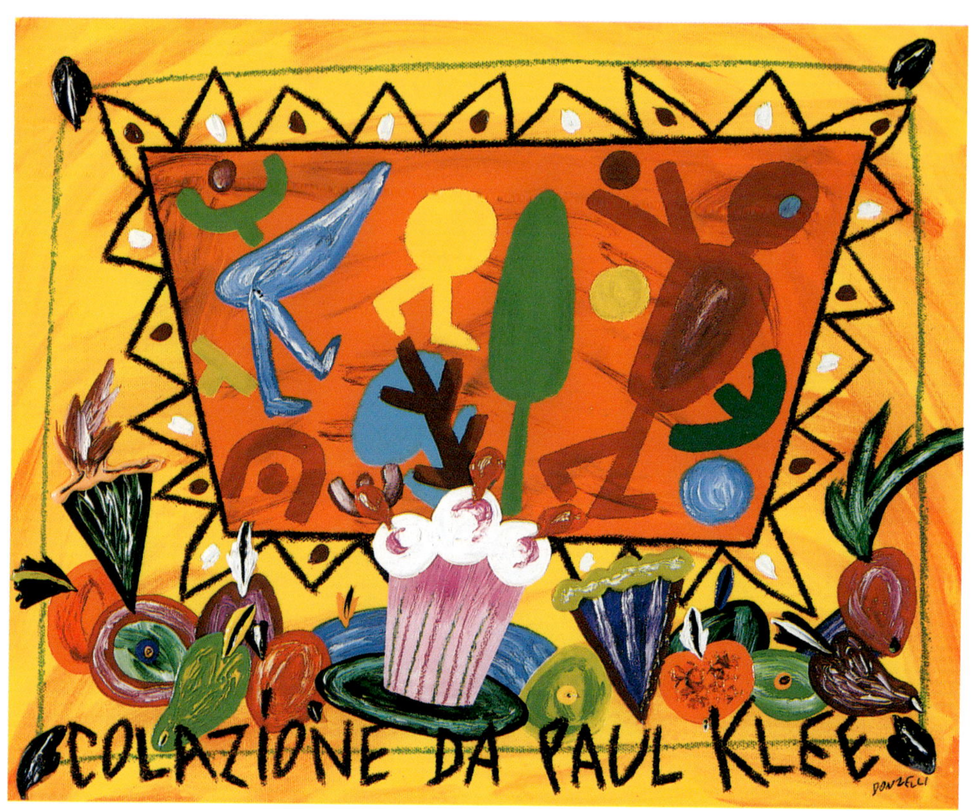

A merenda da Burri, 1996
Tecnica mista su tela /
Mixed media on canvas,
120 x 120 cm

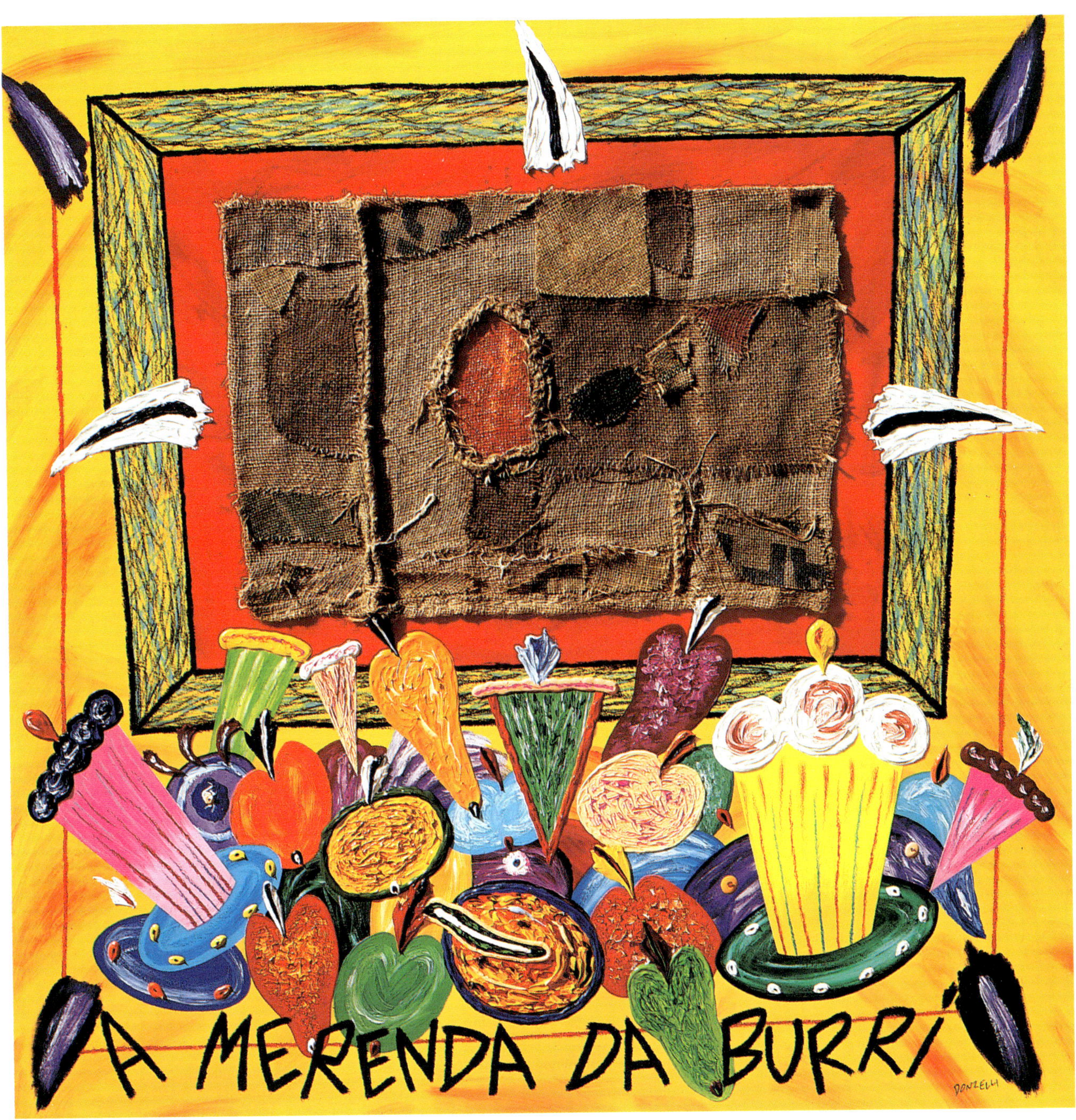

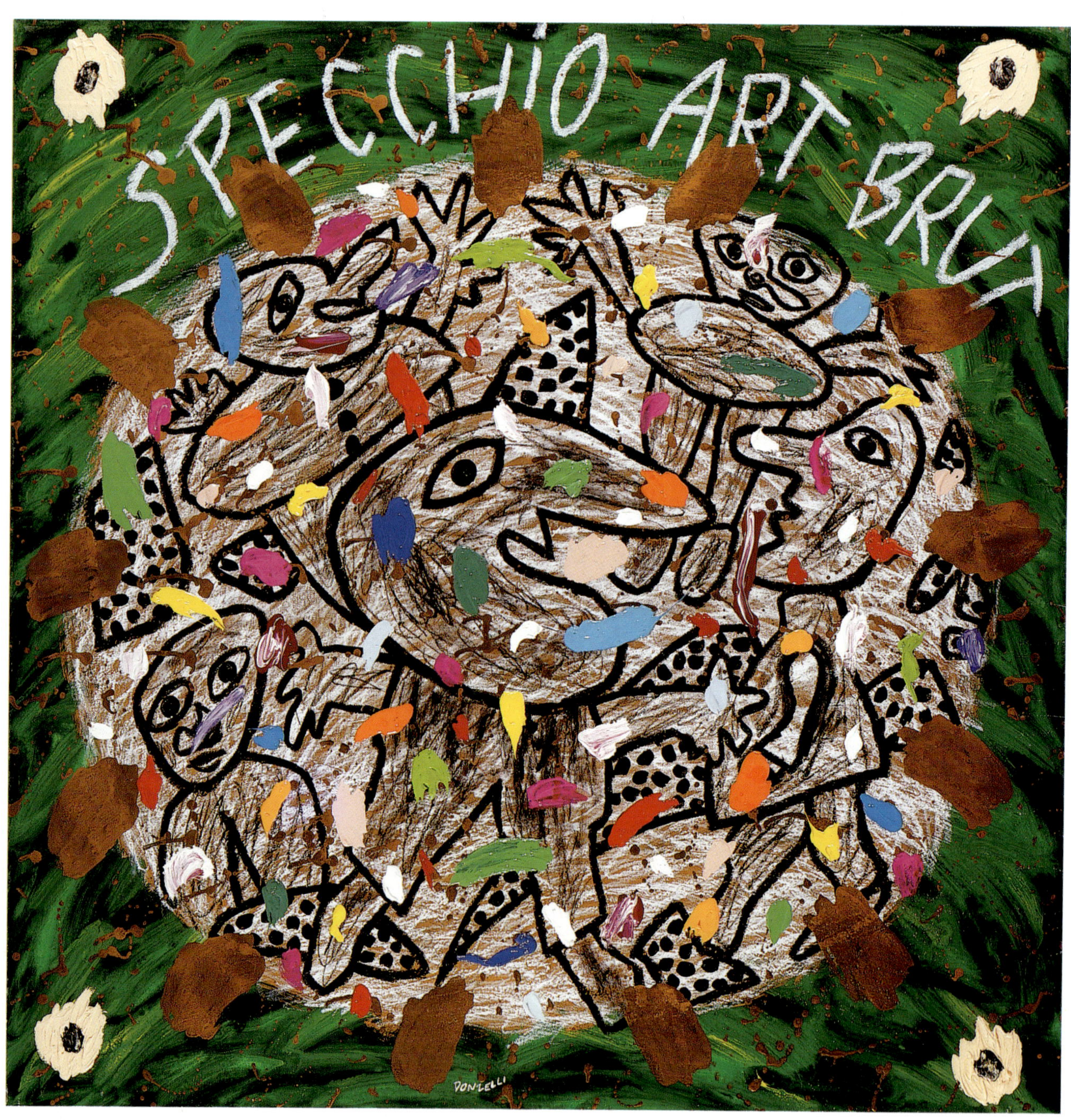

Specchio art brut, 1996
Tecnica mista su tela /
Mixed media on canvas,
100 x 100 cm

Mano di Joan Mirò, 1997
Tecnica mista su tela / Mixed
media on canvas, 60 x 80 cm

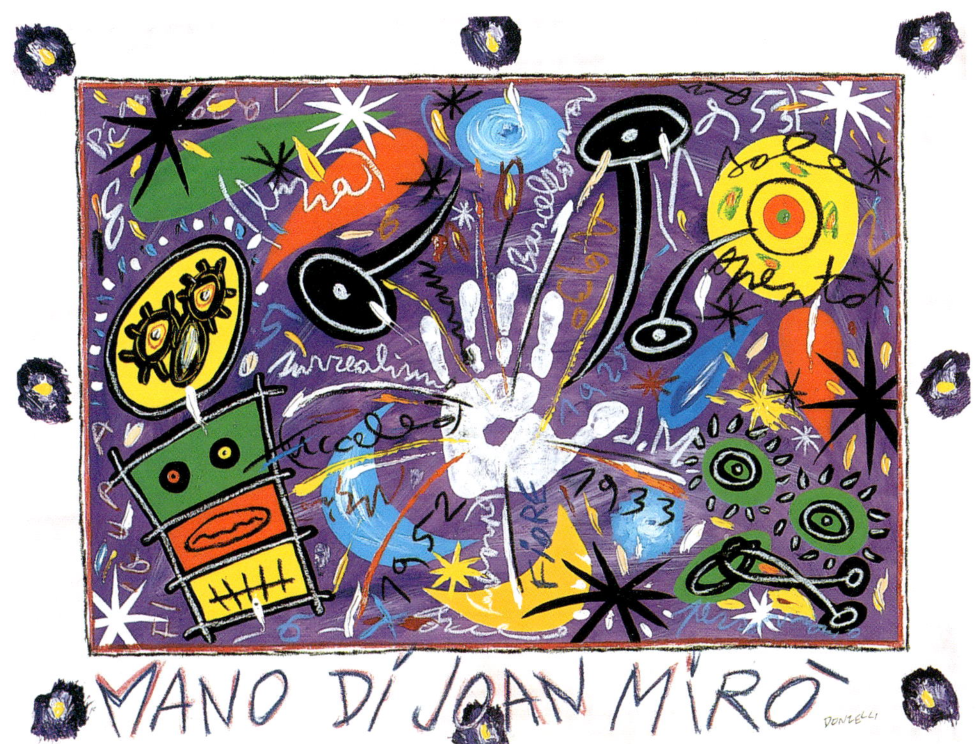

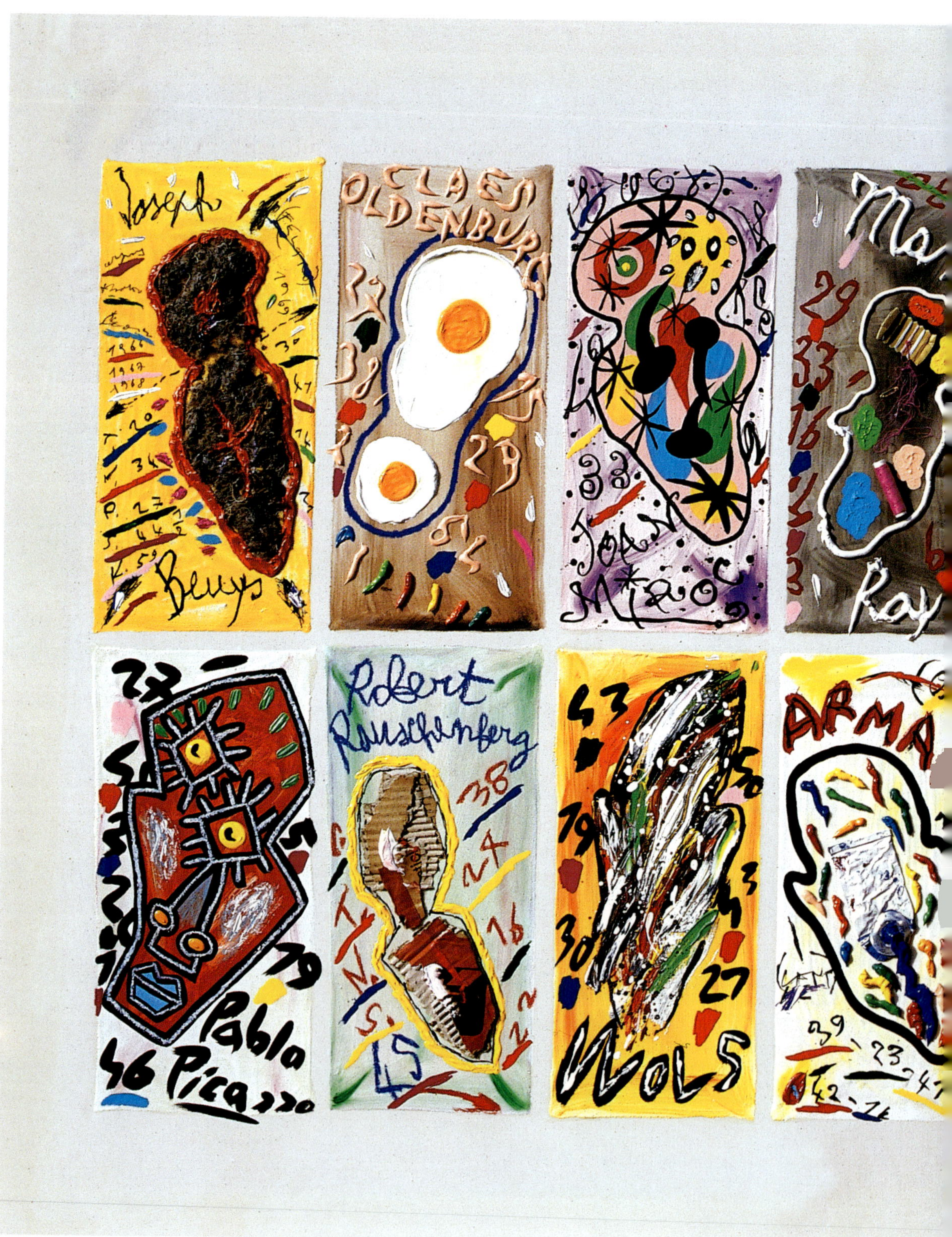

Ormare, 1997
Tecnica mista su tela /
Mixed media on canvas,
120 x 200 cm

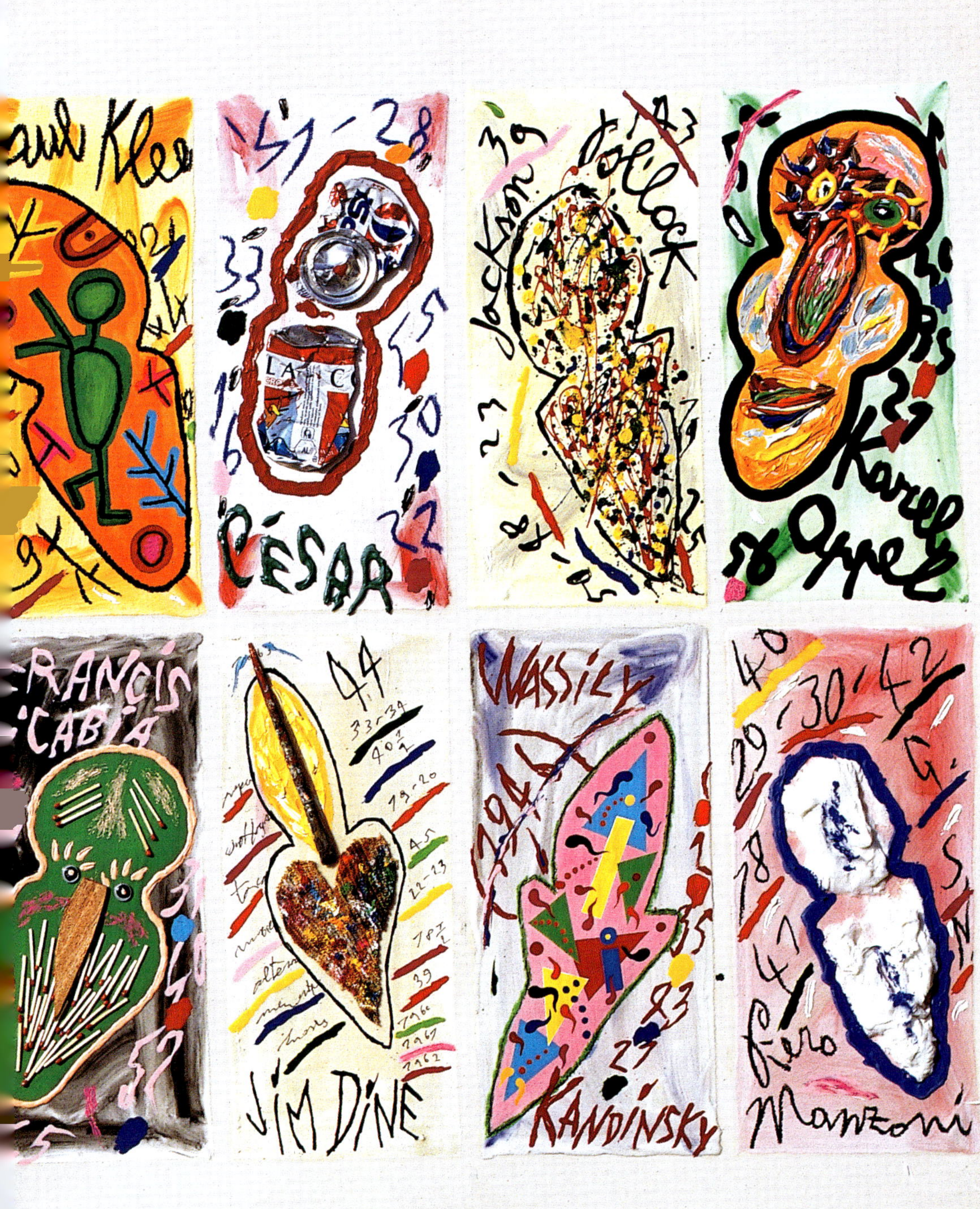
aul Klee
CÉSAR
Jackson
POLLOCK
Karel Appel
RANCIS
CABIA
JIM DINE
WASSILY
KANDINSKY
Piero
Manzoni
DONZELLI

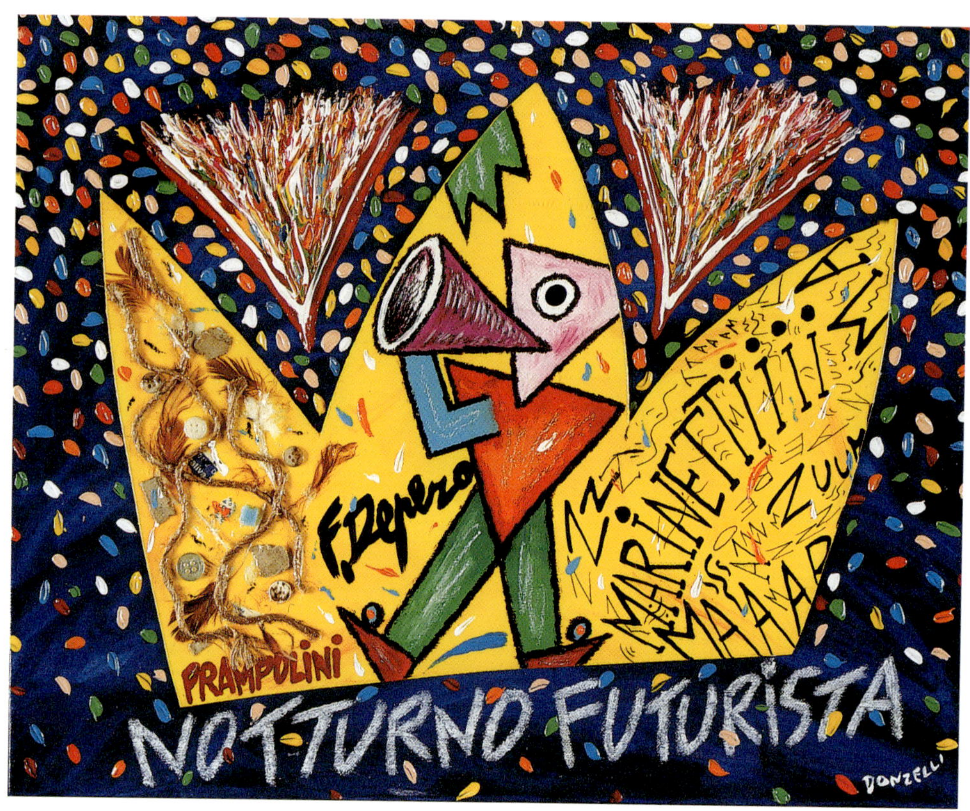

Notturno futurista, 1997
Tecnica mista su tela / Mixed
media on canvas, 40 x 50 cm

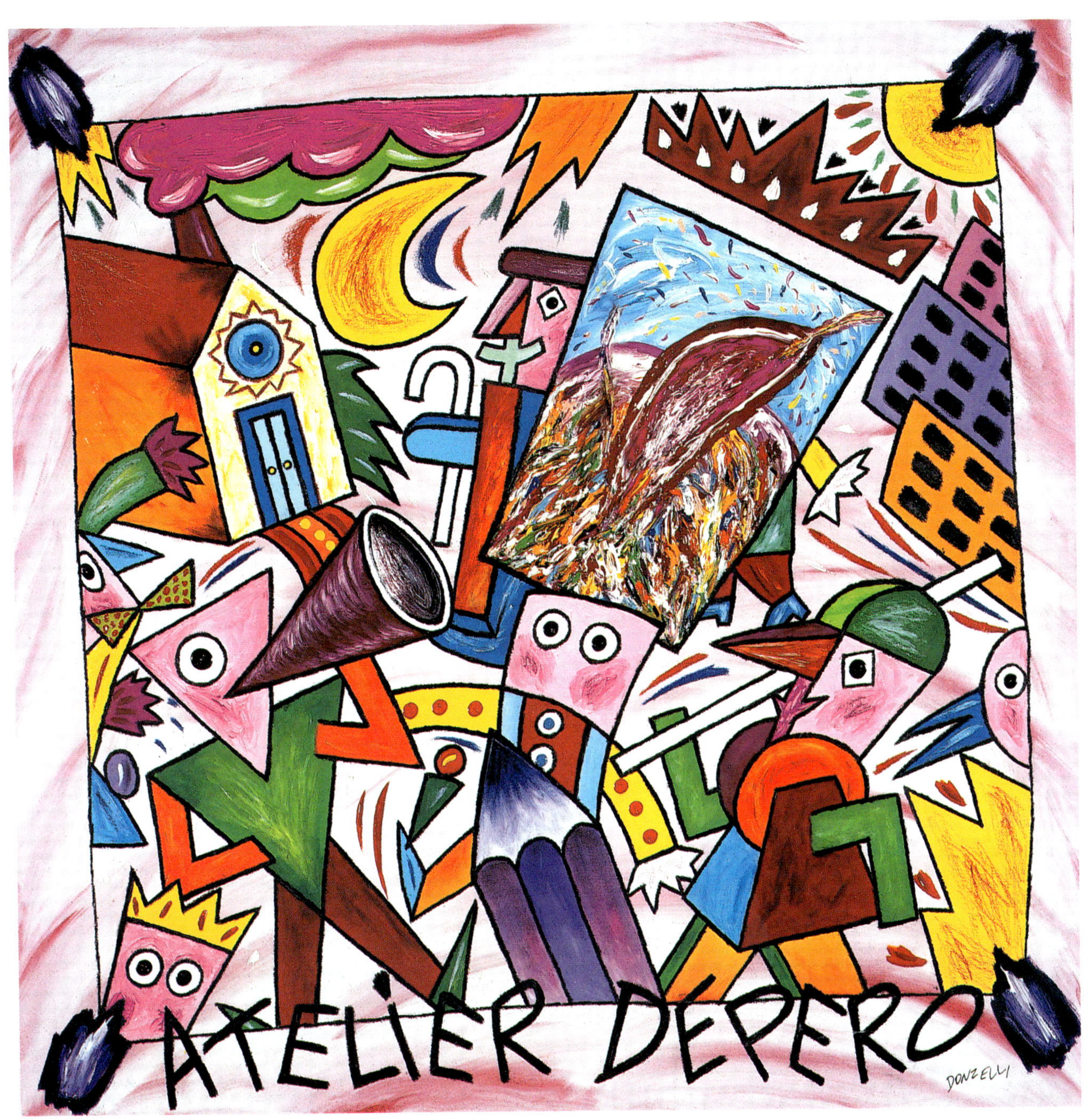

Atelier Depero, 1997
Tecnica mista su tela /
Mixed media on canvas,
100 x 100 cm

Specchio futurista, 1997
Tecnica mista su tela / Mixed
media on canvas, 90 x 100 cm

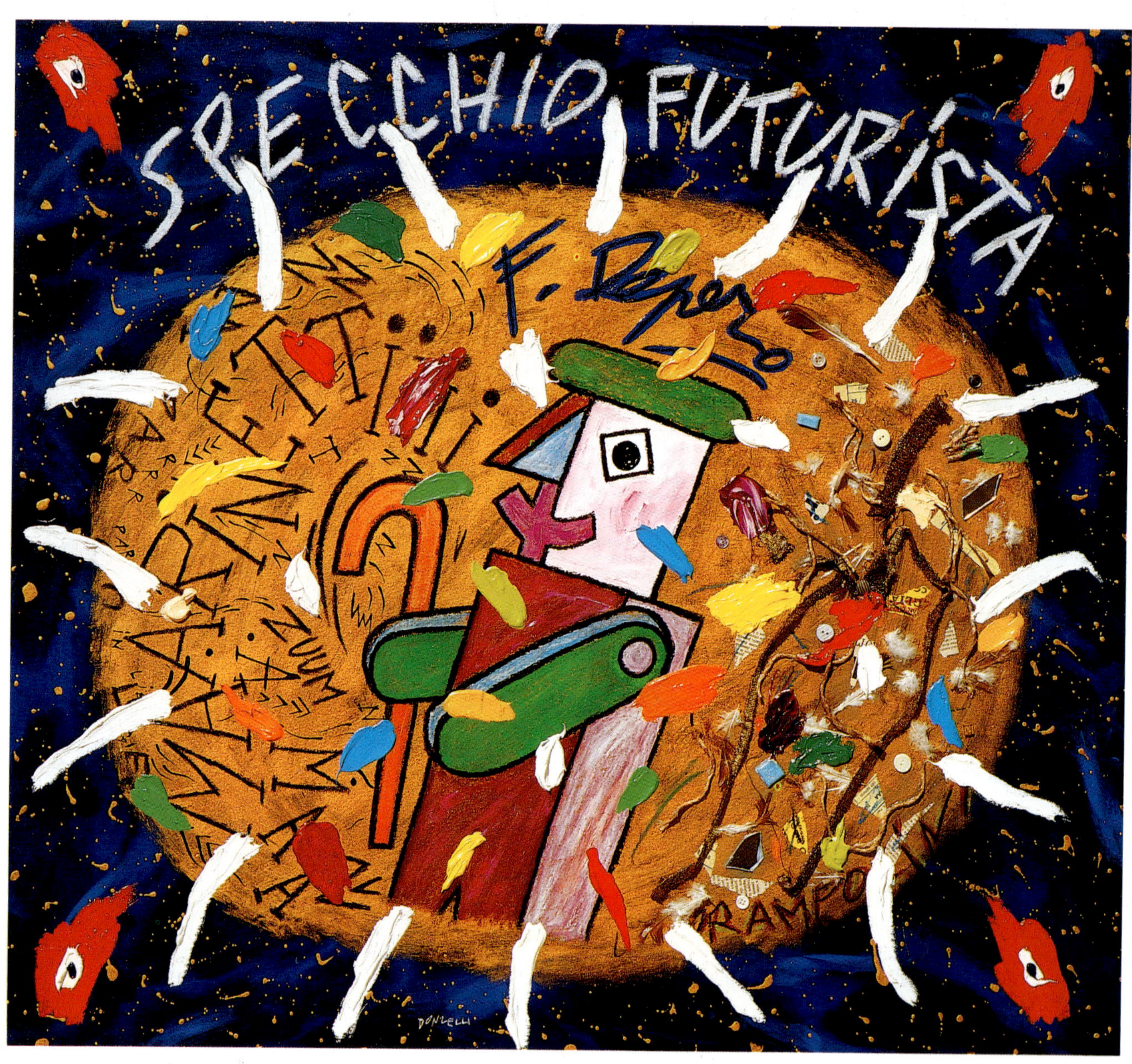

Identikit, 1997
Tecnica mista su tela / Mixed
media on canvas, 80 x 40 cm

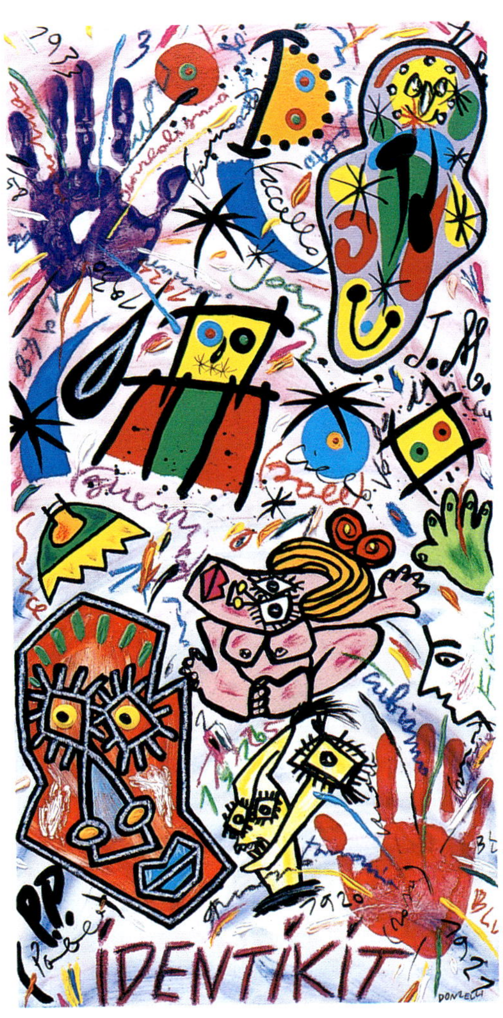

Colazione da César, 1997
Tecnica mista su tela / Mixed
media on canvas, 40 x 80 cm

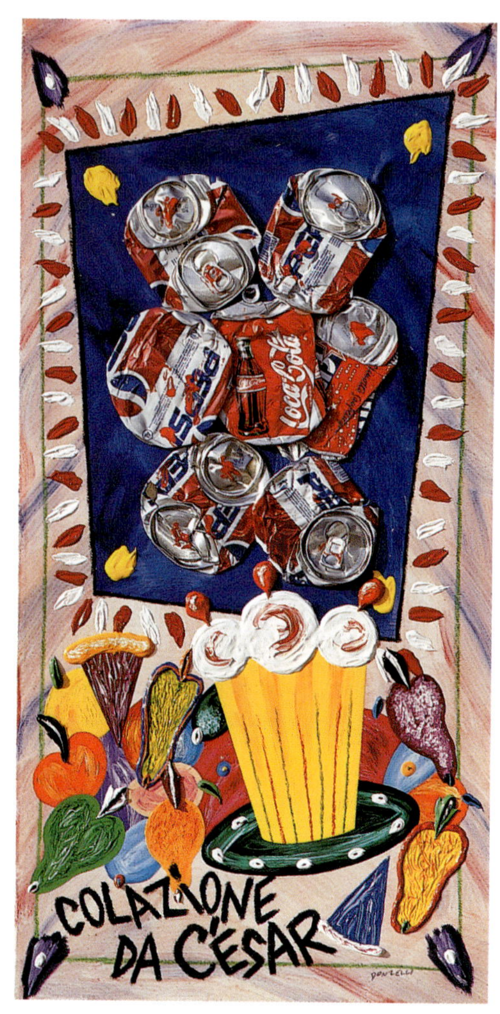

COLAZIONE
DA CÉSAR

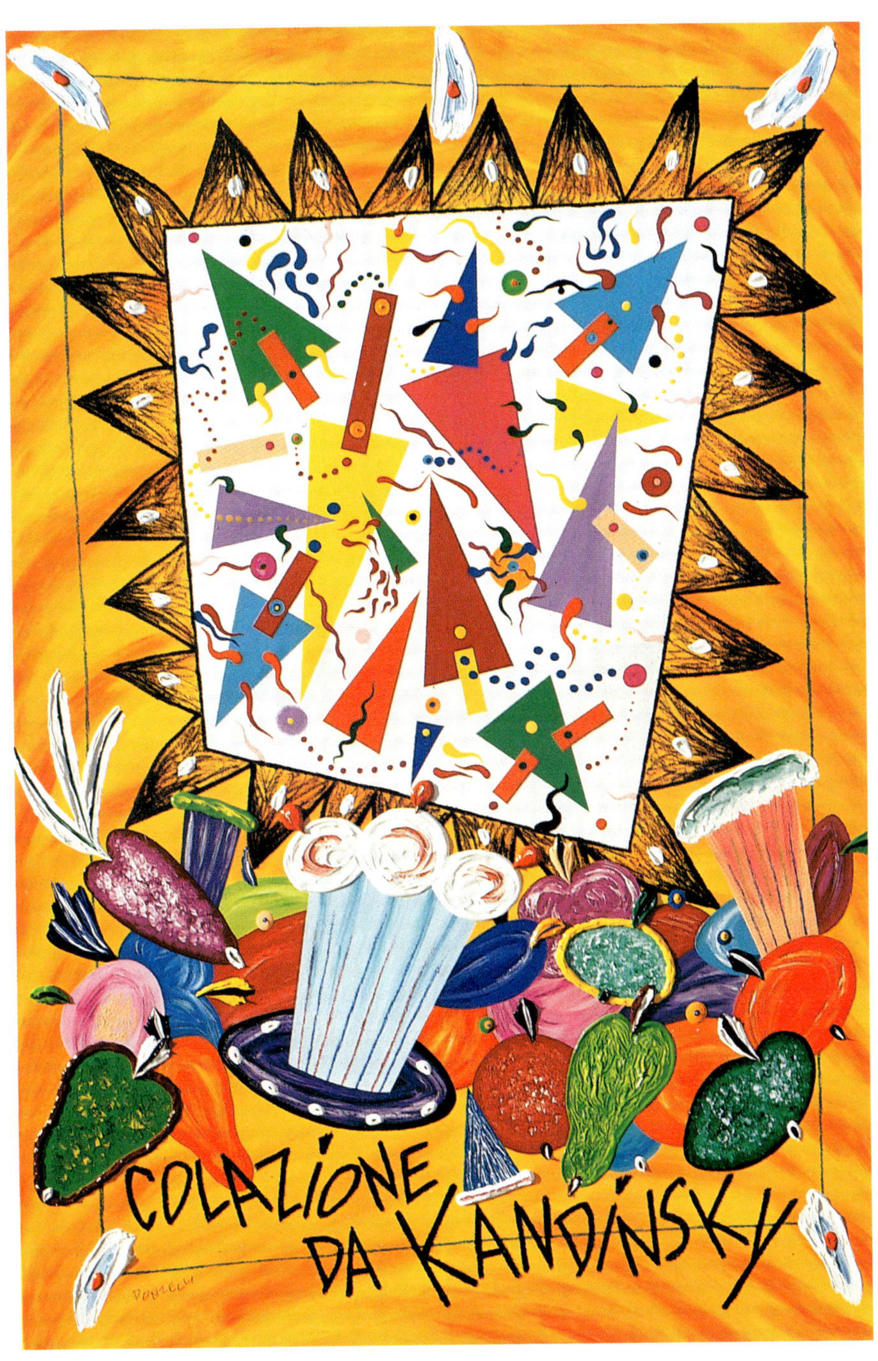

Colazione da Kandinsky, 1997
Tecnica mista su tela / Mixed
media on canvas, 120 x 80 cm

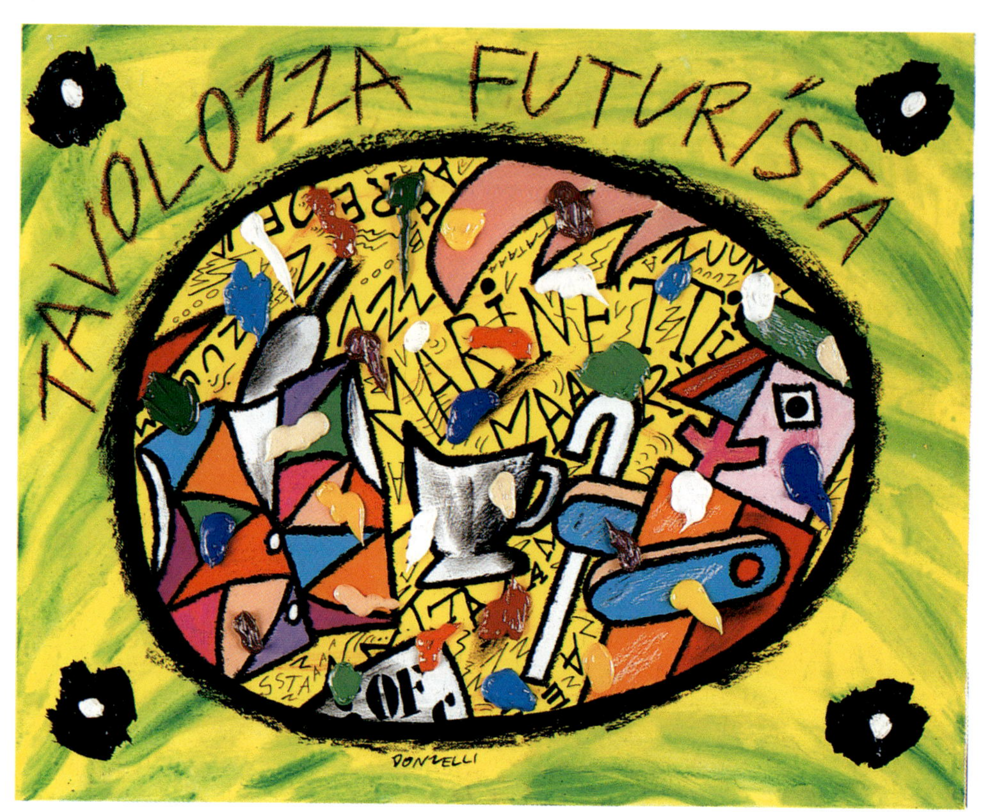

Tavolozza futurista, 1997
Tecnica mista su tela / Mixed
media on canvas, 40 x 50 cm

Nello specchio di de Chirico,
1998
Tecnica mista su tela /
Mixed media on canvas,
120 x 120 cm

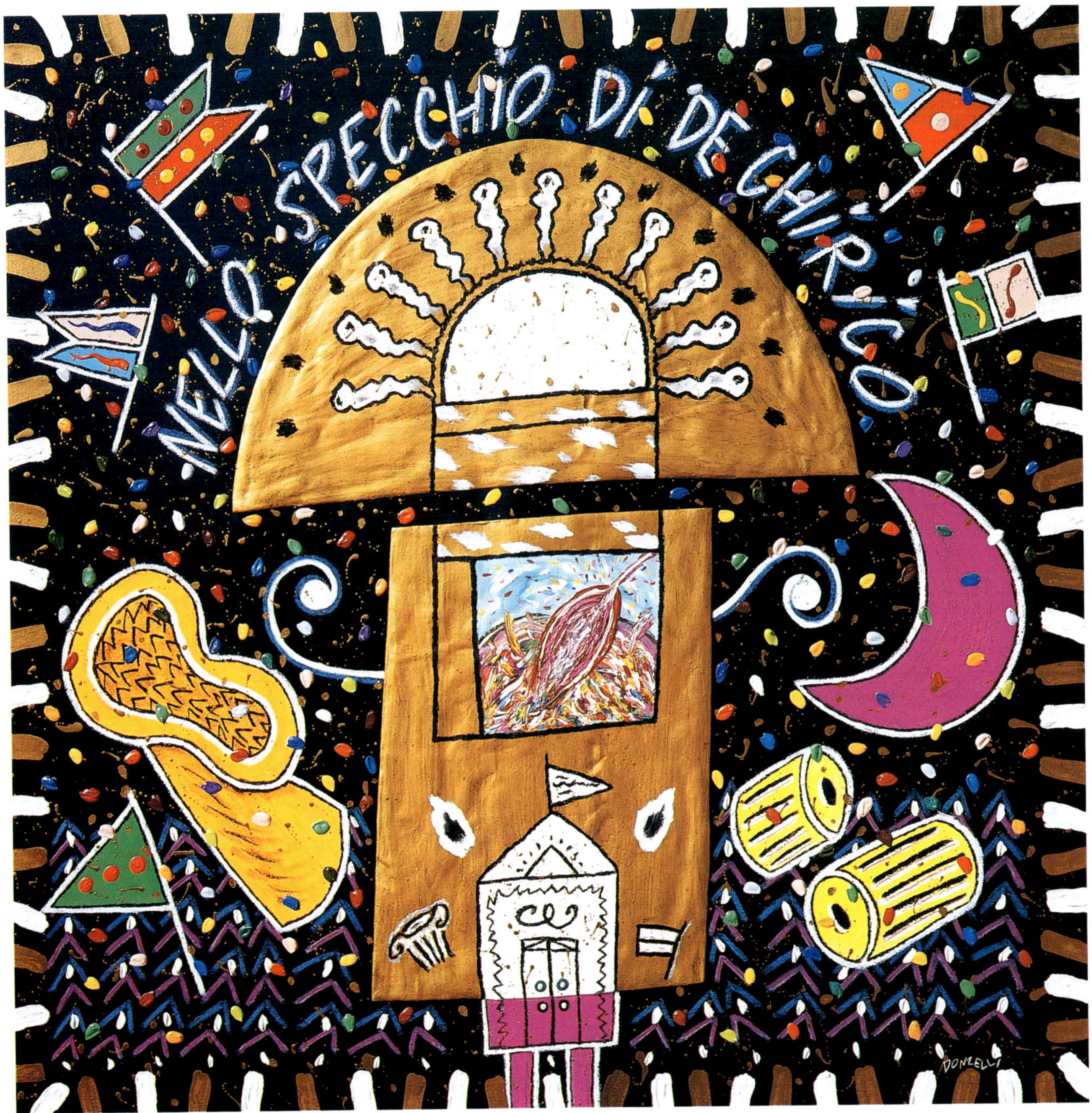

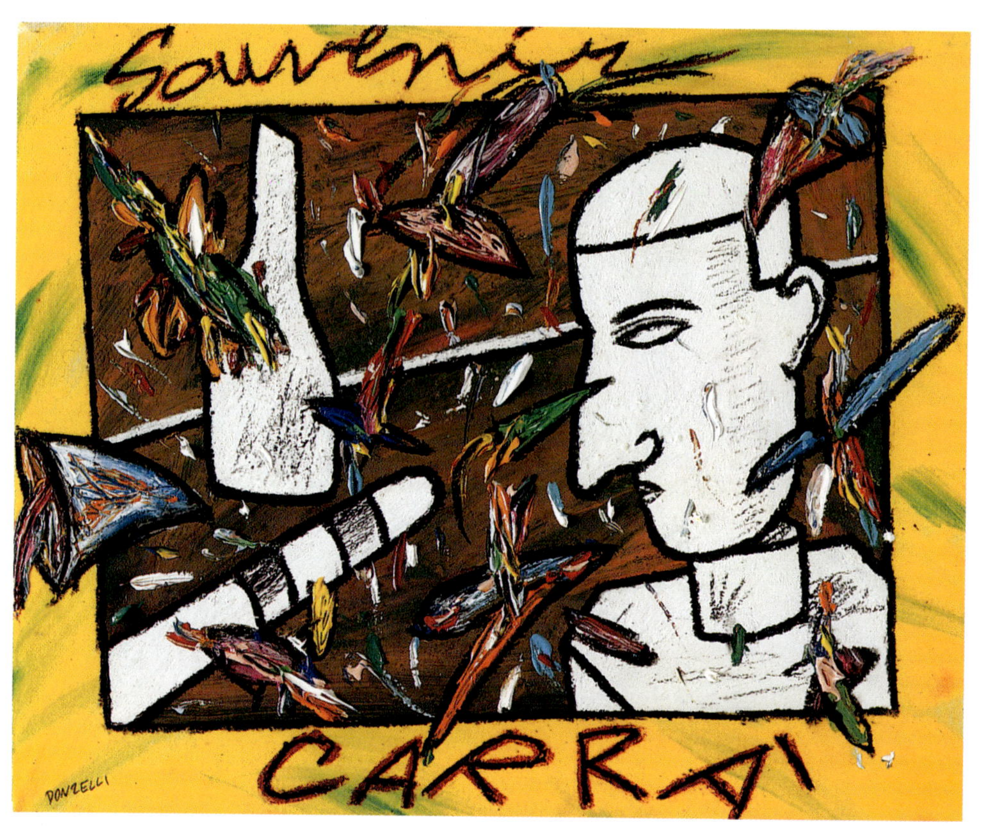

Souvenir Carrà, 1998
Tecnica mista su tela / Mixed
media on canvas, 40 x 50 cm

Matisse a Marrakech, 1998
Tecnica mista su tela / Mixed
media on canvas, 100 x 90 cm

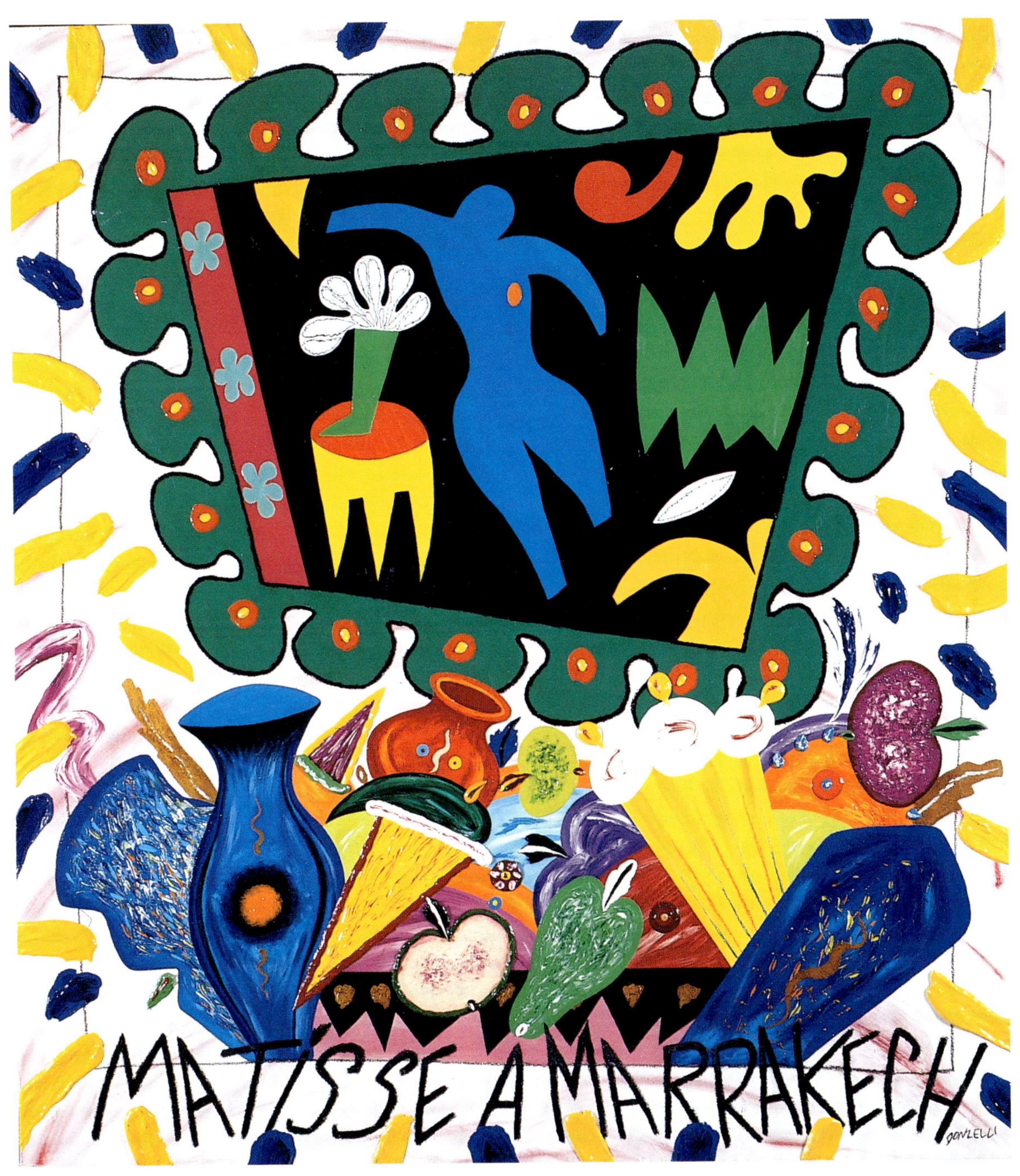

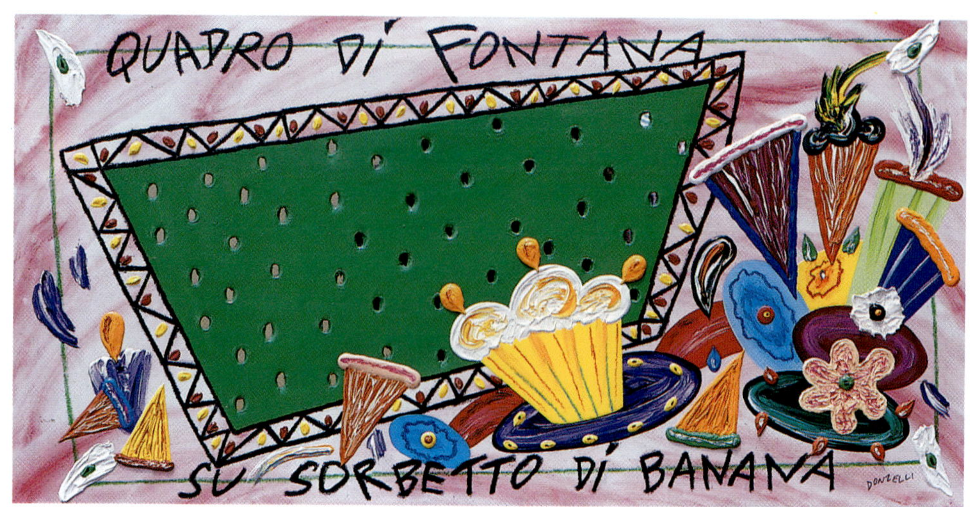

Quadro di Fontana su sorbetto di banana, 1998
Tecnica mista su tela / Mixed media on canvas, 40 x 80 cm

Colazione da Pablo, 1998
Tecnica mista su tela / Mixed
media on canvas, 100 x 90 cm

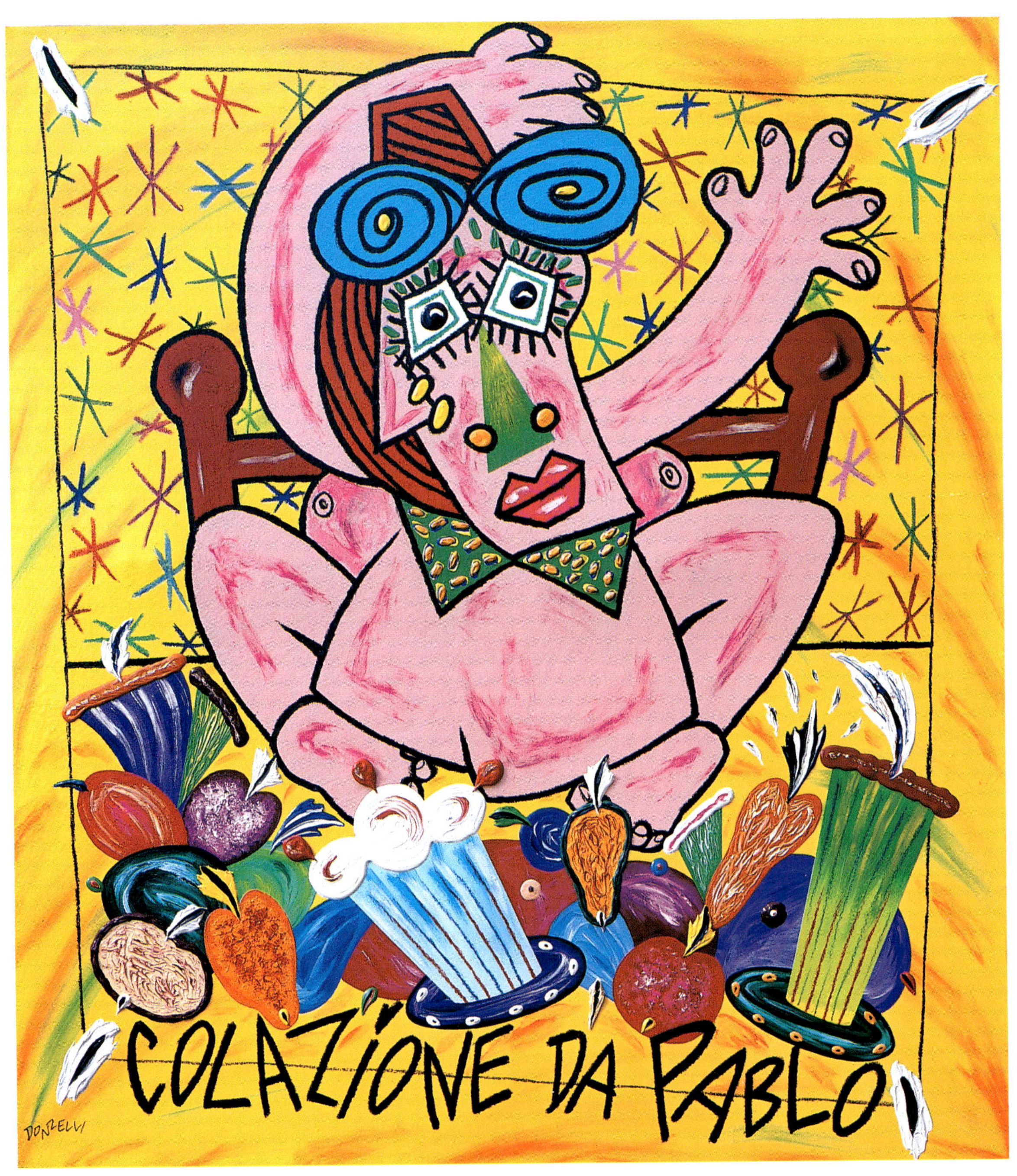

COLAZIONE DA PABLO
DONZELLI

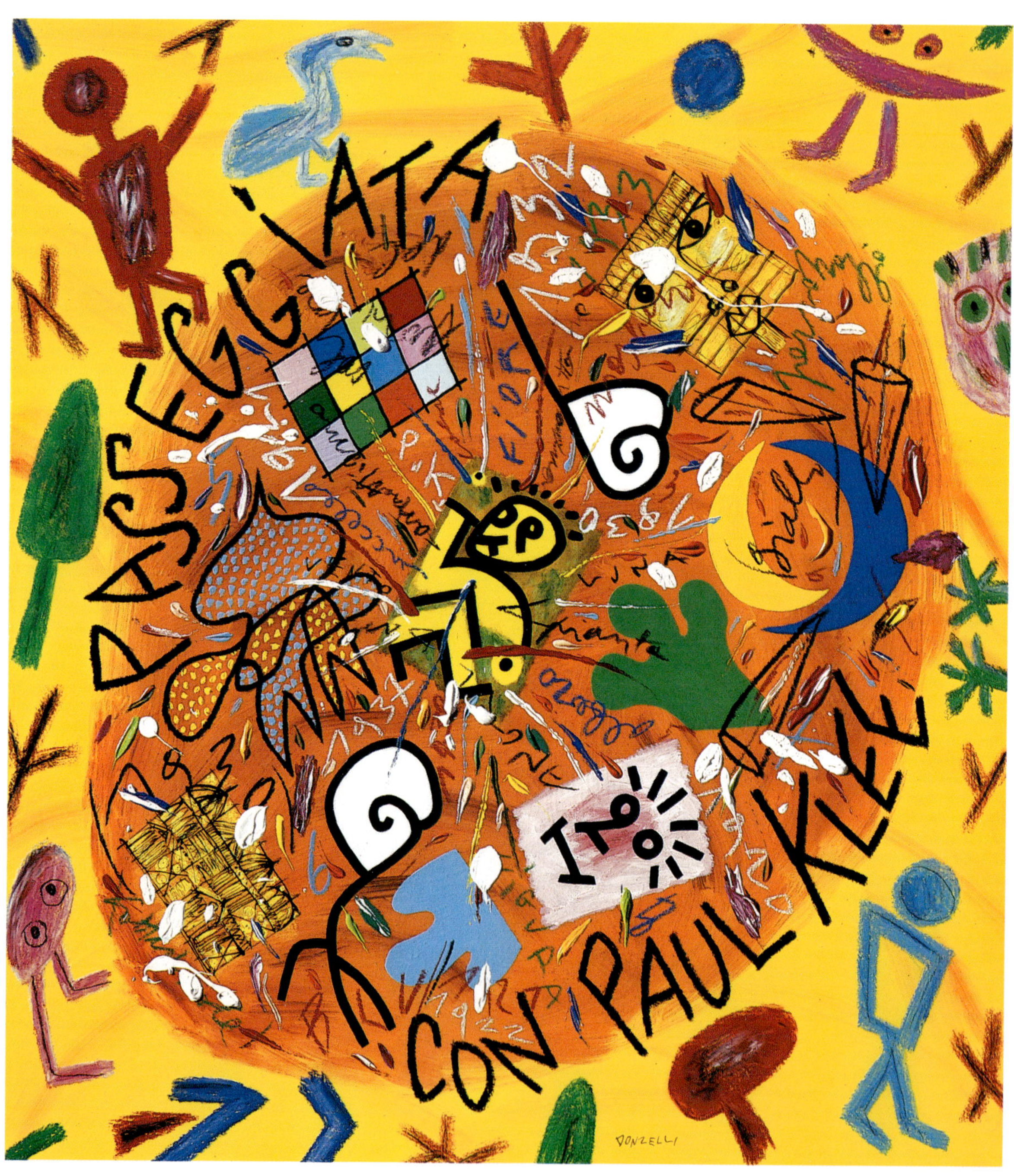

Passeggiata con Paul Klee,
1998
Tecnica mista su tela / Mixed
media on canvas, 100 x 90 cm

Ormare, 1998
Tecnica mista su tela / Mixed
media on canvas, 40 x 50 cm

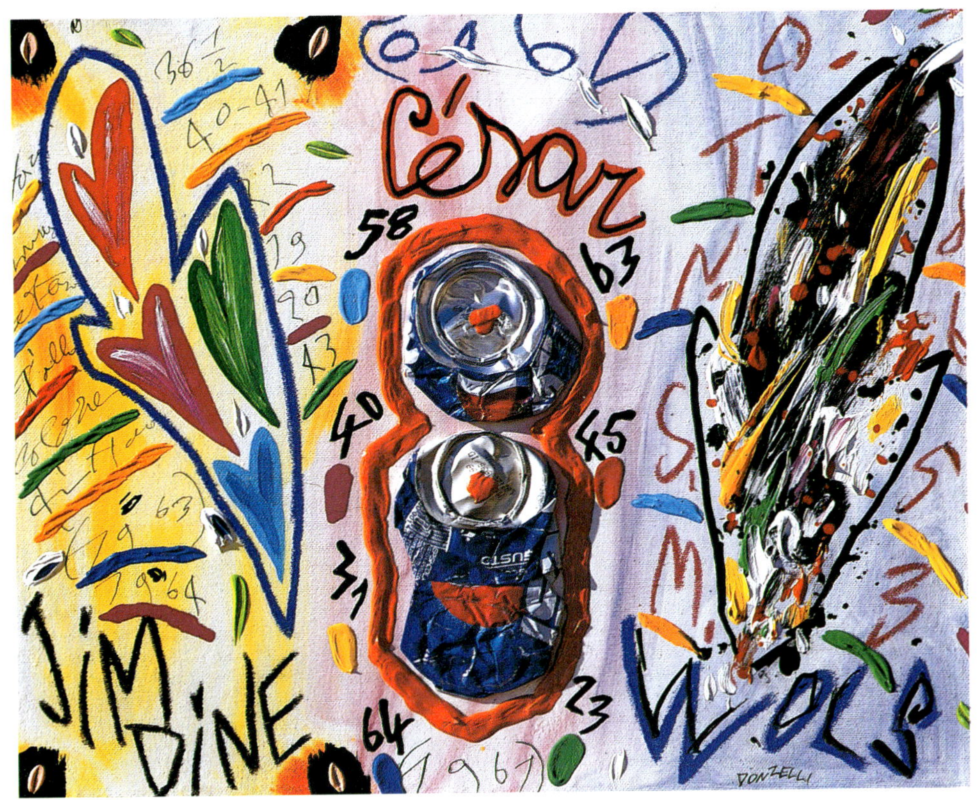

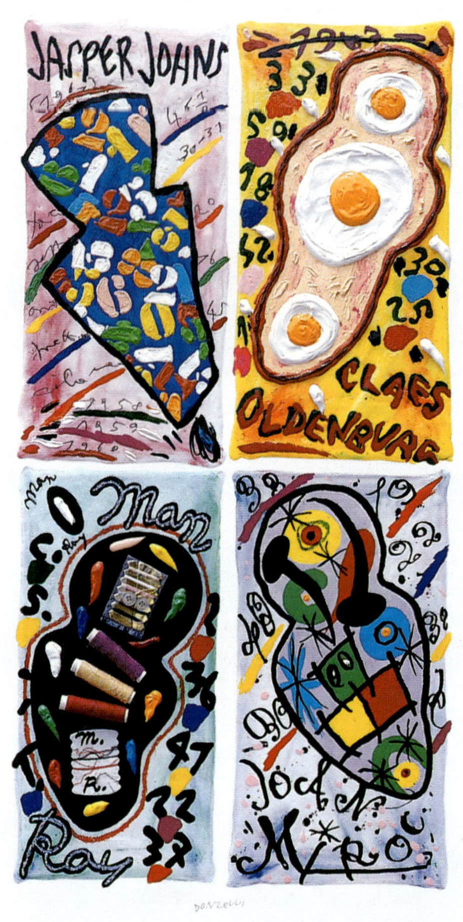

Ormare, 1998
Tecnica mista su tela / Mixed
media on canvas, 80 x 40 cm

Ormare: Arman, 1999
Tecnica mista su tela /
Mixed media on canvas,
100 x 100 cm

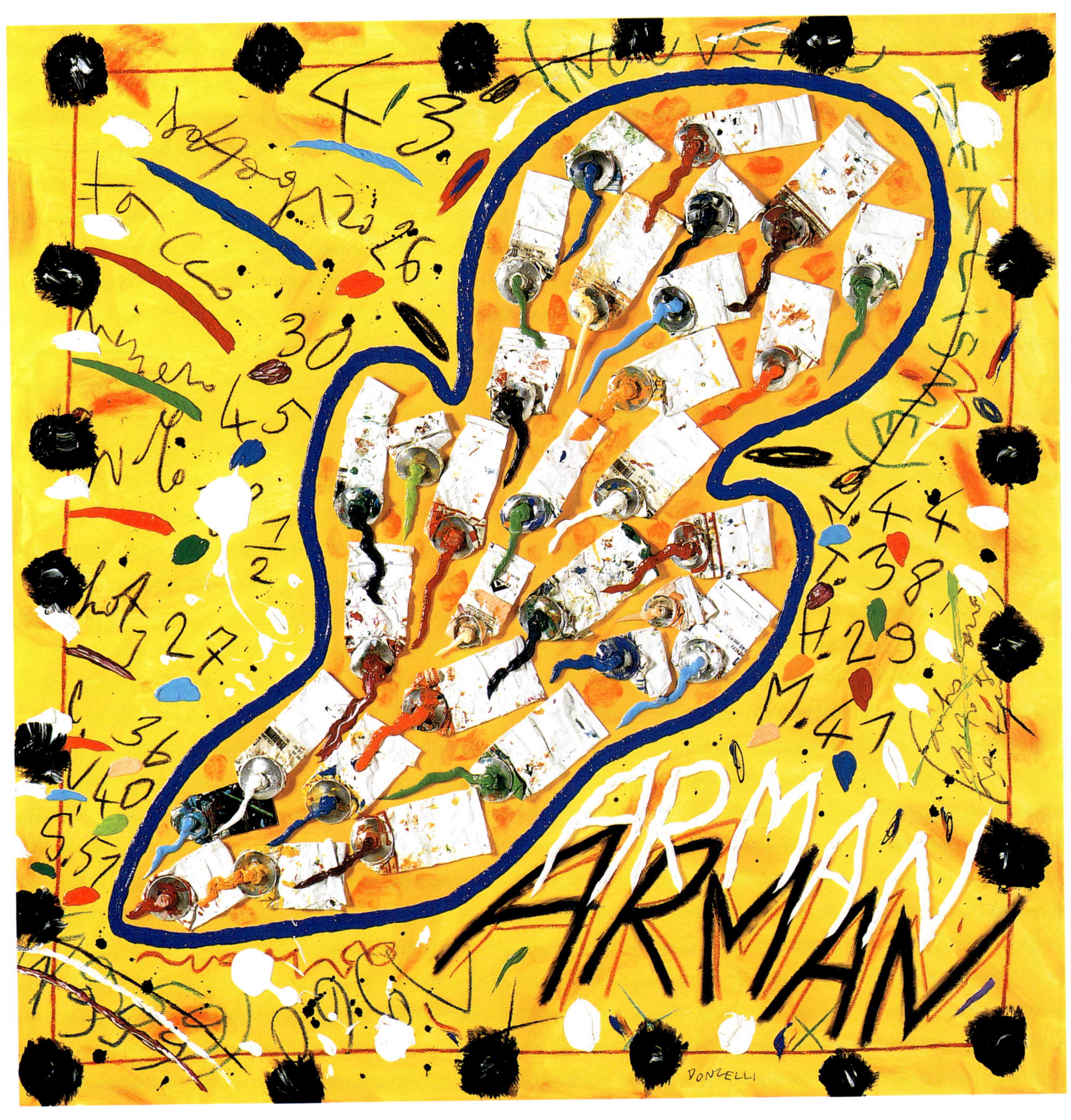

Matisse a Marrakech, 1999
Tecnica mista su tela / mixed
media on canvas, 50 x 70 cm

124

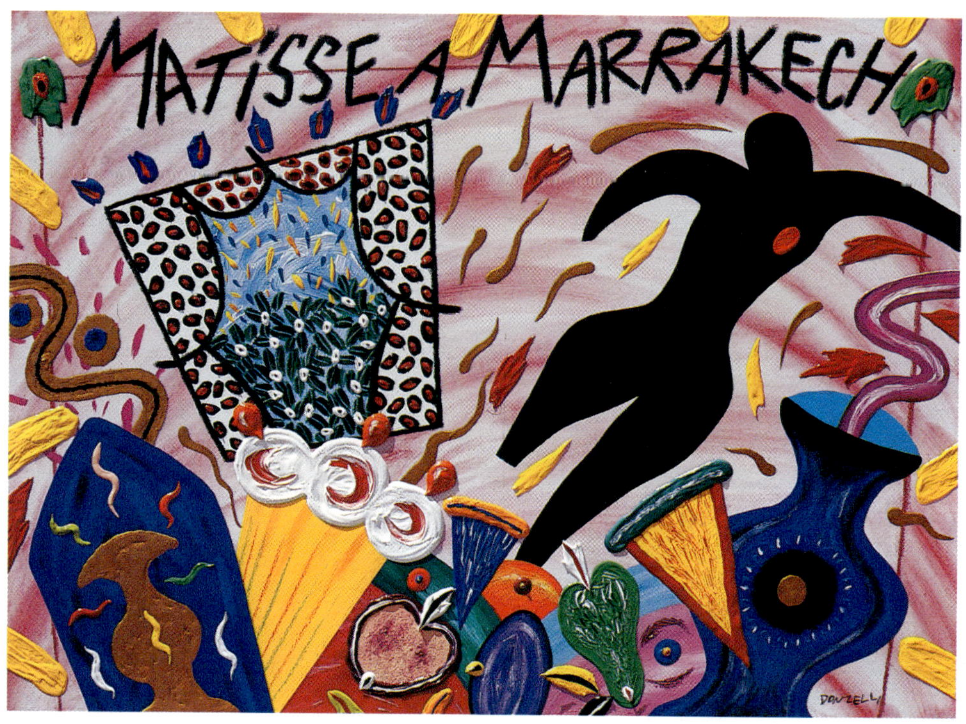

*Interno di Depero con natura
morta dal vero*, 1999
Tecnica mista su tela /
mixed media on canvas,
100 x 100 cm

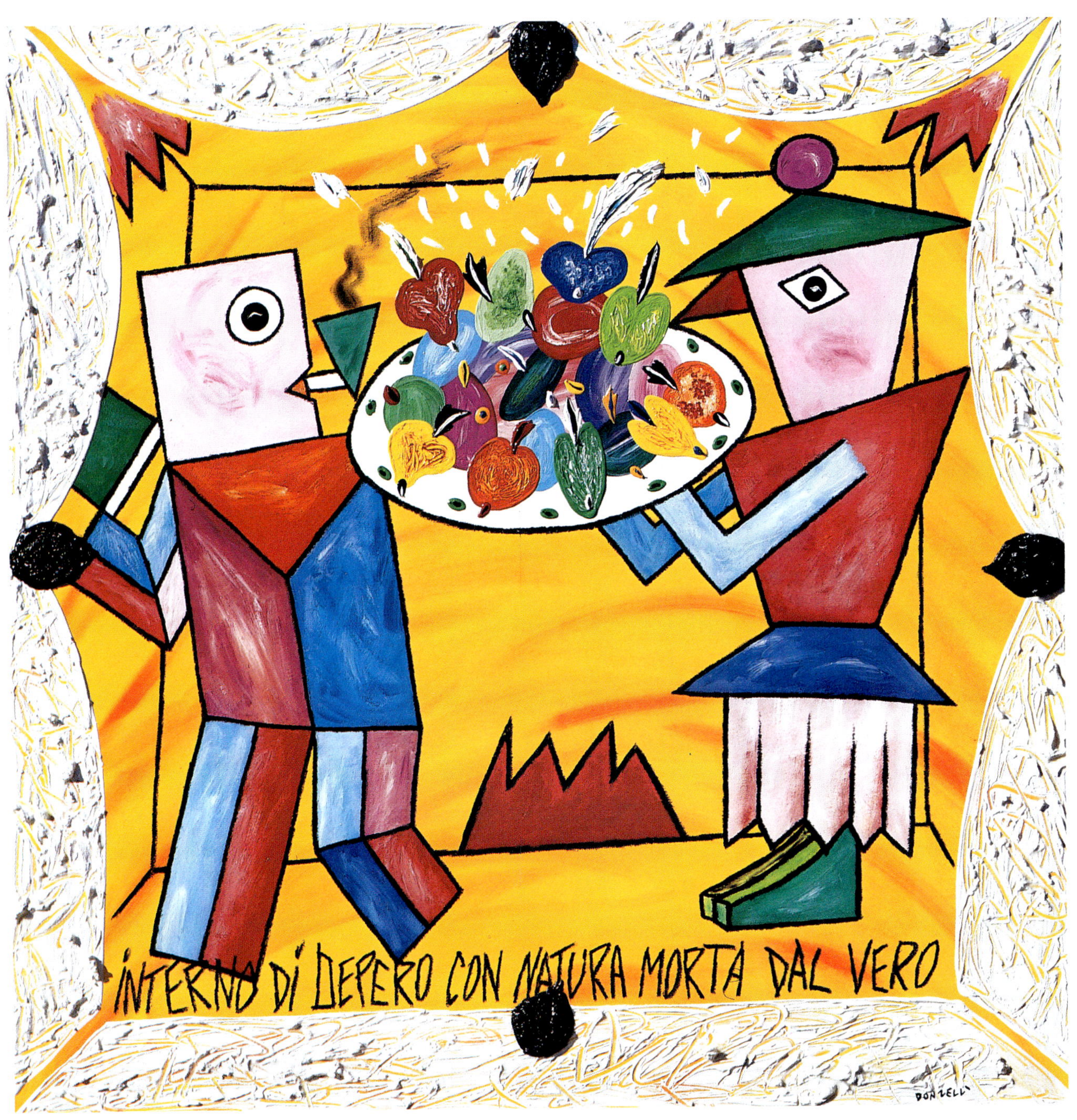

Depero e Marinetti con
sorbetti, 1999
Tecnica mista su tela / Mixed
media on canvas, 70 x 30 cm

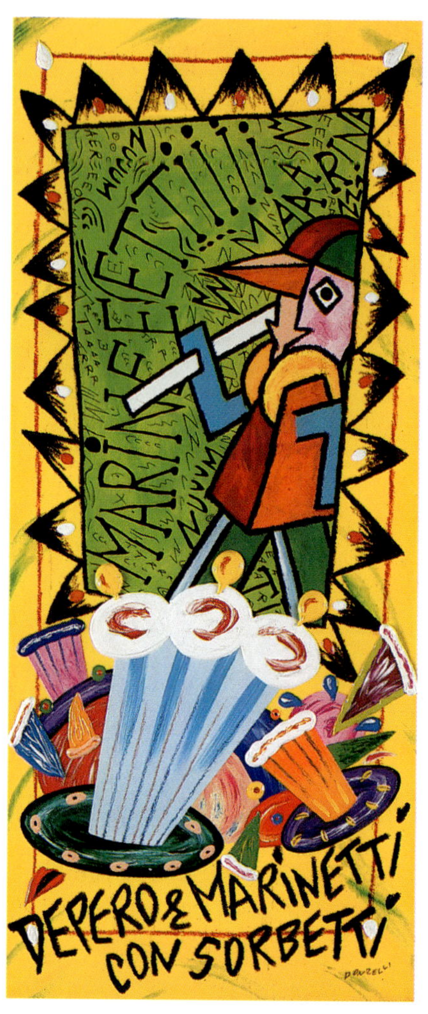

MARINEETTIIIII MAAR
DEPERO & MARINETTI
CON SORBETTI

Tavolozza Jim Dine, 1999
Tecnica mista su tela /
mixed media on canvas,
100 x 100 cm

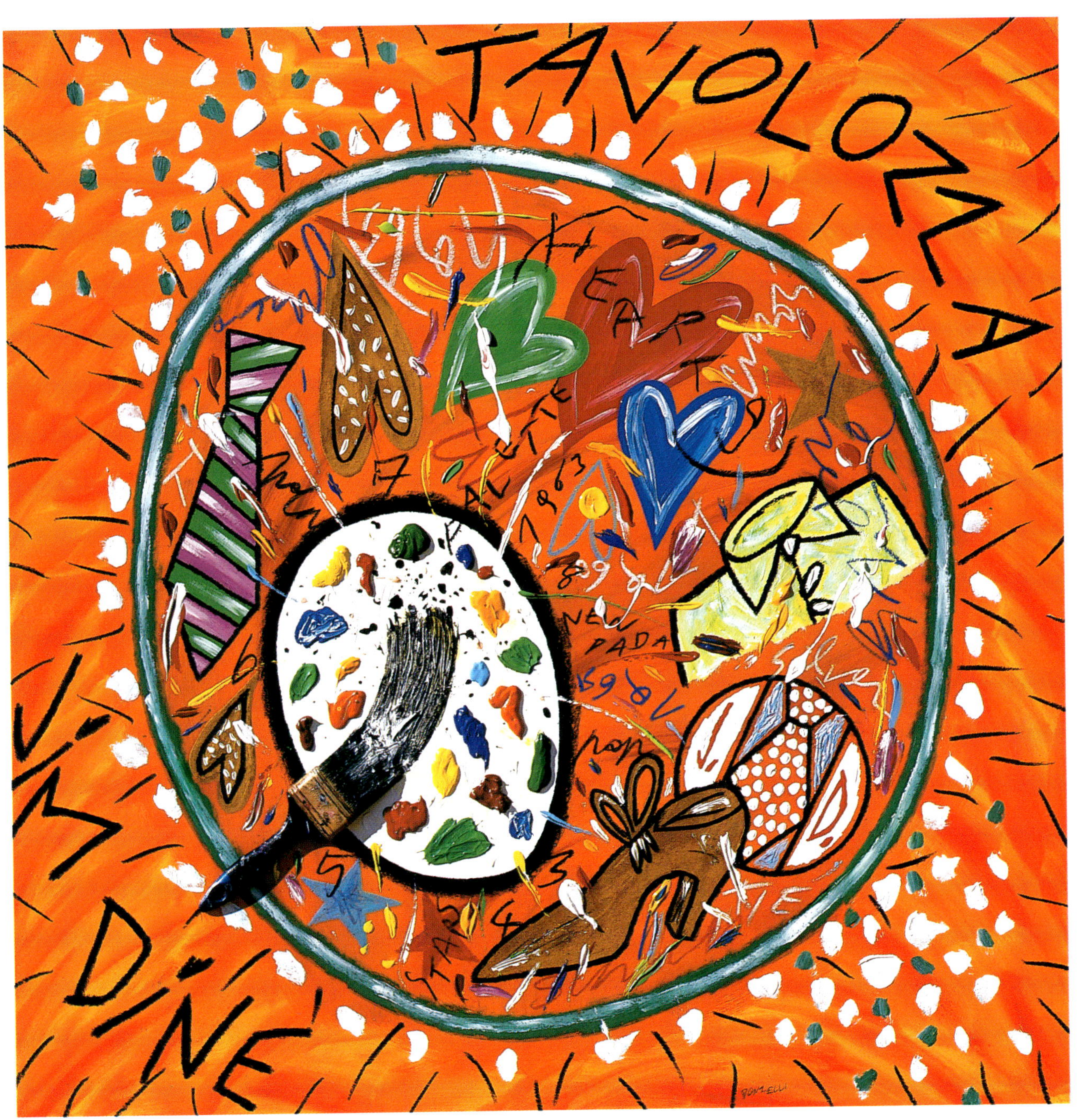

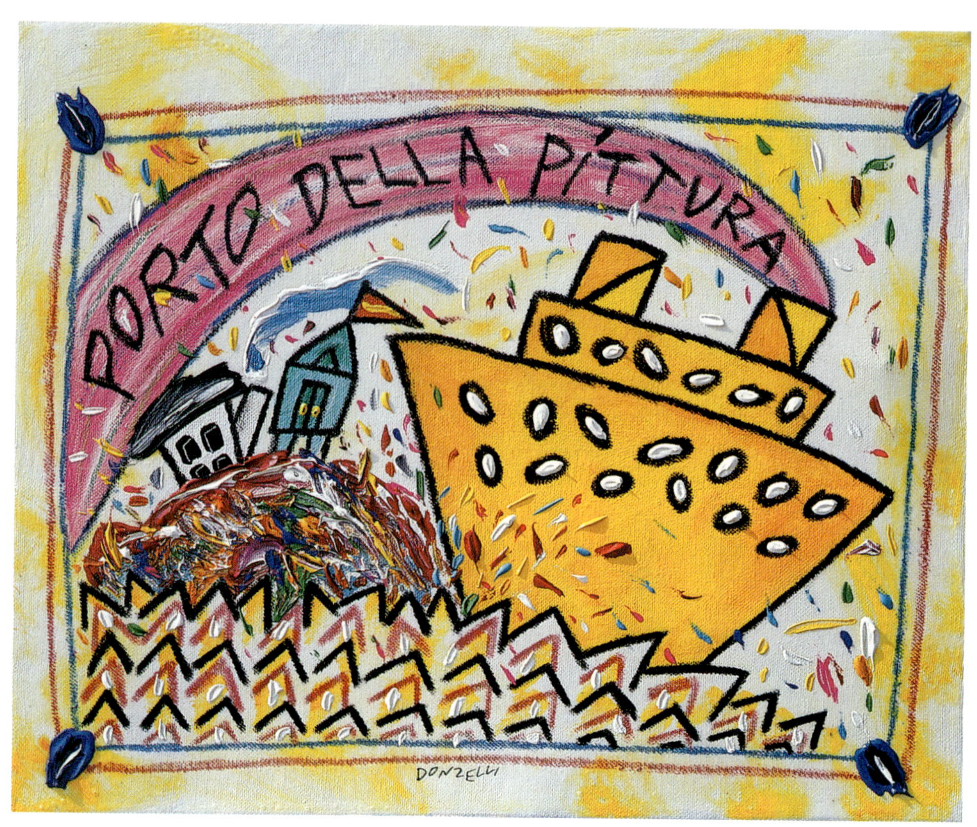

Porto della pittura, 1999
Tecnica mista su tela / Mixed
media on canvas, 40 x 50 cm

Saluti da Sironi, 1999
Tecnica mista su tela / mixed
media on canvas, 100 x 90 cm

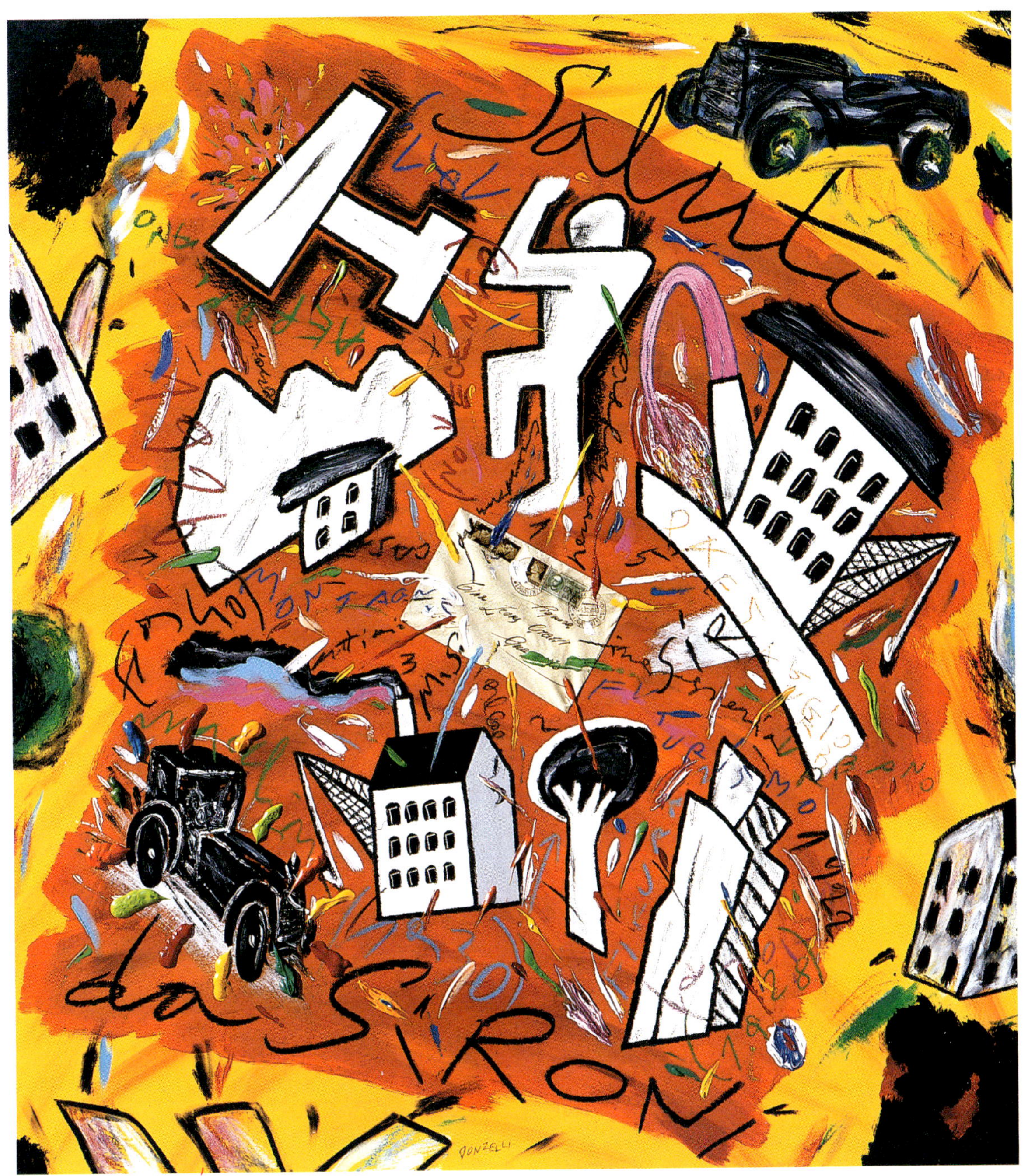

Menù Mirò, 1999
Tecnica mista su tela /
mixed media on canvas,
100 x 100 cm

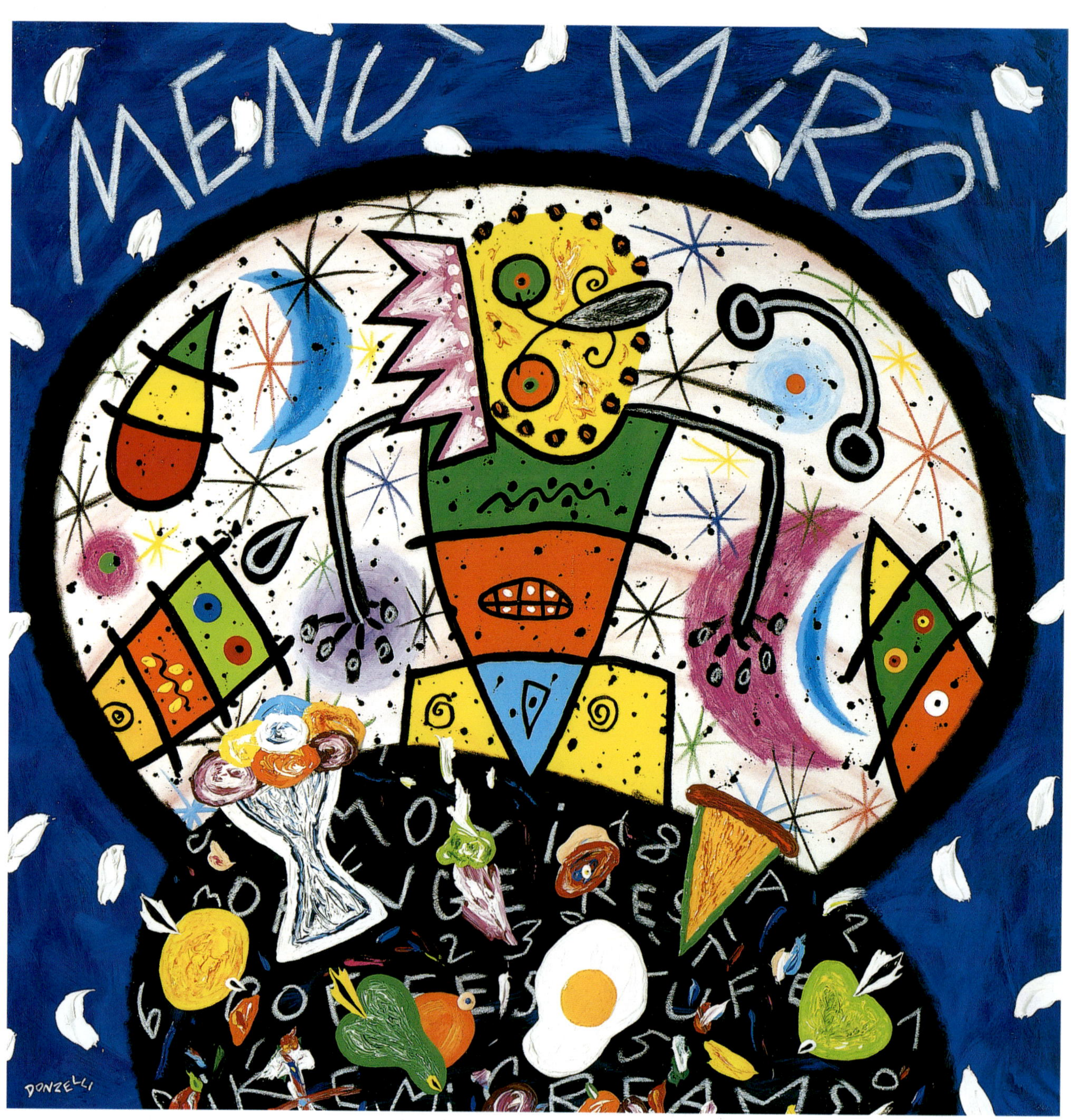

Chef Picasso, 1999
Tecnica mista su tela / mixed
media on canvas, 90 x 100 cm

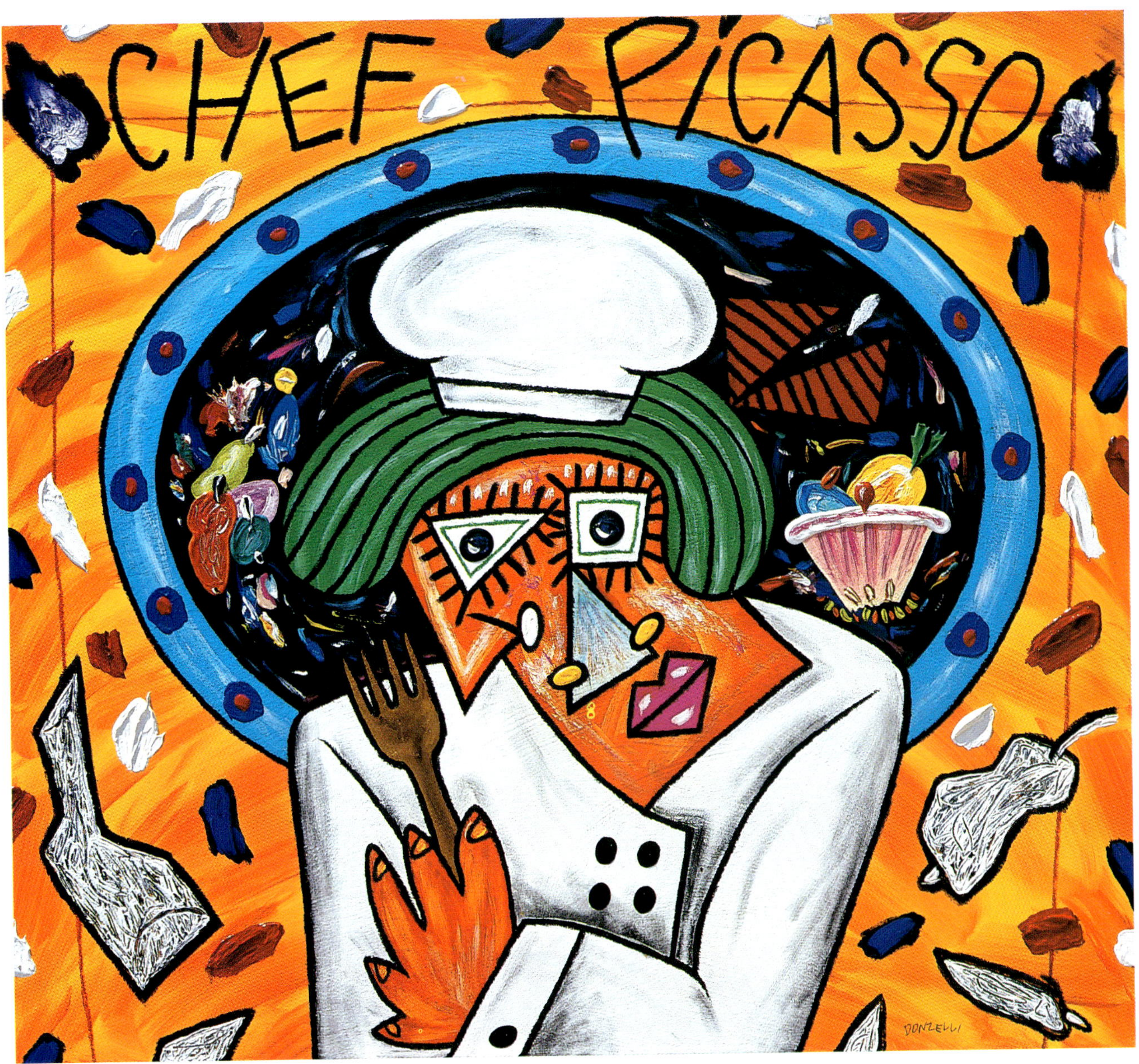

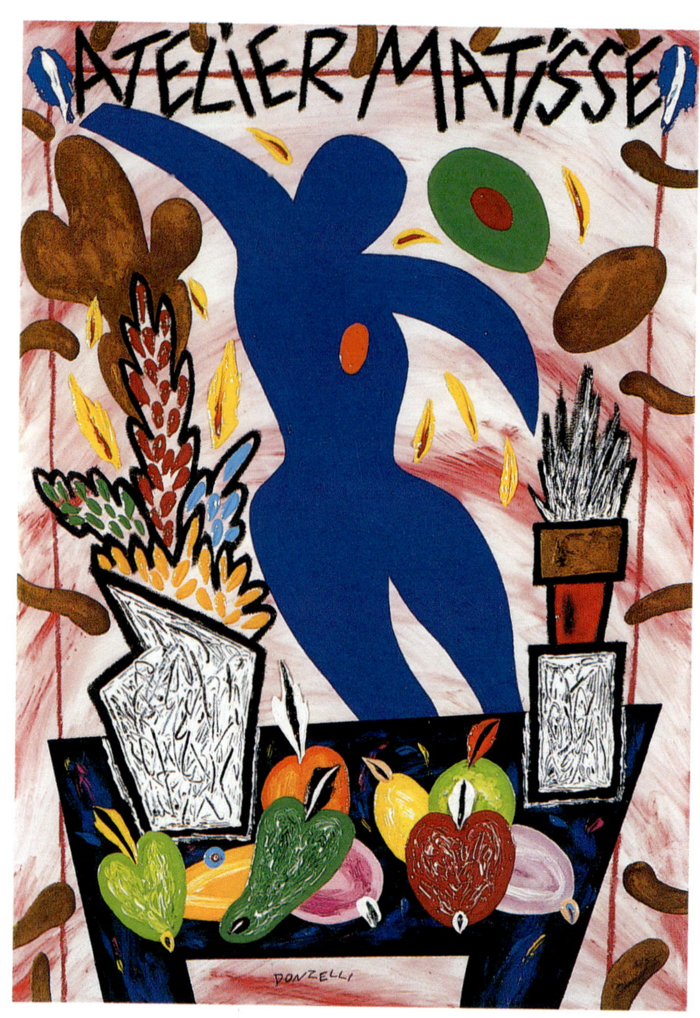

Atelier Matisse, 1999
Tecnica mista su tela / mixed
media on canvas, 70 x 50 cm

Menù Mirò, 1999
Tecnica mista su tela / mixed
media on canvas, 100 x 90 cm

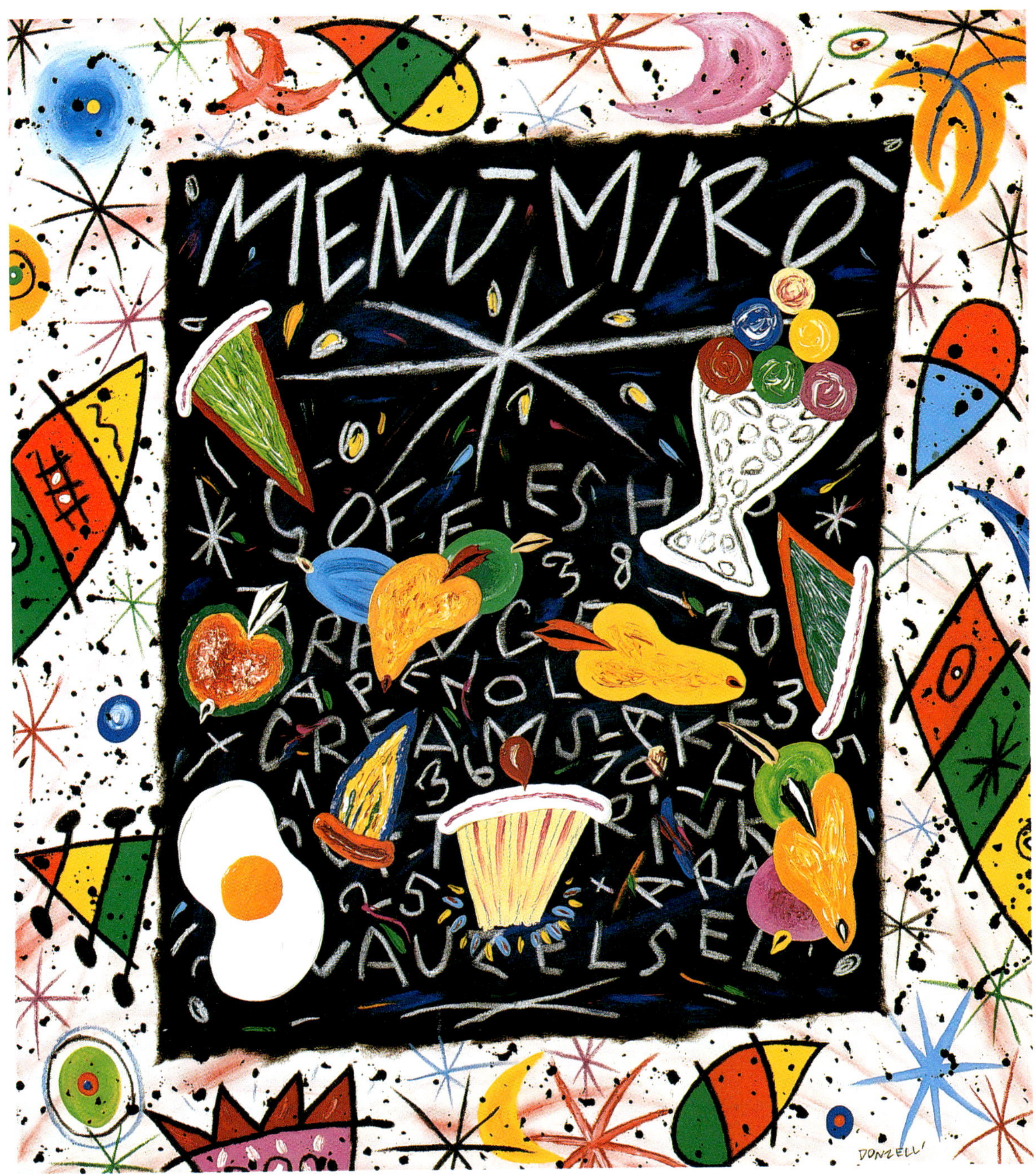

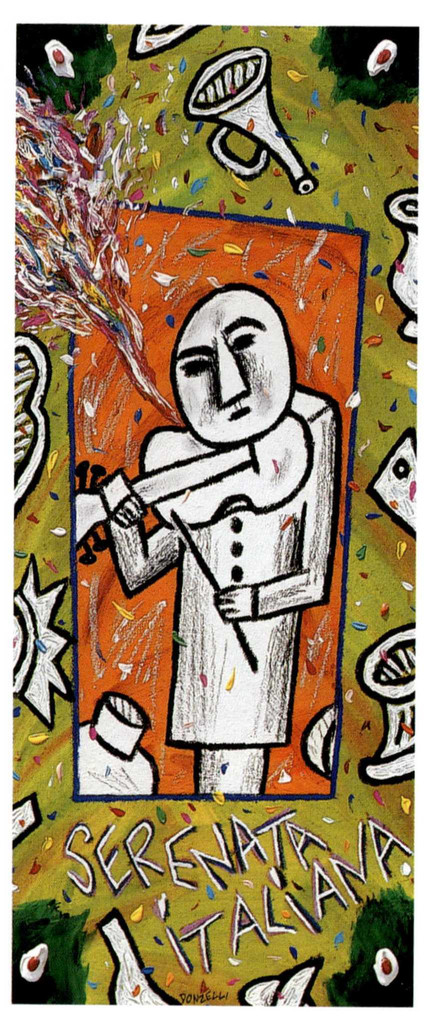

Serenata italiana, 1999
Tecnica mista su tela / mixed
media on canvas, 30 x 70 cm

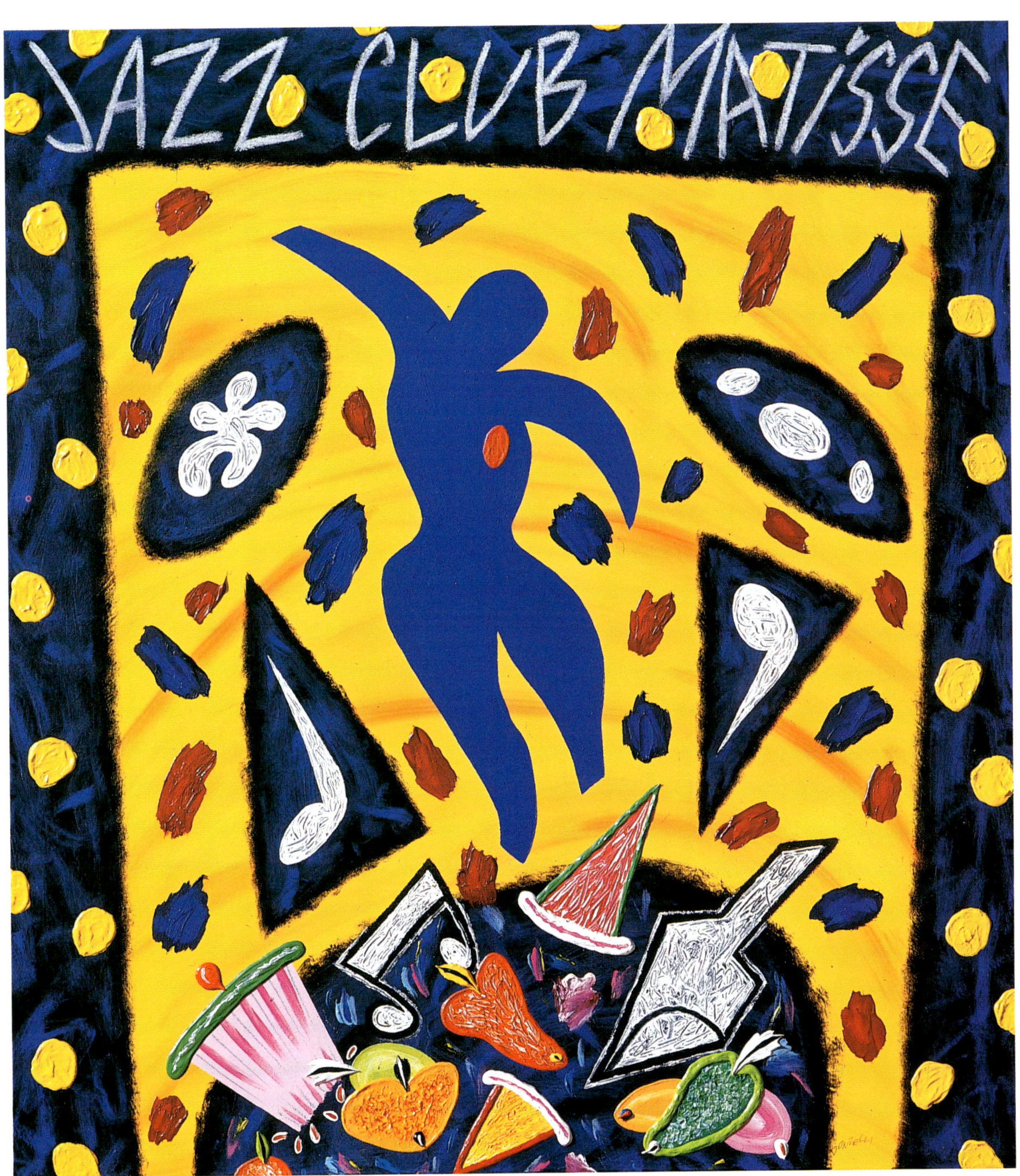

Jazz club Matisse, 1999
Tecnica mista su tela / Mixed
media on canvas, 100 x 90 cm

APPARATI / APPENDIX

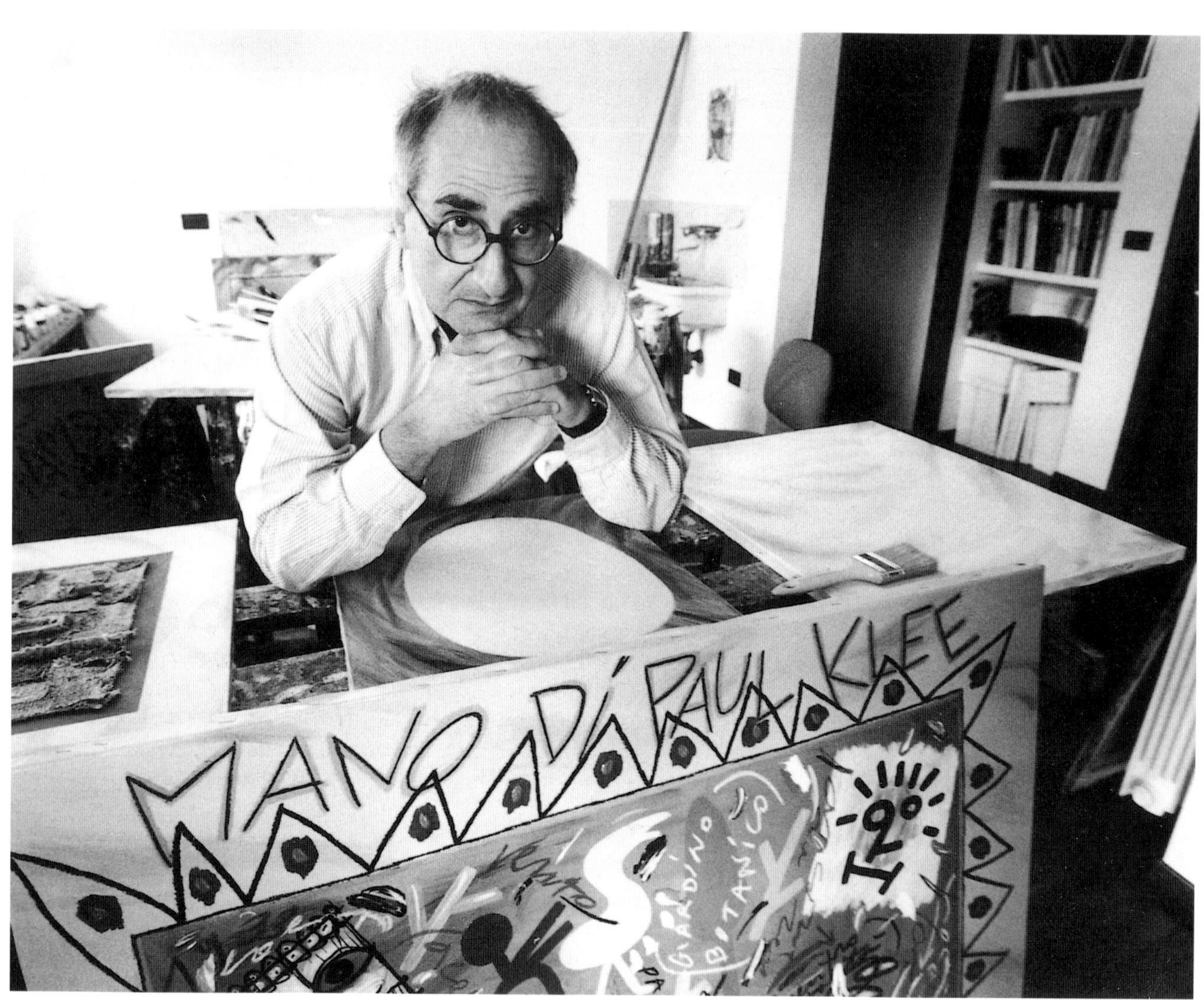
MANO DÁ PAUL KLEE
GIARDINO BOTANICO

Bruno Donzelli nasce a Napoli il 12 aprile 1941. Giovanissimo, appena ventunenne, tiene una mostra personale alla Galleria del Fiorino a Firenze nel 1962, dopo essere stato presente nel 1960 al Premio San Fedele a Milano, al Premio Termoli e nel 1962 al Premio indetto dal Ministero della Pubblica Istruzione e tenutosi alla Galleria Nazionale d'Arte Moderna di Roma. Del 1963 è la personale alla Galleria Centro Arte di Genova e l'invito al Premio Spoleto, al Premio Marche ad Ancona, nonché al Premio Michetti. Nel 1964 tiene diverse mostre personali, a Bologna alla Galleria 2000, a Napoli alla Galleria Il Centro e alla Galleria Il Paladino di Palermo. Le opere realizzate dall'artista a metà degli anni Sessanta risentono del clima animato dalle novità introdotte dalla Pop Art, di una densità ironica, con impianti che recuperano il senso discorsivo del fumetto. Sono queste le opere che espone nel 1965 sia nella mostra *La critica e la giovane pittura italiana*, tenutasi alla Galleria Ferrari di Verona, sia nella rassegna *Neapel '65*, organizzata a Berlino dalla Galleria Wirth. Nel 1966 è invitato da Enrico Crispolti alla mostra *8 Pittori Napoletani* organizzata alla Galleria Sebastiani di Milano, alla mostra *Le Dimensioni del linguaggio figurale oggi*, allestita a Napoli e alla rassegna *Aspetti del "ritorno alle cose stesse"* curata da Renato Barilli e tenutasi negli Antichi Arsenali di Amalfi. Nel 1967 tiene una personale alla Galleria L'Agrifoglio a Milano presentata in catalogo da Enrico Crispolti ed è invitato a Torino al Museo Sperimentale d'Arte Contemporanea. Sul finire degli anni Sessanta l'attenzione di Donzelli si sposta verso la "sfera del fantastico", accresciuta da una sorta di dinamismo espressionistico, tale da rendere l'impianto pittorico maggiormente ironico. Nel 1968 allestisce una personale alla galleria Il Girasole di Roma; è invitato a numerose rassegne tra cui il Premio Spoleto. Con le esperienze dei primi anni Settanta l'artista pone l'attenzione alla rilettura delle immagini attinte dal repertorio delle

avanguardie del nostro secolo come attestano dipinti quali, ad esempio, *Nuove Piazze d'Italia* del 1970, opere che espone nelle personali tenute a Firenze e Genova. Del 1972 è la presenza nella *VII Rassegna dell'Arte del Mezzogiorno* organizzata a Napoli a Villa Pignatelli; nello stesso anno tiene una personale alla Galleria Due Mondi di Roma, presentata da Eugenio Miccini. Nel 1973 è invitato alla V Internationale Kunstmesse di Berlino, alla mostra *Post Fumettum natum*, organizzata alla Galleria La Margherita di Roma e curata da Giorgio Di Genova, mentre del 1974 è la presenza alla *Rassegna internazionale di Acireale* dal titolo *Ironia come Alternativa*. Nel 1977 il Palazzo dei Diamanti di Ferrara ospita una sua ampia mostra personale, curata da Roberto Sanesi: le opere di questi anni hanno come tema centrale il "casellario dell'arte", espressione questa che racchiude l'attenta analisi che Donzelli compie sugli eventi e sui protagonisti dell'arte del nostro secolo. Traccia, questa, che lo porterà nel tempo al fortunato ciclo *Ormare*, iniziato tra il 1979 e il 1980 e in parte esposto nella mostra organizzata dalla Civica Galleria

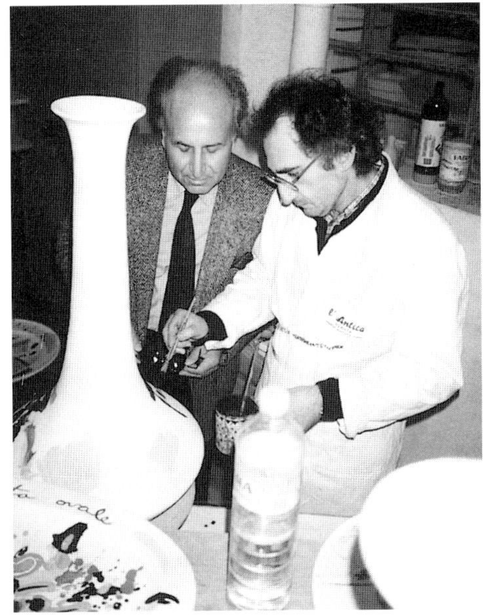

Eligio Fulli e / and Bruno Donzelli
a / at Deruta, Perugia, 1989

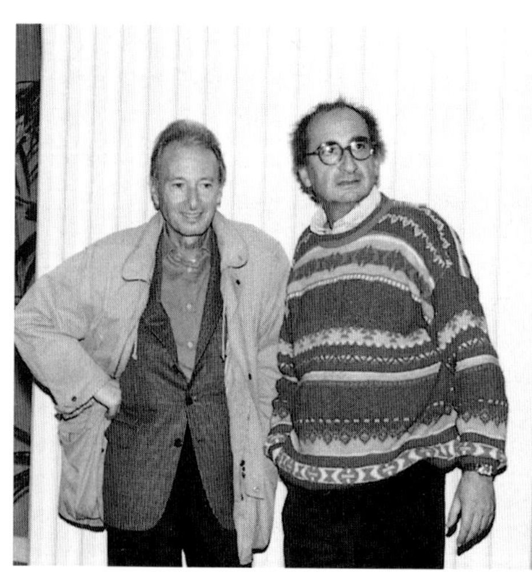

d'Arte Contemporanea di Ascoli Piceno nel 1981. In questa mostra l'artista espone opere quali *Cronologia dell'arte* del 1980 *e Ormare* del 1981 dalla quale si evince una nuova materia pittorica, ricca di spessori e di segni che saranno presenti nelle opere che Donzelli realizzerà nell'arco degli anni Ottanta. Nel 1984 inizia il ciclo al quale successivamente, darà il titolo di *Siparietti impertinenti*: a questo periodo appartengono dipinti quali ad esempio *Lontano dechirichiano* del 1985, *Guantiera con babà e quadro di Carrà* del 1986, *Tavolozza del Novecento* del 1987, *Morandiana (con natura morta italiana)*. Opere di questo ciclo sono esposte tra l'altro alle personali all'Arte Borgogna di Milano, alla Scaletta di Reggio Emilia, all'Aire du Versau di Parigi, al Gianicolo di Perugia, all'Art Diffusion di Düsseldorf, alla Galleria Muller di Neuchâtel, alla Zum Kunos Thorag di Basilea, alla Galleria Loanne di Ginevra e successivamente all'Istituto Francese di Napoli nel 1989. Un'esperienza che propone attraversamenti di brani pittorici, di un'antologia immaginativa, sulla quale l'artista interviene con ironia. Nel 1988 è presente nella mostra *Saturnus* a cura di G. G. Lemaire all'Université de Touluse le Mirail e successivamente al Museo Pablo Gargallo di Saragozza, alla Galleria Maeght di Parigi nella mostra *Les Cafés littéraires*.

Dal 1989 si è dedicato anche a lavori su ceramica realizzando a Deruta, Perugia, pezzi unici e serie di multipli dipinti a mano. Nel 1991 realizza per il Teatro dell'Orologio di Roma, le scenografie ed i costumi di *Folli notti a Pietroburgo* con la regia di Gianfranco Evangelista, tratto da *Le notti bianche* di Dostojevskij.

Allestisce negli anni successivi numerose mostre personali nelle principali città europee: Parigi, Ginevra, Milano, Roma, Düsseldorf, Bologna, Firenze, Neuchâtel, Genova, Venezia, Nizza, Parma, Perugia, Verona, Colonia, Basilea, Monaco, Torino ed altre. Nel 1997 in occasione di una personale alla Galleria Arte Borgogna di Milano viene presentata la monografia *Donzelli*, edizioni Mazzotta, a cura di Luciano Caprile. Nel novembre del 1998 la Galleria Fall di Parigi allestisce una sua esauriente mostra personale che riscuote positive critiche ed ampi consensi. Nel 1999 realizza il *Calendario Buffetti*.

BIOGRAPHY

Bruno Donzelli was born in Naples on 12 April, 1941. In 1960 his work was presented at the Premio San Fedele in Milan and the Premio Termoli. In 1962, at the young age of barely twenty years, he was featured in a solo exhibition at Galleria del Fiorino in Florence, and showed in the Ministero della Pubblica Istruzione Premio, held at the Galleria Nazionale d'Arte Moderna in Rome. The following year witnessed a solo exhibition at Galleria Centro Arte in Genoa, and an invitation to the Premio Spoleto, the Premio Marche in Ancona, as well as the Premio Michetti. In 1964 he was featured in various solo shows: at Galleria 2000 in Bologna, Galleria Il Centro in Naples, and Galleria Il Paladino in Palermo.

Donzelli's work of the mid-Sixties was influenced by a climate enlivened by Pop Art innovations, and by a strong sense of the ironic based on a recuperation of the discursive sense of comic-strips. He exhibited these works in 1965 with "La critica e la giovane pittura italiana," held at Galleria Ferrari in Verona, and with "Neapel '65," organized by Galleria Wirth in Berlin.

In 1966 he was invited by Enrico Crispolti to participate in "8 Pittori Napoletani," held at the Galleria Sebastioni in Milan. He also took part in "Le Dimensioni del linguaggio figurale oggi" in Naples, and in "Aspetti del 'ritorno all cose stesse,'" curated by Renato Barilli and held at the Antichi Arsenali in Amalfi. In 1967 he had a solo exhibition at the Galleria L'Agrifoglio in Milan with a catalogue introduction by Enrico Crispolti, and was invited to show at the Museo Sperimentale d'Arte Contemporanea in Turin.

At the end of the Sixties, Donzelli's attention turned toward the "fantastic sphere," expanded by a sort of expressionistic dynamism that made his pictorial style even more ironic. In 1968 he mounted a solo show at Galleria Il Girasole in Rome, and was invited to take part in numerous exhibitions, including the Premio Spoleto. With the experiences of the early Sixties, the artist focused on a rereading of images drawn from the repertory of this century's avant-garde, as attested by paintings like *Nuove Piazze d'Italia* of 1970, exhibited in

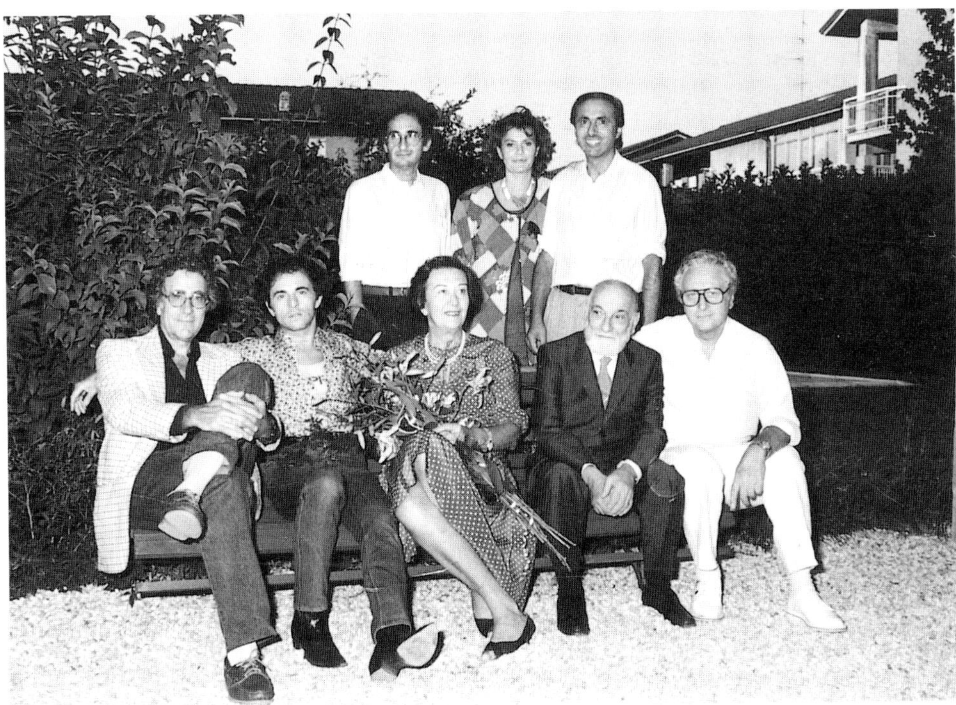

Bruno Donzelli, Maddalena e /
and Giorgio Chierici, Lucio Del
Pezzo, Ugo Nespolo, signora
Reggiani, Luigi Veronesi e / and
Walter Valentini alla / at Galleria
La Scaletta di / in San Polo,
Reggio Emilia, 1986

solo shows in Florence and Genoa. In 1972 he participated in "VII Rassegna dell'Arte del Mezzogiorno," organized at Villa Pignatelli in Naples, and the same year had a solo show at Galleria Due Mondi in Rome, presented by Eugenio Miccini. In 1973 he was invited to participate in the V Internazionale Kunstmesse in Berlin, and the exhibition *Post Fumettum natum*, organized by Galleria la Margherita in Rome and curated by Giorgio di Genova. In 1974 his work was represented at "Rassegna internazionale di Acireale" in the section "Ironia come Alternativa."

In 1977 the Palazzo dei Diamanti in Ferrara hosted a large personal exhibition, curated by Roberto Sanesi. The central theme of the work from this period was "casellario dell'arte" (art file), an expression that summed up Donzelli's attentive analysis of the artistic events and protagonists of this century. This trail lead to the successful series *Ormare*, begun between 1979 and 1980 and partially exhibited at the show organized by the Civica Galleria d'Arte Contemporanea of Ascoli Piceno in 1981. In this exhibition the artist showed works such as *Cronologia dell'arte* of 1980 and *Ormare* of 1981, which manifested a new pictorial matter, rich in depth and signs that reappeared in Donzelli's work of the Eighties.

In 1984 he begun the series later entitled *Siparietti impertinenti*. The work of this period included pieces such as *Lontano dechirichiano* of 1985, *Guantiera con babà e quadro di Carrà* of 1986, *Tavolozza del Novecento* of 1987, and *Morandiana (con natura morta italiana)*. Work from this series was shown on many occasions, including the solo exhibitions at Arte Borgogna in Milan, Scaletta in Reggio Emilia, Aire du Versau in Paris, Gianicolo in Perugia, Art Diffusion in Dusseldorf, Galleria Muller in Neuchâtel, Zum Kunos Thorag in Basel, Galleria Loanne in Geneva, and successively at the Instituto Francese in Naples in 1989. This project proposed an examination of pictorial passages, an imaginative survey, with ironic interventions by the artist. In 1988 he took part in *Saturnus*, curated by G.G. Lemaire at the Université de Toulouse le Mirail, and successively shown

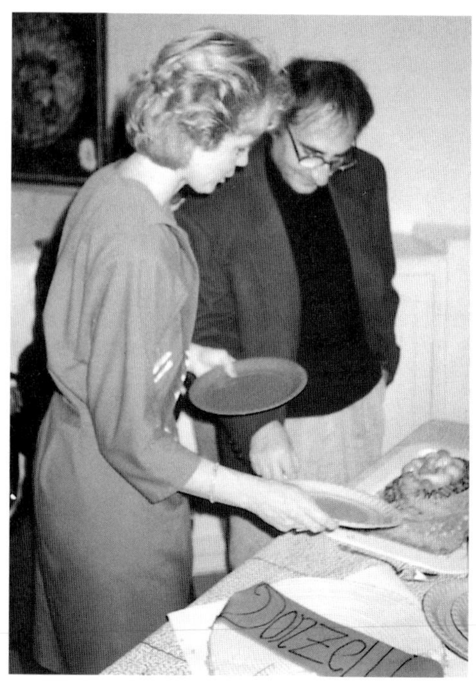

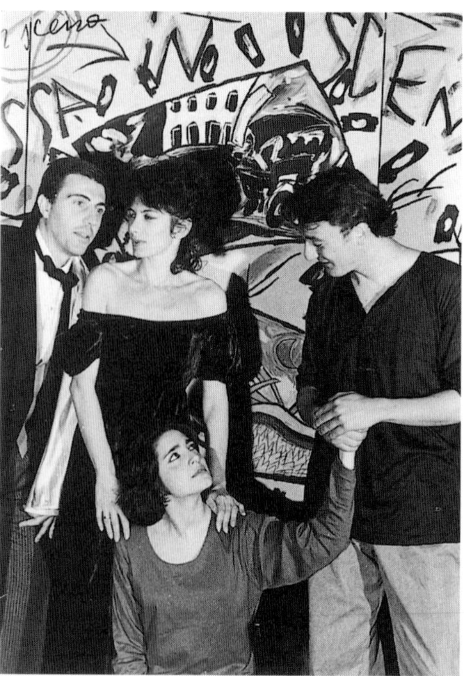

Marie-Louise Muller e / and Bruno Donzelli a / in Neuchâtel, 1990

Marie-Louise Muller e / and Bruno Donzelli a / in Neuchâtel, 1990

Bruno Donzelli, scenografia per / scenery for *Le notti bianche (Folli notti a Pietroburgo)* di / by F. Dostoevskij. Regia di / Directed by Gianfranco Evangelista, Roma, Teatro dell'Orologio, 1991

at Museo Pablo Gargallo in Saragozza. He also participated in "Les Cafés littéraires" at Galleria Maeght in Paris.

Beginning in 1989 Donzelli also dedicated himself to the creation of ceramic works, creating unique pieces and a series of multiples hand-painted in Deruta (Perugia). In 1991 he created sets and costumes for "Folli notti a Pietroburgo," based on Dostojevskij's *White Nights*, at the Teatro dell'Orologia in Rome, directed by Gianfranco Evangelista. In the following years Donzelli mounted numerous solo exhibitions in the principle cities of Europe: Paris, Geneva, Milan, Rome, Dusseldorf, Bologna, Florence, Neuchâtel, Genoa, Venice, Nice, Parma, Perugia, Verona, Cologne, Basel, Munich, Turin, and others. The monograph *Donzelli* (Edizioni Mazzotta), edited by Luciano Caprile, was published in 1997 on the occasion of a solo show at Galleria Arte Borgogna in Milan. In November 1998, Galleria Fall in Paris mounted an exhaustive one-man exhibition that received positive reviews and wide acclaim. In 1999 he created the "Calendario Buffetti."

PERSONALI / SOLO EXHIBITIONS

1962
Firenze, Galleria del Fiorino

1963
Genova, Galleria Centro Arte

1964
Bologna, Galleria 2000; Napoli, Galleria Il Centro; Palermo, Galleria il Paladino

1965
Venezia, Galleria Gritti

1967
Milano, Galleria L'Agrifoglio; Como, Galleria la Colonna

1968
Napoli, Galleria il Centro; Roma, Galleria il Girasole

1970
Genova, Galleria il Salotto; Albisola Marina, Galleria A77

1971
Firenze, Galleria Inquadrature 33; Terni, Galleria Poliantea

1972
Roma, Galleria Due Mondi

1973
Milano, Studio Soldano

1974
Düsseldorf, IKI, Framart Studio

1975
Milano, Galleria Vinciana

1977
Ferrara, Palazzo dei Diamanti

1978
Messina, Galleria Penna

1979
Firenze, Galleria 4 Emme

1980
Bari, Expo Arte, Studio Oggetto; Portofino, Galleria Civica d'Arte Moderna

1981
Ascoli Piceno, Civica Galleria d'Arte Contemporanea; Bologna, Studio Cavalieri

1982
Roma, Studio Soligo; Omegna, Novara, Galleria Spriano; Como, Pantha Arte

1983
Pescara, Studio Cesare Manzo; Macerata, Pinacoteca Civica, Chiesa Monumentale di San Paolo; Milano, Galleria Arte Borgogna

1984
Lecce, Arte Studio 36; Caserta, Studio Oggetto; Biella, Galleria Omar Aprile Ronda

1985
Maddaloni, Caserta, Studio Il Castello

1986
Suzzara, Mantova, 2E Galleria Arte Contemporanea; Napoli, Studio Ganzerli; Colorno, Parma, Galleria San Rocco; Varese, Galleria Ghiggini

1987
Padova, Galleria Fioretto; Bologna, Arte Fiera, Galleria Ghiggini; Bari, Expo Arte, Galleria La Scaletta; Alassio, Savona, Galleria Galliata; San Polo, Reggio Emilia, Galleria La Scaletta; Paris, Galerie L'Aire du Verseau; Milano, Galleria Arte Borgogna

1988
Neuchâtel, Galerie Marie-Louise Muller; Omegna, Novara, Galleria Spriano; Bologna, Arte Fiera, Galleria La Scaletta; Perugia, Galleria Il Gianicolo; Lecce, Arte Studio 36

1989
Düsserdorf, Galerie Art Diffusion; Paris Galerie L'Aire du Verseau; Napoli, Istituto Francese di Napoli; Varese, Galleria Ghiggini; Comune di Capua, Chiesa di San Salvatore a Corte

1990
Paris, Galerie L'Aire du Verseau; Basel, Galerie Zum Kunos Thorag; Perugia, Galleria Il Gianicolo; Messina, Galleria Mosaico;

Nice, Art Jonction International; Genève, Galerie de Arcades; Neuchâtel, Galerie Marie-Louise Muller; Genova, Galleria Galliani; Roma, Galleria Il Tetto

1991
Padova, Galleria Mastrogiacomo; La Spezia, Galleria Menhir; Genova, Galleria Laura Son; Comune di Sarzana-La Spezia, Oratorio di Santa Croce; Milano, Galleria Arte Borgogna; Genève, Galerie Loanne

1992
Prato, Galleria Marchese; Forte dei Marmi, Galleria Corchia; München, Galerie Kelmer; Paris, Galerie L'Aire du Verseau

1993
Bologna, Arte Fiera, Galleria Consorti; Bari, Expo Arte, Galleria Mehnir; Perugia, Galleria Il Gianicolo

1994
Torino, Galleria La Bussola; Bergamo, Emporium Arte Contemporanea; Roma, Galleria Consorti; Belvedere M., Il Faro; Torino, Artissima, Galleria Menhir; Bologna, Galleria L'Ariete; Parma, Galleria Montmartre

1995
München, Galerie Kelmer; Trento, Galleria Il Castello; Bologna, Arte Fiera, Galleria Mehnir; Lecce, Galleria Progetto Arte; Napoli, Galleria Serio

1996
Roma, Galleria Fidia; Milano, Miart, Galleria Zammarchi; Colorno, Parma, Galleria San Rocco; Bologna, Arte Fiera, Galleria Consorti; Forte dei Marmi, Galleria Susanna Orlando; Aradeo, Lecce, Galleria del Popolo; Milano, Galleria Centro Arte; Alassio, Savona, Galleria Sangiorgi; Fiuggi, Palazzo Comunale

1997
Milano, Galleria Arte Borgogna; Perugia, Galleria Il Gianicolo; Bologna, Arte Fiera, Galleria Sangiorgi; Palermo, Arte Fiera, Galleria Il Gianicolo

1998
Paris, Galerie Georges Fall; Bologna, Arte Fiera, Galleria Francesco Cancelliere; Cosenza, Galleria Marano; Perugia, Galleria Il Gianicolo

1999
Strasbourg, St'Art, Galerie Denisi; Roma, Galleria Il Tetto; Comune di Pesaro, Pescheria Centro Arti Visive; Perugia, Galleria Il Gianicolo

2000
Bruno Donzelli, Palazzo Reale, Caserta

COLLETTIVE / GROUP EXHIBITIONS

1960
Milano, Premio San Fedele; Livorno, Premio Modigliani; Termoli, Premio Termoli

1961
Parma, Biennale; Milano, Premio San Fedele; Avezzano, L'Aquila, Mostra d'Arte Contemporanea; Roma, Premio Ministero Pubblica Istruzione, Galleria Nazionale d'Arte Moderna; Milano, Premio San Fede-

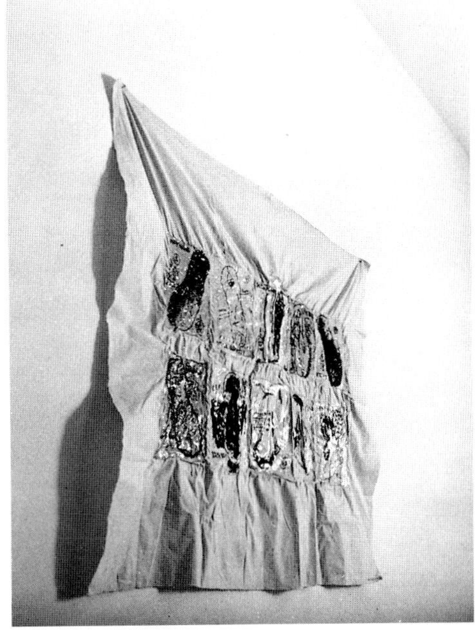

Ormare, 1981
Tecnica mista su tela / mixed media on canvas, 86 x 116 cm
Civica Galleria d'Arte Contemporanea, Ascoli Piceno

le; Termoli, Campobasso, Premio Termoli; Milano, *Panorama della Giovane Pittura italiana*

1962

Milano, Premio San Fedele; Termoli, Campobasso, Premio Termoli; Milano, *Panorama della Giovane Pittura italiana*; Roma, Premio Ministero Pubblica Istruzione, Galleria Nazionale d'Arte Moderna

1963

Spoleto, Premio Spoleto; Palermo, Biennale; Ancona, Premio Marche; Roma, Premio Ministero Pubblica Istruzione, Galleria Nazionale d'Arte Moderna; Tunis, Biennale; Albisola Marina, Premio Albisola; Avezzano, L'Aquila, Mostra d'Arte Contemporanea; Francavilla al Mare, Chieti, Premio Michetti

1964

Milano, Palazzo Reale, Premio Ramazzotti; Francavilla al Mare, Chieti, Premio Michetti; Recanati, *La giovane pittura italiana*

1965

Verona, Galleria Ferrari, *La critica e la giovane pittura italiana*; Milano, Premio San Fedele; Termoli, Campobasso, Premio Termoli; Berlino, Neapel'65, Galerie Wirth; San Benedetto del Tronto, Ascoli Piceno, Biennale; Castelfranco Veneto, Mostra d'Arte Contemporanea; Wuppertal, *Kunstler und Gäste der Galerie Palette*

1966

Milano, Palazzo Reale, Premio Ramazzotti; Roma, Ferrara, Arezzo, *Prospettive 2*; Amalfi, Antichi Arsenali, Aspetti del "*ritorno alle cose stesse*"; Napoli, *Formulazione di campo*; Milano, Premio del disegno, Galleria delle Ore

1967

Torino, Museo Sperimentale d'Arte Contemporanea; Milano, Premio San Fedele; Francavilla al Mare, Chieti, Premio Michetti; Milano, Palazzo Reale, Premio Ramazzotti; Viadana, Mantova, *Il recupero del fantastico*

1968

Milano, Palazzo Reale, Premio Ramazzotti; Spoleto, Premio Spoleto; Massafra, *Il contesto e l'immagine*; Salerno, *Le poetiche e i linguaggi gestiti*; Appiano Gentile, Premio del disegno

1969

Bologna, *Manifestazione-Incontro Museo Civico*; Ljubljana, *Internationalen*

1970

Varazze, Savona, Rassegna d'Arte Contemporanea; Caserta, Palazzo Reale, *Perché ancora la pittura*

1971

Torino, *Cento pittori per il socialismo*; Acquasanta Terme, Ascoli Piceno, *Nuove presenze*; Napoli, *Recupero del reale*; Torre Pellice, Premio del disegno

1972

London, *International Art Exhibition and Sale*, Bertrand Russell Centenary; Varazze, Savona, Rassegna d'Arte Contemporanea; Caserta, *Perché l'ironia?*; Napoli, Museo Pignatelli, Rassegna del Mezzogiorno

1973

Berlin, V Internationale Kunstmesse; Roma, Galleria La Margherita, *Post fumettum natum*; Pescara, Centro Convergenze, *Dalla popular art all'arte popolare*; Villa San Giovanni, Premio nazionale

1974

Milano, Palazzo Permanente, Biennale; Acireale, Rassegna internazionale *Ironia come alternativa*; Francavilla al Mare, Chieti, Premio Michetti; Düsseldorf, IKI Internationale Kunstmesse

1975

Napoli, *Ipotesi per un Museo d'Arte Contemporanea*; Wien, *Aspekte aus Italien*

1976

Dortmund, Museum am Ostwal; Milano, Palazzo Permanente, Rassegna del disegno

1977

Firenze, *Mater materia*, Zona; London,

Camden Art Center

1978
Firenze, Galleria De Amicis, *Carn'era*; Ancona, Museo Palazzo Bosdari, *Una eredità culturale*; Lecce, Rassegna di grafica

1979
Bologna, Arte Fiera; Termoli, Campobasso, Rassegna Castello Svevo; Düsseldorf, *Der Kunste*, NDK; Acquasanta Terme, Ascoli Piceno, Quadriennale

1980
Pescara, Centro Documentazioni Arti Visive; Bari, Expo Arte; Piacenza, Galleria d'Arte Moderna, *Ironia e favola*; Ferrara Ipermedia-Einaudi, *Viole e violino per un khorale*; Salerno, Galleria Taide, *Perimetro*; Köln, Institut für moderne Kunst, *Situation '80*; Oulx, Galerie Hamelin

1981
San Francisco College of Arts and Crafts; Bari, Expo Arte; London, Institute of Modern Art, *Written painting*; Paternò, Catania, Galleria d'Arte Moderna, *Continuo-Discontinuo*

1982
Termoli, Campobasso, Rassegna Castello Svevo; Bari, Expo Arte; Caserta, Palazzo del Belvedere, *Genealogia*

1983
Bologna, Arte Fiera; Bari, Expo Arte; Napoli, Castello Maschio Angioino, *Plexus*; Francavilla al Mare, Chieti, Premio Michetti; Alassio, Savona, Galleria Galliata, *Mundial*

1984
Bologna, Arte Fiera; Bari, Expo Arte; Pescara, Palazzo del Comune, Biennale d'Arte sacra; Basel, Art 15

1985
Frasso Telesino, Benevento, *L'artefice magico*; Bari, Expo Arte; San Polo, Reggio Emi-

Mostra personale / solo exhibition, Palazzo dei Diamanti, Ferrara, 1997

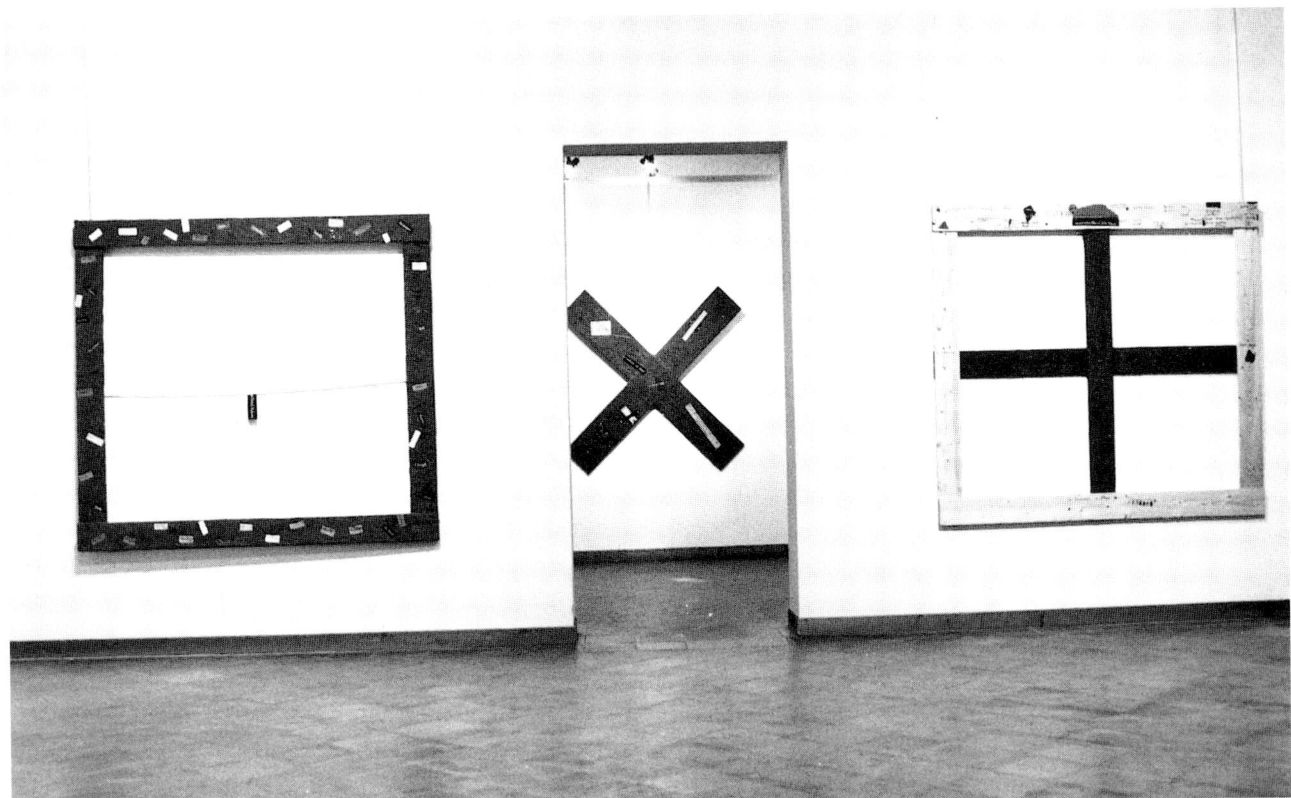

lia, Galleria La Scaletta, *Grandi lavori*; Basel, Art 16; Cosenza, Palazzo del Comune, *In antico*; Biella, Galleria Omar Aprile Ronda, *Avanguardia internazionale*; Castello di Baia, *Sapere Sapore, Arte in Italia dal 1958 al 1985*; Berlin, Städtische Kunstalle, Art 1985

1986

Bari, Expo Arte; Marcianise, Caserta, Palazzo del Comune, *Cartagine 2*; Bologna, Arte Fiera

1987

Milano, Galleria Arte Borgogna, *A rebours*; Napoli, Istituto Francese di Napoli, *I caffè letterari*; Bari, Expo Arte; Grugliasco, Torino, Centro Culturale Le Serre, *Reperti*; Bologna, Arte Fiera; Omegna, Novara, Galleria Spriano, *La pittura delle ironie*; Taranto, Galleria d'Arte Contemporanea, *Mare nostrum*; Palmi, Reggio Calabria, Casa della Cultura, *I luoghi di Iride*; Marsala, Trapani, Galleria d'Arte Contemporanea, *Artisti per la pace nel mondo*; Nice, Art Jonction International; Milano, Internazionale d'Arte Contemporanea; Bologna, Galleria Spazia, *Fiaba*

1988

Verona, Stanze Segrete, *Abitare nel tempo*; Bologna, Arte Fiera; Bari, Expo Arte; Nice, Art Jonction International; Capua, Museo Campano, *Direzione Sud-Est*; Montrouge, Salon International; Paris, Galerie L'Aire du Verseau, *Hommage a Giorgio de Chirico*; Dijon, Espace ACL

1989

Toulouse, *Saturnus*, Université de Toulouse le Mirall; Zaragoza, Museo Pablo Gargallo, *Saturnus*; Paris-Montrouge, Galerie Adrien Maeght, *Les Cafés littéraires*; Bologna, Arte Fiera

1990

Bologna, Arte Fiera; Basel, Art 21-90; Madrid, Arco

1991

San Polo, Reggio Emilia, Galleria La Scaletta, *Itinerari*; Bologna, Arte Fiera; Milano, Internazionale d'Arte Contemporanea

1992

Paris, Musée de la Seit, *Artistes italiens de Paris*; Madrid, Arco; Bologna, Arte Fiera; Gent, 92 Lineart

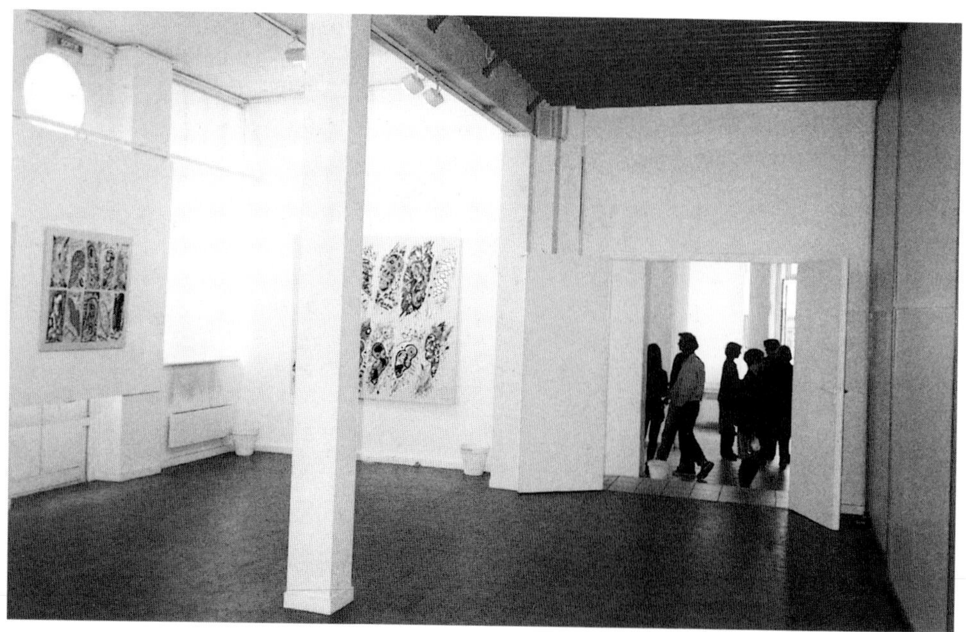

Mostra personale alla / solo exhibition at Galerie L'Aire du Verseau, Paris 1990

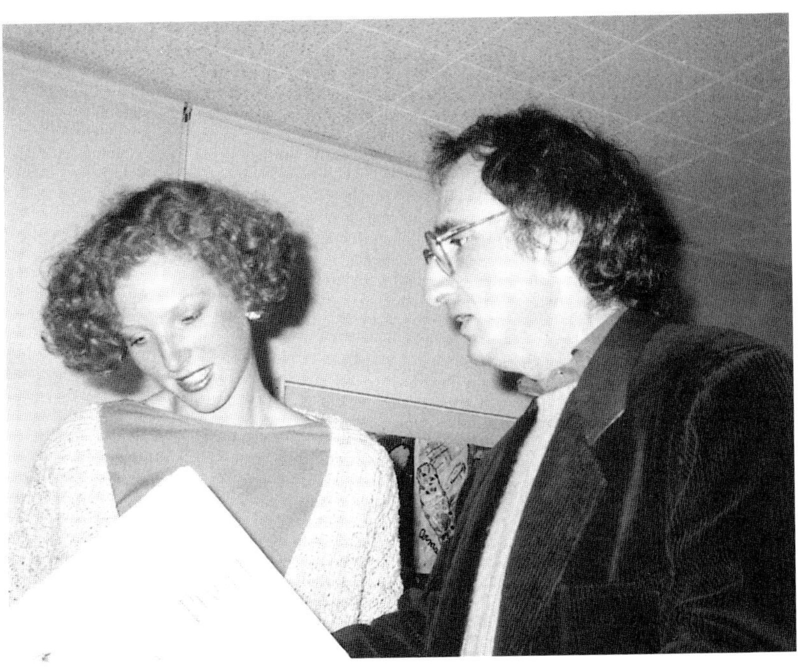

Nathalie Verfaillie e / and Bruno Donzelli alla / at Galerie L'Aire du Verseau, Paris 1987

na, *Profilo d'arista*; Köln, Art Cologne; Milano, Miart; Torino, Lingotto, Artissima; Capua, Firenze, Milano, *Calligrafie*

1996
Bruxelles, Centre d'Art Actuel, *Identité Italienne*; Perugia, Galleria Il Gianicolo, *Lontano da Itaca*; Bologna, Arte Fiera; Milano, Miart; Barcelona, Arte Fiera; Torino, Lingotto, Artissima; Köln, Art Cologne

1997
Firenze, Varart, *Segnali*; Bologna, Arte Fiera; Barcelona, Art Expò; Torino, Lingotto, Artissima; Strasbourg, St'Art; Düsseldorf, Kunstmarkt International; Milano, Miart

1998
Barcelona, Istituto Francese, *Les cafés littéraires*; Bologna, Arte Fiera; Firenze, Varart, *Anni '60-'70;* Ascoli Piceno, Palazzo dei Capitani, *Tendenze contrapposte*; Barcelona, Art Expò; Perugia, Galleria Il Gianicolo, *Rivisitazioni futuriste*; Milano, Miart; Torino, Lingotto, Artissima; Pianella, Pescara, *Ricerche Contemporanee*; Vigevano, Castello, *Scarperentola*

1999
Bologna, Arte Fiera; Düsseldorf, Messe Düsseldorf; Barcellona, Art Expò; Milano, Miart e /and Angelicum, *Ty nant e gli artisti*; Marseille, Palais des Arts, *Artistes italiens contemporains pour l'Europe*; Cortina, Galleria Marescalchi, *Declinazioni ludiche del figurare*

1993
Firenze, New York, *Scarperentola*; Bologna, Arte Fiera; Toulouse, Galerie Huber, *Opus*; Gent, 93 Lineart

1994
Bologna, Arte Fiera; Milano, Miart; Roma, Galleria Fidia, *Presente-Futuro*; Torino, Lingotto, Artissima; Köln, Art Colonie; Düsseldorf, Messe Düsseldorf, *Art Multiple*

1995
Paris, Sagà '95; Bologna, Arte Fiera; Ascoli Piceno, Galleria Comunale d'Arte Moder-

1962

Giorgio Kaisserlian, *Il Premio San Fedele*, in "Il Popolo", 19 ottobre / October

1964

Franco Solmi, *Donzelli*, in "L'Unità" 13 maggio / May

Oreste Ferrari, *Donzelli*, "Il Marcatre", maggio-giugno / May-June

Francesco Carbone, *Bruno Donzelli*, in "Telestar", 26 novembre / November

Maria Poma Basile, *Bruno Donzelli al "Paladino"*, in "L'Ora", 2 ottobre / October

Enotrio Mastrolonardo, *Bruno Donzelli*, in "D'Ars Agency", ottobre / October

1965

Enrico Crispolti, *Otto pittori napoletani*, in Catalogo Galleria Sebastiani, Milano, gennaio / January

Filiberto Menna, *Un autentico fervore culturale nella giovane arte napoletana*, in "Il Mattino", 17 giugno / June

Gillo Dorfles, *Inchiesta a Napoli*, in "Marcatre", giugno / June

1966

Giorgio Di Genova, *Forme, linee, prospettive*, in "Rinascita", settembre / September

Renato Barilli, *Aspetti del ritorno alle cose stesse*, catalogo della mostra, Amalfi, ottobre / October

Ciro Ruju, *Prospettive 2*, catalogo della mostra, Roma, ottobre / October

Antonio Del Guercio, *Il ritorno alle cose stesse*, in "Rinascita", 29 ottobre / October

Enrico Crispolti, *Prospettive 1 e 2*, in "Palatino", luglio-dicembre / July-December

1967

Filiberto Menna, *Pittori e scultori al San Carlo*, in "Il Mattino", 15 febbraio / February

Guido Biasi, *Il recupero del fantastico*, catalogo della mostra, Viadana, settembre / September

Enrico Crispolti, *Presentazione mostra personale Galleria L'Agrifoglio*, Milano, ottobre / October

Aurelio Natali, *Donzelli*, in "L'Unità", 22 ottobre / October

Alfio Coccia, *Donzelli alla Galleria L'Agrifoglio*, in "L'Unità", 26 ottobre / October

Franco Passoni, *Bruno Donzelli*, in "l'Avanti", 26 ottobre / October

Donzelli, in "L'Espresso", 29 ottobre / October

Mario Radice, *Bruno Donzelli a "La Colonna"*, in "La Provincia", novembre / November

Paolo Ricci, *Racconto per immagini*, in "L'Unità", 5 dicembre / December

1968

Luciano Caramel, *Presentazione mostra personale Galleria Il Girasole*, Roma, gennaio / January

Dario Micacchi, *Bruno Donzelli*, in "L'Unità", 27 gennaio / January

Duilio Morosini, *Bruno Donzelli e l'età beat*, in "Paese Sera", 5 febbraio / February

Giorgio Di Genova, *Presentazione mostra personale Galleria Il Centro*, Napoli, aprile / April

Filiberto Menna, *Donzelli al Centro*, in "Il Mattino", 17 maggio / May

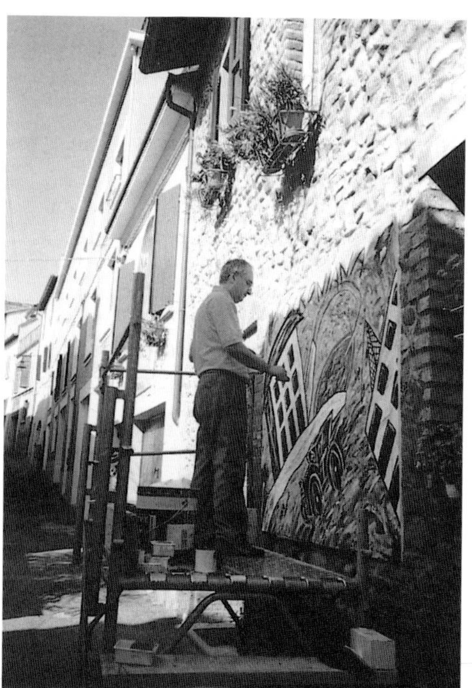

Donzelli realizza il "muro dipinto" / Donzelli executing the "painted wall," Dozza, Bologna, 1997

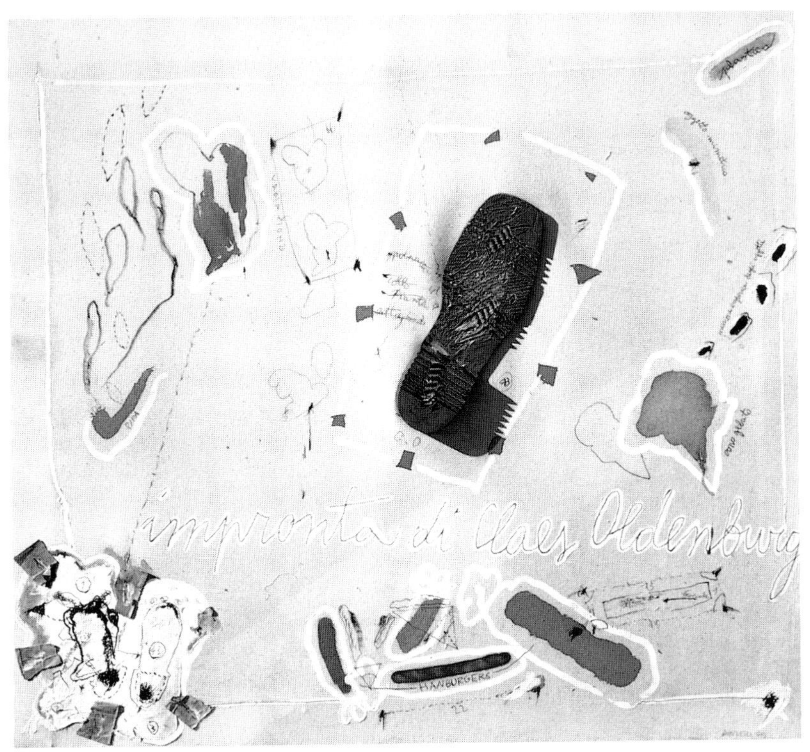

Impronta di Claes Oldenburg, 1979
Tela grezza, collage, acrilico /
unprimed canvas, collage, acrylic,
90 x 100 cm

Silvio Bertoldi, *Dove sono gli italiani che contano*: La Campania, in "Oggi", 24 giugno / June
Franco Sossi, *Il contesto e l'immagine*, catalogo della mostra, Massafra, settembre / September

1970
Renzo Margonari, *Presentazione mostra personale Galleria Il Salotto*, Genova, aprile / April
Germano Beringheli, *Donzelli*, in "Il Lavoro", 28 aprile / April
Luigi Lambertini, *Bruno Donzelli*, Ed. Galleria Carolina

1971
Angelo Trimarco, *Bruno Donzelli*, in "Il Mattino", 30 gennaio / January
Franco Sossi, *L'arte contemporanea in Italia*, Ed. Presenza

1972
Eugenio Miccini, *Catalogo mostra persona-le Galleria Due Mondi*, Roma, febbraio / February
Vito Apuleo, *Le iperbole di Donzelli*, in "La Voce Repubblicana", 16 febbraio / February
Sandra Orienti, *Donzelli*, in "Il Popolo", 17 febbraio / February
Duilio Morosini, *Donzelli "pop" a Napoli*, in "Paese Sera", 24 febbraio / February
Luigi Paolo Finizio, *Bruno Donzelli*, in "Il Pensiero Nazionale", 29 febbraio / February
Cesare Vivaldi, *Donzelli*, in "Il Dramma", febbraio-marzo / February-March
Vito Apuleo, *Bruno Donzelli*, in "NAC", aprile / April
Dario Micacchi, *Bruno Donzelli: il linguaggio dei giovani*, in "L'Unità", 21 aprile / April

1973
Giorgio Di Genova, *Post fumettum natum*, catalogo della mostra, Galleria La Margherita, Roma, marzo / March
Enrico Crispolti, *Presentazione mostra personale*, Studio Nino Soldano, Milano, marzo / March
Emilio Isgrò, *Bruno Donzelli allo Studio Soldano*, in "Ars" luglio / July
Vito Apuleo, *Aree di ricerca*, Post fumettum natum, in "NAC", maggio / May

1974
Roberto Sanesi, *Bruno Donzelli - Monografia*, Ed. Framart Studio
Antonio Del Guercio, "Opus International", novembre-dicembre / November-December

1977
Roberto Sanesi, *Sette paragrafi per Bruno Donzelli*, catalogo della mostra personale, Palazzo dei Diamanti, Ferrara, gennaio-febbraio / January-February
Francesco Vincitorio, in "L'Espresso", 6 febbraio / February
Gino Grassi, *Bruno Donzelli: oltre i confini del quadro*, Roma, 6 febbraio /February
Donzelli al Palazzo dei Diamanti, in "Il Giorno", 6 febbraio / February
Bruno Donzelli al Palazzo dei Diamanti di Ferrara, in "Data", febbraio-marzo / February-March

1978

Leo Strozzieri, *Gli "identikit" di Bruno Donzelli*, Ed. Ribichini
Bruno Donzelli, ap(p)rendo a caso Dada, n. 9, in "Segno", estate / Summer
Leo Strozzieri, *Donzelli*, in "Questarte", dicembre / December

1979

Taccuino per Bruno Donzelli, Post Editioni;
Lucia Spadano, *Taccuino per Bruno Donzelli,* in "Segno", giugno / June (recensione / review)
Renato Barilli, *Informale Oggetto Comportamento*, Milano, Feltrinelli, Vol.1
G7 Studio, *Taccuino per Bruno Donzelli*, giugno / June (recensione / review)

1980

Francesco Vincitorio, in "L'Espresso", 6 gennaio / January
Rino Tacchella, *Bruno Donzelli alla 4 Emme*, in G7 Studio, gennaio / January
Anna D'Elia, *La storia di Donzelli*, in "La Gazzetta del Mezzogiorno", 22 febbraio / February
Toti Carpentieri, *Bruno Donzelli*, in "Quotidiano di Lecce", 27 febbraio / February
Rolando Bellini, *Bruno Donzelli*, in "Drive in", marzo / March
Enzo Battarra, *Donzelli fa i baffi a Duchamp*, in "Il Diario", 19 marzo / March
Bruno Donzelli, "Art Dimension", marzo / March
Giorgio Di Genova, *Fumettura*, in "Terzocchio", maggio / May
Bruno Donzelli: dal casellario dell'arte, in "Meta", estate / Summer
Germano Beringheli, *Presentazione mostra personale Galleria Civica d'Arte Moderna di Portofino*, settembre / September
Francesco Vincitorio, in "L'Espresso", 21 settembre / September
Gerardo Pedicini, *Bruno Donzelli alla Galleria d'Arte Moderna di Portofino*, in "Roma", 30 settembre / September
Janus, *Donzelli a Portofino: brandelli d'emozione*, in "Gazzetta del Popolo", 1 ottobre / October

Felice Ballero, *Donzelli sulle impronte*, in "Corriere Mercantile", 11 ottobre / October
Massimo Carboni, *Bruno Donzelli alla Galleria Civica di Portofino*, in "Flash Art", novembre / November
Antonio D'Avossa, *Bruno Donzelli alla Galleria Civica d'Arte Moderna di Portofino*, in "Segno", novembre-dicembre / November-Dicember

1981

Egidio Mucci, *Bruno Donzelli - Dal casellario dell'arte*, Torino, Edizione Unde
Janus, *Presentazione mostra personale Civica Galleria d'Arte Contemporanea*, Ascoli Piceno, aprile-maggio / April-May
Bruno Donzelli - Tracce, orme, macchie, foto, in "La Repubblica", 10 maggio / May
Francesco Vincitorio, in "L'Espresso", 17 maggio / May
Carlo Melloni, *Bruno Donzelli alla Galleria d'Arte Contemporanea di Ascoli Piceno*, in "Questarte", settembre / September
Enzo Battarra, *Bruno Donzelli allo Studio Cavalieri di Bologna*, in "Segno", ottobre-

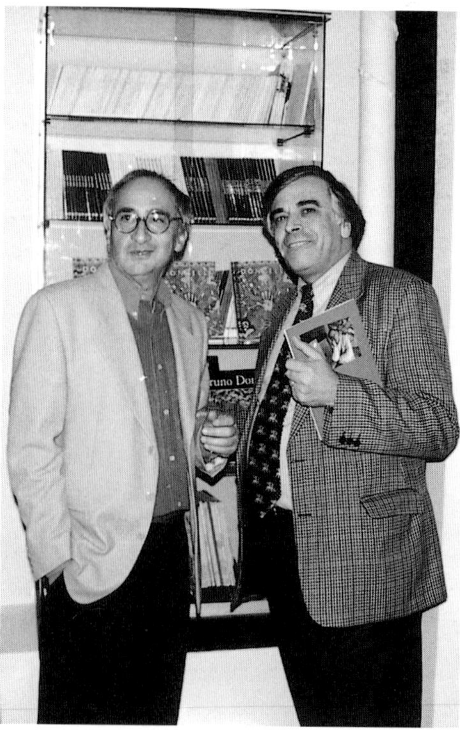

Bruno Donzelli e / and Gérard-Georges Lemaire, Paris 1998

novembre / October-November
Bruno Cavallari, *Bruno Donzelli allo Studio Cavalieri di Bologna*, in "Il Resto del Carlino", ottobre-novembre / October-November

1982
Mario De Candia, *Bruno Donzelli*, in "La Repubblica", 5 marzo / March
Leo Strozzieri, *Quattordici artisti*, Umbria Editrice
Carmelo Strano, *Donzelli alla Spriano di Omegna*, in "Avanti", maggio / May
Ettore Nicolini, *Bruno Donzelli alla Pantha Arte*, in "Corriere della Provincia", 1 novembre / November
Enzo Battarra, *Bruno Donzelli*, in "Juliet", novembre / November

1983
Antonio D'Avossa, *Bruno Donzelli alla Pantha Arte*, in "Flash Art", gennaio / January
Luciano Marziano, *Bruno Donzelli allo Studio Cesare Manzo*, in "Drive in", marzo / March
Elverio Maurizi, *Presentazione mostra personale Pinacoteca e Musei Comunali*, Macerata, maggio / May
Luigi Paolo Finizio, *Plexus*, Istituto grafico editoriale italiano, giugno / June
Luciano Caramel, *Presentazione mostra personale Galleria Arte Borgogna*, Milano, settembre-ottobre / September-October
Enzo Battarra, *Bruno Donzelli alla Pinacoteca di Macerata*, in "Color", settembre / September
Toti Carpentieri, *Bruno Donzelli all'Arte Borgogna*, in "Quotidiano", 12 ottobre / October
Janus, *Bruno Donzelli: la pelle della pittura*, in "Terzocchio", dicembre / December

1984
Luciano Caramel, *Segnalazione Catalogo nazionale Bolaffi d'arte moderna*
Toti Carpentieri, *Bruno Donzelli: di orma in orma*, in "Quotidiano", 28 gennaio / January
Michele Bonuomo, *Orme e paesaggi di Bruno Donzelli*, in "Il Mattino", 11 febbraio / February
Arcangelo Izzo, *L'ultimo Donzelli*, in "Napoli Notte", 11 febbraio / February

Angela Tecce, in "Il Giornale dell'Arte", febbraio / February
Francesco Vincitorio, in "L'Espresso", 26 febbraio / February
Giorgio Agnisola, *Donzelli allo Studio Oggetto*, in "Il Mattino", 9 marzo / March
Ela Caroli, in "Napoli City", settembre / September
Bruno Pozzato, *Bruno Donzelli: festosa rivisitazione della storia dell'arte*, in "Eco di Biella", 19 novembre / November

1985
Fernando Miglietta, Cat. mostra *In Antico*, Comune di Cosenza, marzo / March
L'arte è ciò che sarà dipinto, intervista a Bruno Donzelli, in "Leader", aprile / April
Elverio Maurizi, *Bruno Donzelli*, in "Le Arti News", aprile-maggio / April-May
Santa Fizzarotti, *L'artefice magico*, in "Segno", ottobre / October
Per piacere e per denaro, in "Gente Money", novembre / November

1986
Janus, *Bruno Donzelli: invisibilità e visibilità delle immagini*, Ed. La Scaletta
Omar Aprile Ronda, *Investire in arte*, in "Gente Money", agosto / August
Michele Bonuomo, *Bruno Donzelli*, in "Il Mattino", 28 ottobre / October
Donzelli, pennello complice, in "Paese Sera", 1 novembre / November
Vitaliano Corbi, *Arte e Controparte*, in "Paese Sera", 27 novembre / November
Massimo Bignardi, *Bruno Donzelli*, in "Questarte", dicembre / December
Maurizio Vitiello, *Bruno Donzelli allo Studio Ganzerli*, in "Terzocchio", dicembre / December

1987
M. Teresa Roberto, *Reperti*, Ed. Peira, catalogo della mostra, febbraio / February
Investire in arte: i Picasso di domani, in "Gente Money", febbraio / February
Gérard-Georges Lemaire, *Bruno Donzelli*, Leader Edizioni
Gérard-Georges Lemaire, *Bruno Donzelli a L'Aire du Verseau di Parigi*, in "Contempo-

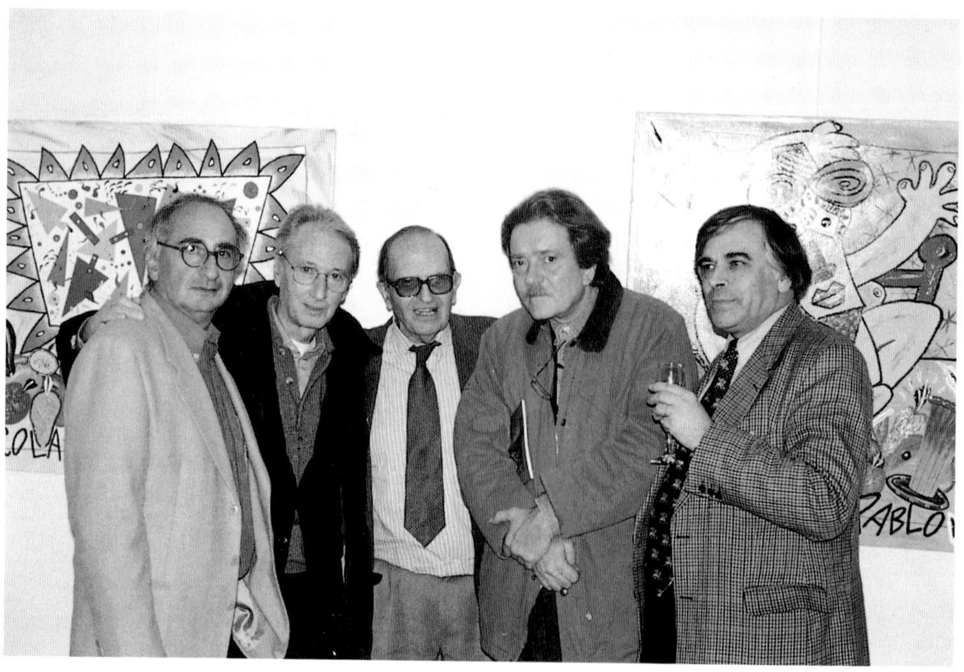

Bruno Donzelli, Gianni Schubert, Georges Fall, Giovanni Joppolo e / and Gérard-Georges Lemaire alla/at Galerie Fall, Paris 1998

ranea", giugno / June

Jean-Louis Pradel, *Le Tour de France des Italiens*, in "L'Evenement", 4 giugno / June

Giuseppe Turroni, *Bruno Donzelli alla Galleria Arte Borgogna*, in "Corriere della Sera", 15 ottobre / October

Gérard-Georges Lemaire, *Bruno Donzelli*, in "Opus International", estate / Summer

Luciano Caprile, *Bruno Donzelli, come ti cucino un quadro*, in "La Gola", novembre / November

1988

Gérard-Georges Lemaire, *De l'italianité de l'art italien*, in "Art Studio", inverno / Winter

Gérard-Georges Lemaire, *Bruno Donzelli*, in "Flash Art", gennaio-febbraio / January-February

Christiane Givord, *Bruno Donzelli, sistémes épinglés*, in "L'Express", 6 maggio / May

Enzo Battara, *Presentazione mostra personale Galleria Il Gianicolo*, Perugia, ottobre / October

Titti Pece, *Bruno Donzelli, il paese della pittura*, in "Lecce for You", ottobre / October

Montrouge métro des arts, in "L'Express",

20 ottobre / October

Mimmo Coletti, *Bruno Donzelli, Tavolozza del Novecento*, in "La Nazione", 30 novembre / November

Massimo Duranti, *Donzelli: l'arte nell'arte*, in "Il Corriere dell'umbria", 24 dicembre / December

Paola Serra Zanetti, "Quaderni di Spazia", dicembre / December

Gérard-Georges Lemaire, *Bruno Donzelli: l'arte di fingere*, Tecnomedia Ediz.

1989

Lia De Venere, *Bruno Donzelli*, in "Terzocchio", gennaio / January

Angelo Trimarco, *Bruno Donzelli, nei labirinti dell'informale*, in "Il Mattino", 13 gennaio / January

Luciano Caprile, *Bruno Donzelli, colte citazioni ironiche*, in "Il Sole 24 Ore", 11 gennaio / January

Lucio Cabutti, *Vitali e ironiche "culture morte" di Bruno Donzelli*, in "Arte", gennaio / January

Domenico Papa, *Bruno Donzelli, un'ironia pittorica*, in "La Gazzetta", Arti Visive", gennaio / January

Enzo Battarra, *Bruno Donzelli all'Istituto francese di Napoli*, in "Flash art", febbraio-marzo / February-March
Angela Tecce, *Bruno Donzelli*, in "Il Giornale dell'Arte", febbraio / February
Maurizio Vitiello, *Bruno Donzelli al Grenoble*, in "Politica Meridionalista", aprile / April
Luciano Caprile, B*runo Donzelli "l'archeologo" di de Chirico*, in "Il Lavoro", 21 marzo / March
Nello Catinello, *Bruno Donzelli: pennellate di emozioni*, in "Gazetta di Pescara", aprile / April
Antonello Tagliafierro, *Da Man Ray a Beuys con Donzelli*, in "Tribuna", dicembre / December
Liviano Papa, *Bruno Donzelli*, in "Tribuna Week End", dicembre / December

1990
Omar Aprile Ronda, *Bruno Donzelli, sulle orme del passato*, in "Uomo Manager", gennaio / January
Lucio Barbera, *Le stanze della pittura*, presentazione, catalogo della mostra personale, Galleria Mosaico, Messina, maggio / May
Clio Mitchell, Word Chronic, Paris, Bruno Donzelli the Galerie L'Aire du Verseau, in "Art International", estate / Summer
Cesare Vivaldi, *Presentazione*, catalogo della mostra personale, Galleria Il Gianicolo, Perugia, ottobre / October
Germano Beringheli, *B. Donzelli, con ironica esuberanza la pittura dalla pittura*, in "Il Lavoro", 18 ottobre / October
Voirs, B*runo Donzelli, Archélogue sur l'art du XX Siècle*, Losanna, novembre / November
Mariella Genova, *Bruno Donzelli, ormare sulla strada dell'arte*, in "Made in Biella", novembre / November
Christiane Givord, *Donzelli, repiquages*, in "L'Express", 16 novembre / November

1991
Gérard-Georges Lemaire, *Le paradoxe de l'avant-garde*, in "Museart", febbraio / February
Vincenzo Guarracino, *Bruno Donzelli, l'etica dello scalpo*, in "Hotel Domani", aprile / April
Luciano Caprile, *Bruno Donzelli*, Padova, Ed. Mastrogiacomo
Ada Patrizia Fiorillo, *Tuffo nell'avanguardia con l'arte di Donzelli*, in "Roma", 24 aprile / April
Germano Beringheli, *Le orme di Donzelli*, in "Il Lavoro", 26 aprile / April
Massimo Bignardi, *Bruno Donzelli: dipingendo con la memoria*, in "Il Giornale di Napoli", 8 maggio / May
Massimo Bignardi, *Bruno Donzelli*, in "Terzocchio", giugno / June
Enzo Battarra, *Il percorso artistico di Bruno Donzelli*, in I luoghi possibili
Luciano Caprile, *Con Donzelli a colazione da... Picasso e Miró*, in "Arte", luglio-agosto / July-August
Ferruccio Battolini, Tommaso Paloscia, *Presentazione*, catalogo della mostra personale, Oratorio di Santa Croce, Comune di Sarzana, agosto / August
Luciano Caprile, *Il novecento visto e rivisto: Bruno Donzelli all'Oratorio di Santa Croce in Sarzana*, in "Il Lavoro", 12 agosto / August
Tommaso Paloscia, *Bruno Donzelli: tra i colori di un secolo*, in "La Nazione", 24 agosto / August

1992
Franco Riccomini, *L'omaggio di Donzelli al '900*, in "La Nazione", 21 febbraio / February
Luciano Caprile, *Quei colori di falsa allegria*, in "Arte", marzo / March
Giuseppe Pisano, *Verso il 2000 sulle orme di Donzelli, presentazione*, catalogo della mostra personale, Centro Arte 33, Avellino, 11 aprile / April
Luciano Caprile, *La leggerezza del sorriso*, in "Il Mattino", 14 aprile / April
Stefania Mariotti, *Bruno Donzelli all'Arte 33*, in "Tribuna dell'Irpinia", 6 maggio / May

1993
Massimo Bignardi, *La pittura in Italia*, in Il Novecento/2, Milano, Electa
Gérard-Georges Lemaire, *Bruno Donzelli,*

in "Art in Italy", aprile / April
Giuliano Serafini, *Presentazione mostra personale Galleria Il Gianicolo*, Perugia, maggio /May
Carlo Roberto Sciascia, *Bruno Donzelli*, in "Roma", 5 novembre / November

1994
Enzo Battarra, *Colloquio con Bruno Donzelli*, in "Frammenti", gennaio / January
Simona Barucco, *Donzelli: ironia e nostalgia*, in "Frammenti", gennaio / January
Liviano Papa, *L'arte rivisitata di Bruno Donzelli*, in "Il Nord", 3 marzo / March
Salvatore Ciccone, *Presentazione mostra personale*, Galleria Stoà, Foggia, marzo / March
Angelo Mastrangelo, *Bruno Donzelli alla Galleria La Bussola*, in "La Stampa", 14 aprile / April
Tommaso Paloscia, *Donzelli Blobart*, in "Arte In", dicembre / December

1995
Tommaso Paloscia, *Cinquanta artisti contemporanei*, Omaggio al Ghirlandaio, gennaio / January

Carlo Melloni, *Profilo d'artista*, Palazzo Malaspina, Ascoli Piceno, febbraio / February
Marina Pizzarelli, *Presentazione mostra personale Galleria Progetto Arte*, Lecce, giugno / June
Massimo Bignardi, *Bruno Donzelli: curiosando nelle scatole del ventesimo secolo*, in "Il Denaro", 20 novembre / November

1996
Roberto Moroni, *Donzelli: campionari ideali*, in "Corriere di Novara", 15 febbraio
Eligio Fulli, *Bruno Donzelli: una pittura assistita*, in "Contemporart", marzo / March
Gabriele Simongini, *Menù paradossale per un pranzo con Donzelli*, presentazione mostra personale Galleria Fidia, Roma, marzo / March
Carlo Roberto Sciascia, *Bruno Donzelli*, in "Art Leader", aprile / April
Carlo Roberto Sciascia, *Presentazione mostra personale Centro Arte*, Milano, maggio / May
Carlo Franza, *I cromatismi accesi di Donzelli*, in "Il Giornale", 14 maggio / May

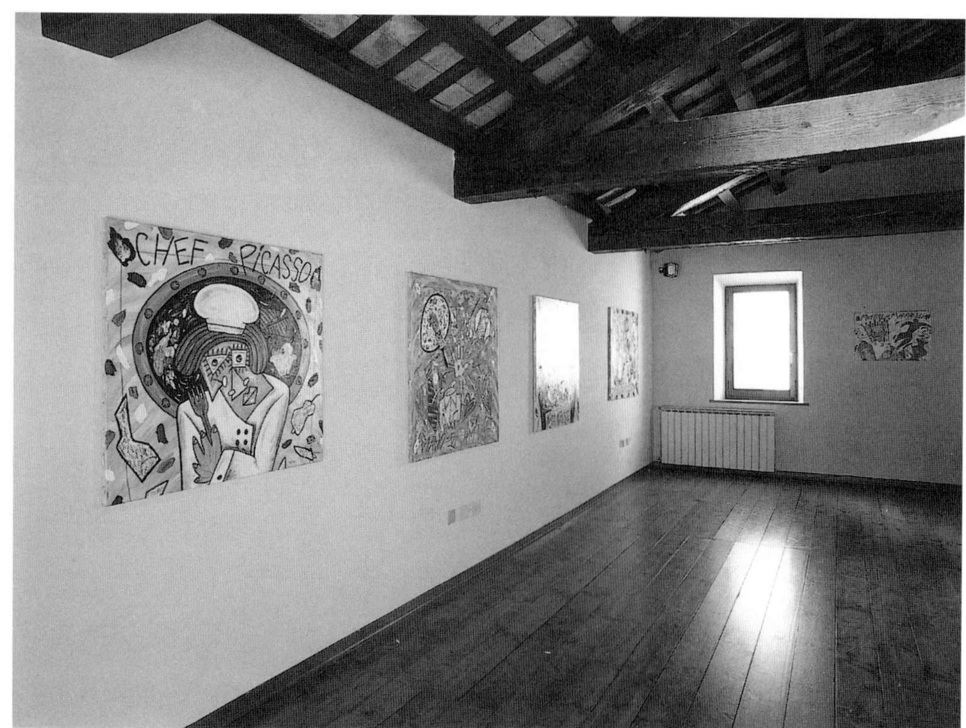

Mostra personale al / solo exhibition at Centro Arti Visive "Pescheria" del / in Comune di Pesaro, 1999

Copertina del "Calendario Buffetti" 1999 realizzato da Bruno Donzelli / Cover for the "Buffetti Calendar" 1999, created by Bruno Donzelli

Angela Porfidia, *Bruno Donzelli: dechirichinando*, in "Caserta Nuova", 1 giugno / June
Gabriele Simongini, *Presentazione mostra personale Comune di Fiuggi*, settembre / September

1997
Luciano Caprile, *Bruno Donzelli*, monografia, Ed. Mazzotta, Milano
Carlo Franza, *Nella galleria Arte Borgogna le grandi opere di Bruno Donzelli*, in "Il Giornale", 27 febbraio / February
Ermanno Krumm, *Donzelli: ingordigia di sapori e citazioni*, in "Corriere della Sera", 12 marzo / March
Maria Teresa Bovenzi, *Bruno Donzelli e le ceramiche*, in "Il Mattino", 4 aprile / April
Angela Porfidia, *Bruno Donzelli: tele-visioni in mostra*, in "Grazia", 23 maggio / May
Mimmo Coleti, *Donzelli così rivisita il Novecento*, in "La Nazione", 29 maggio / May
Jaqueline Ceresoli, *Bruno Donzelli alla Galleria Arte Borgogna*, in "Terzocchio", giugno / June

1998
Enzo Fabiani, *Bruno Donzelli: capolavori riassunti*, in "Arte", aprile / April
Alberto Del Giudice, *Bruno Donzelli: indovina chi cito adesso?*, in "Arte In", aprile / April
Leo Strozzieri, Cat. *Tendenze contrapposte*, Ascoli Piceno, maggio / May
Gérard-Georges Lemaire, *Bruno Donzelli: les raisons d'une déraison*, Fall Galerie, Ed. Mazzotta

1999
Carlo Roberto Sciascia, *Parigi applaude la pittura di Donzelli*, in "Roma", 27 gennaio / January

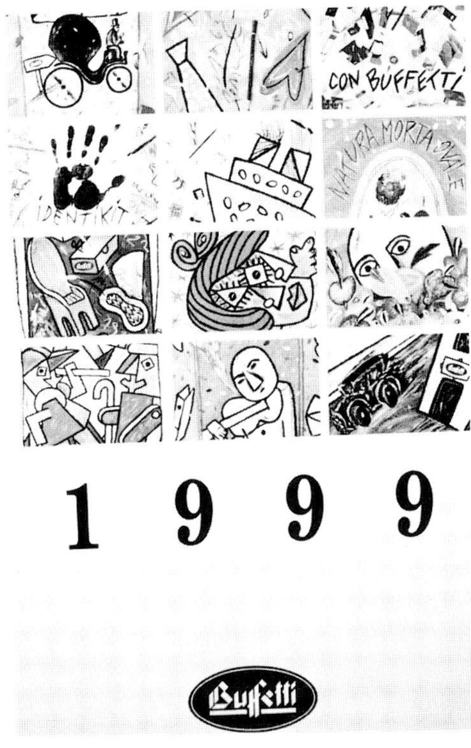

Leo Strozzieri, *Presentazione mostra personale Comune di Pesaro, Bruno Donzelli: arte come coscienza critica*, Artechiara Ed., giugno / June
Carlo Roberto Sciascia, *Bruno Donzelli a Pesaro*, in "Roma", 12 giugno / June
Jolanda Ferrara, *Pirotecnico cromatismo nei puzzles di Donzelli*, in "Il Centro", 18 giugno / June
Massimo Duranti, *Declinazioni ludiche del figurare*, Edizioni Galleria Marescalchi, Cortina, agosto / August

2000
Bruno Donzelli. Opere 1970-2000, a cura di Massimo Sgroi, Edizioni Charta, Milano

Finito di stampare nel febbraio 2000
da lasergrafica Polver, Milano
per conto di Edizioni Charta